国家古籍整理出版专项经费资助项目

中国禅宗典籍丛刊

敕修百丈清规

[元] 德 辉 编
李继武 校点

中州古籍出版社
·郑州·

图书在版编目（CIP）数据

敕修百丈清规 /（元）德辉编 ；李继武校点. —郑州：中州古籍出版社，2011. 7（2021. 4重印）
（中国禅宗典籍丛刊）
ISBN 978-7-5348-3516-2

Ⅰ.①敕… Ⅱ.①德…②李 Ⅲ.佛教－宗教仪式 Ⅳ.① B946

中国版本图书馆 CIP 数据核字（2011）第 004077 号

CHIXIU BAIZHANG QINGGUI
敕修百丈清规

策划编辑	卢海山　刘　晓
责任编辑	刘　晓
责任校对	李　刚
装帧设计	张　胜
美术编辑	曾晶晶

出 版 社	中州古籍出版社（地址：郑州市郑东新区祥盛街 27 号 6 层　邮编：450016　电话：0371-65723280）
发行单位	新华书店
承印单位	河南文华印务有限公司
开　　本	890 mm × 1240 mm　1/32
印　　张	11.75
版　　次	2011 年 7 月第 1 版
印　　次	2021 年 4 月第 2 次印刷
定　　价	42.00 元

本书如有印装质量问题，请与出版社调换。

总 序

在中国传统文化中，儒学、佛教和道教鼎足而立，是三个最主要的组成部分。它们在相互排斥的同时又相互吸收，共同丰富和发展了中华民族的文化。

佛教本是从印度传来的外来宗教，然而它在中国这块辽阔丰饶的具有悠久历史文化的国土上传播，经过漫长岁月，已经与中国传统文化和宗教习俗密切结合，演变成中国的民族的主要的宗教。隋唐时期具有民族特色的佛教宗派的创立，标志着佛教中国化历程的基本结束，此后进入中国佛教的持续发展时期。在这些佛教宗派中，天台宗、华严宗和禅宗是最富有民族特色的宗派。在它们的蕴涵深刻哲学思辨内容的教义理论中，有说色空、色心和体用相即的宇宙存在论，有论善恶、净染的心性论，有讲出世不离世间的修行解脱论，有用以沟通色空、色心和体用的"不二"的方法论……这些在中国历史文化，特别是在哲学思想领域都产生过极为深远的影响。研究中国历史文化，研究中国哲学思想都离不开对佛教的考察和研究，这早已成为人们的共识。

禅宗虽奉北魏时期来华的印度僧菩提达摩为初祖，但从历史真实情况考察，实际创立者应是被后世禅宗奉为四祖、五祖的道信（580~651）和弘忍（602~675）。在弘忍去世之后，他的门下形成以神秀（约606~706）及其弟子普寂（651~739）为代表的北宗，以惠能（638~713）及其弟子神会（668或686~760）、行思（？~740）、怀让（677~744）为代表的南宗。在"安史之乱"（755~763）后，北宗逐渐衰微以至湮灭无闻，而南宗则迅速传遍大江南北，日益昌盛，并在唐末五代形成禅门五宗——临济宗、沩仰宗、曹洞宗、云门宗、法眼宗。进入宋代，临济宗又分成杨岐、黄龙二派。两宋是禅宗发展史上的鼎盛时期，它一跃而成为中国佛教宗派中的主流派，在当时社会的各个阶层和文化思想领域都有很大的影响。此后，中国儒、释、道三教日益会通融合，佛教内部各宗也互相融通，禅宗与净土念佛信仰的结合最为密切，以至形成"念佛禅"。

禅宗虽标榜"以心传心，不立文字"，但从实际情况来看，它的文字著述最多，形式也多种多样，其中禅法语录最多。记录惠能言行的语录有《六祖坛经》，记录神会言行的语录有《菩提达摩南宗定是非论》等，此后怀让、马祖、怀海、希运以及禅门五宗的创始人义玄、灵祐和慧寂、良价和本寂、文偃、文益，后世各宗著名禅师几乎都有语录行世。语录有别集，有合集。在语录集子中既有禅师在开堂、上堂、小参、普说等各种场合的说法记录，也有师徒间的答问；有对前人公案的评说——拈古，也有评述这些公案的偈颂——颂古；有代前人回答质询的代语，也有在前人答语之外另作答语的别语；还有书信、法语、序跋、碑铭、题赞、札记、遗表等。在语录中，有贴近当时民众的通俗白话，有含意清丽玄远的诗偈；在语录外，有卷帙浩繁的史传，包括以语录为主的灯史、以记事为主的传记、按编年记述的通史。此外，还有论议、杂著、清规等。这些数量庞大的禅宗文献，无疑是我国宝贵的文化遗产。

我国在20世纪70年代末实行改革开放政策以后，随着社会科学界对宗教研究的深入展开，在对佛教文献的研究和整理、出版方面也取得很大的成绩，为从事佛教研究的人员和社会上广大读者提供了不少经过校订注释的有价值的佛教参考资料。然而在大量佛教文献面前，为了让研究者和读者使用方便，有必要按类别选择其中最重要的文献进行研究和整理，分阶段地做校勘、标点和注释出版。

现在奉献在诸位面前的《中国禅宗典籍丛刊》是一套中国禅宗系列的文献选编，其中收录了中国禅宗的部分重要史书、语录和清规等文献，皆请学者依据较好的版本做了校勘、分段和标点，并且一律改用现在通用的简化字。虽然所收文献的数量不是很大，但在目前公开出版的禅宗著述较少的情况下，这一套丛书的出版一定会给从事佛教禅宗研究和中国哲学、文史研究的学者和广大读者带来不少方便。我们深知此项工作并非轻而易举，希望边工作边改进，谨望读者今后经常给我们提出建议，不吝赐教，以便把这一工作做得更好。

杨曾文

1998年2月9日

序

从印度传来的佛教典籍有经律论三藏，了解经的人多，次有论，了解律的人比较少。这符合一般意义上文化交流的是什么、为什么和怎么做的授受规律。另外的具体原因，从教内来说，有各种限制；从教外来说，律藏典籍确实庞杂烦琐，而且具体，不能随意穿凿附会，也难以抽象出什么。总之，除过个别戒本外，社会上看过广律的人很少。但是，佛教是东方重要的核心文化，要认识佛教，不能不了解一些戒律知识。经和论是理论，戒律类的典籍才是实践这些理论的指南，所以才有"以戒为师"的规定，有戒、定、慧三学的层次。综合理论和实践的研究，才具备了全面地认识佛教的过去和现在的基础。

戒律是佛陀在印度所制，传入中国后不能不适应中国的国情，这就产生了有中国特色的"清规"。大而言之，《大藏经》中的律藏典籍分戒律和清规两类。但在早期印度传来的律藏典籍中，只有广律，没有清规，针对团体作事，基本上是依据广律中的揵度。这在玄奘的《大唐西域记》和义净的《南海寄归内法传》中都可以看出端倪。戒律和揵度的分张，是中国人的创新，而代替捷度的就是清规，其中最有名的就是《百丈清规》。《百丈清规》是一部承上启下的重要典籍，它的产生具有划时代的意义。《百丈清规》也入了《藏》，和六祖惠能的《坛经》一样，都是中国人的著作，是中国禅僧作的"经"，而且，经过元朝皇帝的敕令，《百丈清规》由佛教界的内部制度发展为国家的法律性文件。明代、清代，依然继承了这一定性定位。直至今天，中国汉传佛教的行事依然以《百丈清规》的精神为圭臬。

自从隋唐时代印度佛教融入中国传统文化之后，其融合度在禅宗的发展上才达到了"圆融"的程度。从最初百丈怀海的《禅门规式》到元代德辉的《敕修百丈清规》，其间数百年的演变轨迹，有着极为丰富的日益"圆融"的内容。以五代为界，中国佛教的发展史可以分为前后各一千年。前一千年是印度佛教传入、发展和融入中国传统文化的过程，后一千年是"中国佛教"自主发展的过程。要认识后一千年的"中国佛教"，不能不观察其宗教实践的演化，不能不研究《百丈清规》。

但是，和隋唐相比，明清以来中国佛教的发展逐渐失去了活力。原因是多方面的，了解一下《百丈清规》及其实践的情况，应该能有所启发。当代佛门大德印顺法师认为："佛教，当然是'正法'中心的。然佛法弘传于人间而成为佛教时，正法就流布为'法'（经）与毗尼（律）两大类。这二者，有它相对的特殊性能。大概地说，这是智的与业的，义理的与制度的，个人的与团体的，契真的与通俗的，实质的与仪式的，行善的与息恶的。这些相对的差别，不是可以机械地孤立，而有相应的、相依相承的关系。佛教是这二者的综合，因此必须是二者的均衡发展，适当配合。……不幸得很！佛教早就偏于法的发扬了！"印顺法师还呼吁："弘扬佛法，整兴佛教，决不能偏于法——义理的研究、心性的契证，而必须重视制度。佛教的法制，是毗尼所宣说的。这里面，有道德准绳，有团体法规，有集体生活，有经济制度，有处事办法。"（《印顺法师佛学著作全集》第九卷《泛论中国佛教制度》，中华书局2009年版）印顺法师在这里强调"必须重视制度"，呼吁三学精神，振兴丛林法则。所说的"制度"，指的就是清规。社会不能没有信仰，而信仰的本身兼具神圣性和世俗性。佛教只有在世俗性中来体现它的神圣性，才能完成佛陀的大业。佛教信徒只有在清规戒律上以身作则，才能在践行"人间佛教"上走得更远。

研究清规戒律类的宗教实践还有另外一重意思，即对中国宗教学的建设大有裨益。宗教古已有之，但是中国的宗教学却是一个新的学科。由于各种原因，1976年之后，现代科学意义上的中国宗教学才开始建构，参考西方宗教学的范式，以马克思主义宗教学基本理论为核心指导思想。这两种理论的基础都源自于两千年西方文化的背景，宗教理论的结构和具体概念的内涵与中国宗教的发展实际并不完全吻合。衣服虽然不合身，但有总比没有好。现在，经过三十多年的探索，应该审视建构中国的宗教学基本理论了。中国宗教学的建构自然应该以中国宗教的历史与现状为内容来设计。在这方面，《百丈清规》是一个非常合适的案例，中国宗教的特点在里面都有所反映。

《百丈清规》问世已久，但目前所能看到的大众版本极少。记得2006年，中国佛教文化研究所杨曾文先生来电垂询，问是否有时间校勘《百丈清规》。当时我另忙于他事，虽有兴趣却分身乏术。踌躇间突然想起了我们研究所的李继武同志。李继武同志本科学法律，之后立志研究佛教戒律制度，参与过多项课题的研究，出了不少成果。由他校勘《百丈清规》有一个好处，可以发挥他法学的知识优势，增强了解《百丈清规》的现代视角。与杨先生商量，认为有道理，欣然应允。继武同志慎重地接受这个任务，认真地做准备，花了两年多的工夫搜集有关《百丈清规》的本子，从《禅门规式》到《敕修百丈清规》，以及《敕修百丈清规》之后的各种各类清规，然后在屋子里饶有兴趣地爬梳。最后，根据八个不同的版本，校勘整理出现在读者所看到的这样一个新本子。正文后有两个附编，一是有关的资料，二是一篇研究性文章。在文章中，继武同志把他四年来对《百丈清规》研读的心得汇总在一起。拜读过之后，觉得不但全面，而且其中援入现代法学的理论与视角来分析，有不少新意。如对《百丈清规》结构的分析，对其法律属性的研究，对现代国家宗教立法的影响等，都有比较实际的意义。当然，见仁见智，愚意以为，对印度僧众规则和中国儒家制度的分析似还有些不到位，能补一些实例可能会更好。在历史的长河中，《百丈清规》是个小题目，但印度文化和中国文化是个大题目。这只是一个有新意的起点吧。

书稿完成后继武同志请我作小文以记之。我是穿针引线人，也乐于锦上添花。愿继武同志的学术研究有更多的突破，也愿社会上有关清规类宗教实践的研究成果越来越多。

是为序。

王亚荣
2010 年 5 月 25 日于西安吉祥村

《敕修百丈清规》校勘说明

一、本书校勘的《敕修百丈清规》，共使用了八种版本，互相参校。其中以《中华大藏经》为底本，以《嘉兴大藏经》、《永乐北藏》、《乾隆大藏经》、《频伽大藏经》、《大日本卍续藏经》、《大正新修大藏经》、日本《宫内省图书寮本》作为校本。

二、为了使行文简洁，在本书校注中，对各种《大藏经》采用如下简称：《中华大藏经》简称底本，校本《嘉兴大藏经》简称《嘉兴藏》，《永乐北藏》简称《北藏》，《乾隆大藏经》简称《龙藏》，《频伽大藏经》简称《频伽藏》，《大日本卍续藏经》简称《卍续藏》，《大正新修大藏经》简称《大正藏》，《宫内省图书寮本》简称《宫本》。

三、本书原文为繁体字，无句读，不分段。此次校勘后，正文为校勘之后的简体字，并予以句读，依文义分为自然段。凡"异体字"、"通假字"，如不是人名、地名者，均改为现通用字，并在校记中予以说明。对于一般常用字重复出现同类错讹的，只在第一次出现时出校记，后面直接改正，不再出校记。

四、在校勘中，对底本和校本中出现的异文、错讹、脱字、衍字等情况，均在校记中注明，以供读者参考。如底本与各校本中的不同之处，据文义与词义难以抉择或两可时，则依底本。

五、本书原文目录前有明代和元代公文两片，均无标题，现为了便于读者阅读，本书增加了"明代公文"和"元代公文"两个标题，特此说明。

六、《敕修百丈清规》原文部分内容采用小字夹注的形式，本书正文中对该夹注形式予以保留。

目 录

《敕修百丈清规》校勘说明 …………………………… 1

明代公文 ……………………………………………… 1
元代公文 ……………………………………………… 3
《敕修百丈清规》目录 ………………………………… 7

敕修百丈清规卷第一
　祝釐章第一 …………………………………………… 16
　　圣节 ………………………………………………… 17
　　景命四斋日祝赞 …………………………………… 22
　　旦望藏殿祝赞 ……………………………………… 23
　　每日祝赞 …………………………………………… 23
　　千秋节 ……………………………………………… 24
　　善月 ………………………………………………… 24

　报恩章第二 …………………………………………… 25

国忌 ··· 25
　　祈祷 ··· 26

敕修百丈清规卷第二

　报本章第三 ··· 29
　　佛降诞 ·· 29
　　佛成道涅槃 ·· 31
　　帝师涅槃 ··· 36
　尊祖章第四 ··· 39
　　达磨忌 ·· 40
　　百丈忌 ·· 43
　　开山历代祖忌 ·· 44
　　嗣法师忌 ··· 45
　住持章第五 ··· 47
　　住持日用 ··· 47

敕修百丈清规卷第三

　　请新住持 ··· 64
　　入院 ··· 71
　　退院 ··· 78
　　迁化 ··· 79
　　议举住持 ··· 94

敕修百丈清规卷第四

两序章第六 … 96

西序头首 … 97

东序知事 … 102

列职杂务 … 105

请立僧首座 … 108

请名德首座 … 110

两序进退 … 110

挂钵时请知事 … 114

侍者进退 … 114

寮舍交割什物 … 115

方丈特为新旧两序汤 … 116

堂司特为新旧侍者茶汤 … 116

库司特为新旧两序汤药石 … 117

堂司送旧首座都寺钵位 … 117

方丈管待新旧两序 … 118

方丈特为新首座茶 … 118

新首座特为后堂大众茶 无后堂则以次头首 … 119

住持垂访头首点茶 … 120

两序交代茶 … 120

入寮出寮茶 … 121

头首就僧堂点茶 … 122

两序出班上香 … 122

敕修百丈清规卷第五

大众章第七 ·········· 124
- 沙弥得度 ·········· 125
- 新戒参堂 ·········· 132
- 登坛受戒 ·········· 133
- 护戒 ·········· 133
- 办道具 ·········· 134
- 装包 ·········· 139
- 游方参请 ·········· 139
- 大相看 ·········· 142
- 大挂搭归堂 ·········· 143
- 抛香相看 ·········· 146
- 谢挂搭 ·········· 146
- 方丈特为新挂搭茶库司头首附见 ·········· 149
- 坐禅 ·········· 151
- 坐禅仪 ·········· 152

敕修百丈清规卷第六

- 坐参 ·········· 154
- 大坐参 ·········· 154
- 请益 ·········· 156
- 赴斋粥 ·········· 156
- 赴茶汤 ·········· 157

普请 …………………………………… 157
日用轨范 ………………………………… 158
龟镜文 …………………………………… 166
病僧念诵 ………………………………… 170
亡僧 ……………………………………… 171

敕修百丈清规卷第七

板帐式 …………………………………… 179

节腊章第八

夏前出草单 ……………………………… 184
新挂搭人点入寮茶 ……………………… 185
出图帐 …………………………………… 186
众寮结解特为众汤 附建散楞严 ………… 187
楞严会 …………………………………… 189
戒腊牌 …………………………………… 193
方丈小座汤 ……………………………… 193
四节土地堂念诵 ………………………… 194
库司四节特为首座大众汤 ……………… 195
结制礼仪 ………………………………… 197
四节秉拂 ………………………………… 199
方丈四节特为首座大众茶 ……………… 201
库司四节特为首座大众茶 ……………… 203
前堂四节特为后堂大众茶 ……………… 203

旦望巡堂茶 204
方丈点行堂茶 204
库司头首点行堂茶 205
月分须知 205

敕修百丈清规卷第八

法器章第九 209
　　钟 210
　　板 211
　　木鱼 212
　　椎 212
　　磬 213
　　铙钹 213
　　鼓 213

附著

唐洪州百丈山故怀海禅师塔铭并序 216
百丈山大智寿圣禅寺天下师表阁记 220
古清规序 223
崇宁清规序 226
咸淳清规序 227
至大清规序 228
敕修百丈清规叙 230
敕修百丈清规序 232

附编一

一、有关百丈怀海禅师的资料 ………………………… 235
    唐新吴百丈怀海传 ……………… 〔宋〕赞宁 235
    百丈怀海禅师传 ………………… 〔宋〕普济 236
    洪州百丈山大智禅师 …………… 〔宋〕李遵勖 243

二、有关《敕修百丈清规》的资料 ……………………… 248
    加祖号跋 …………………………〔元〕欧阳玄 248
    一山禅师书 ……………………… 〔元〕一山 249
    大䜣禅师传 ……………………… 〔明〕通问 251

附编二

《百丈清规》之研究 ……………………………………… 254
    一、绪论 ……………………………………………… 254
    二、禅宗清规产生的历史背景 ……………………… 260
    三、清规创制的现实需求和基本条件 ……………… 274
    四、《禅门规式》的创制及其意义 ………………… 286
    五、《百丈清规》的基本原则与制度 ……………… 294
    六、《百丈清规》的发展与整合 …………………… 303
    七、《敕修百丈清规》中的制度体系 ……………… 314
    八、《敕修百丈清规》的特性与历史影响 ………… 334

参考文献 ………………………………………………… 349
    一、原始资料 ………………………………………… 349

二、现代著述 …………………………………………… *353*
　　三、相关论文 …………………………………………… *355*

后记 ……………………………………………………… *357*

明代公文①

礼部尚书臣胡濙等谨题为重刊《清规》事,礼科抄出。

江西南昌府奉新县百丈山大智寿圣禅寺住持僧忠智奏:"本寺自唐时佛祖大智怀海禅师垂训,名曰《百丈清规》。至元间,僧德辉重新编刊,遍行天下丛林,僧徒循规遵守。洪武十五年四月二十五日,节该奉太祖高皇帝圣旨《榜例》:'诸山僧人不入《清规》者,以法绳之,钦此。'钦遵。永乐十年五月初三日,节该奉太宗文皇帝圣旨《榜例》:'僧人务要遵依旧制,各②务祖风,谨守《清规》,严洁身心。'永乐二十二年十一月二十七日,该僧录司官奏,僧众多,中间有等不守规矩,合无依《清规》整治。节该奉仁宗昭皇帝圣旨:'照依《清规》料治他,钦此。'除钦遵外,近因本寺《清规》书板年远无存。钦蒙皇上洪恩,普度天下僧行,仍住原额寺院,熏修香火,祝延圣寿。臣切见后学僧徒,多有未见《清规体例》,罔知轨度,不谙③戒律,甚辱祖风,

---

① "明代公文",底本与诸校本均无此标题,为了便于读者阅读,校勘者增加此标题。据《大正藏》本底注,"明代公文"部分《宫本》断缺。底本与诸校本均有,故保留。
② "各",底本为"各",校本《北藏》、《龙藏》、《频伽藏》、《卍续藏》为"各",《大正藏》为"名"。据文义,此处应为"各","名"为"各"之讹误。
③ "谙",底本为"暗",校本《北藏》为"暗",《龙藏》、《频伽藏》、《卍续藏》、《大正藏》为"谙"。据底本尾注,《嘉兴藏》为"谙"。"暗"同"谙",故校本选本义字"谙"。

深为未便。臣依原体式，重写刊完。虽有历朝序文，年代已远，诚恐僧徒视为常事，不行遵守。今将重刊《清规》印集一①本，开坐具本，亲赍谨奏。伏望圣恩，怜悯教门，乞敕赐《清规序文》，刊圆成书，颁行天下丛林寺院。住持首僧，督众讲习，各慕祖风，严持戒律。庶俾僧徒无伤风化。"正统七年二月十二日，该通政使司右通政李锡等官于奉天门奏。

奉圣旨："礼部知道。钦此。"钦遵，抄出到部参照。住持僧忠智奏称重刊《百丈清规》乞赐序文一节，合无行移翰林院撰述，惟复听令本僧自行请人述作缘奉。钦依礼部知道事理，未敢擅便，谨题请旨。正统七年二月十九日，礼部尚书胡濙等官于奉天门题奏。

奉圣旨："序着翰林院撰。钦此。"除外，遵依施行。

正统七年四月十七日

---

① "一"，底本为"壹"，《北藏》、《龙藏》为"壹"，《频伽藏》、《卍续藏》、《大正藏》为"一"，"壹"与"一"皆可，现选通常用字"一"。下同。

元代公文①

长生天气力里,大福荫护助里。

皇帝圣旨:行中书省、行御史台、行宣政院官人每根底,宣慰司、廉访司官人每根底,军官每根底,军人每根底,城子里达鲁花赤官人每根底,往来的使臣每根底,百姓每根底,众和尚每根底宣谕的圣旨:

成吉思皇帝、月阔台皇帝、萨禅皇帝、完者笃皇帝、曲律皇帝、普颜笃皇帝、格坚皇帝、忽都笃皇帝、札牙笃皇帝、亦辇真班皇帝圣旨里,和尚、也里可温、先生每,不拣甚么差发休当,告天祝寿者。么道。说有来,如今依着在先圣旨体例里,不拣甚么差发休当,告天与咱每祝寿者,么道。札牙笃皇帝教起盖大龙翔集庆寺的时分,依着《清规体例》行者,么道,曾行圣旨有来。

江西龙兴路百丈大智觉照禅师,在先立来的《清规体例》,近年以来,各寺里将那《清规体例》增减不一了有。如今教百丈山大智寿圣禅寺住持德辉长老重新编了,教大龙翔集庆寺笑隐长老为头,拣选有本事的和尚好生校正归一者。将那各寺里增减来

---

① "元代公文"四字,底本与诸校本均无此标题,为了便于读者阅读,校勘者特加此标题。

的、不一的《清规》休教行。依着这校正归一的《清规体例》定体行者。么道,执把的圣旨与了也,这的每寺院房舍里,使臣每休安下者,铺马祗①应休拿者,税粮休纳者。但属寺家水土园林、人口头匹②、碾磨店铺、解典库、浴堂、竹园山场、河泊船只等,不拣是谁,休夺要者,休倚气力者。这般宣谕了呵,别了的人每要罪过者,更这的每有圣旨,么道。做没体例勾③当呵,他每更不怕那圣旨。

元统三年猪儿年七月十八日,上都有时分写来。

皇帝圣旨里,帝师公哥儿监藏班藏卜法旨,行中书省、行御史台、行宣政院官人每根底,宣慰司、廉访司官人每根底,军官每根底,军人每根底,城子里达鲁花赤官人每根底,往来使臣每根底,本地面官人每根底,百姓每根底,众和尚每根底,省谕的法旨:

札牙笃皇帝盖大龙翔集庆寺的时分,教依着《百丈清规体例》行了,圣旨有来。这《清规》是百丈大智觉照禅师,五百年前立来的,如今上位加与"弘宗妙行"师号,更为各寺里近年将那《清规》增减不一,教百丈山德辉长老重新编了,教龙翔寺笑隐长老校正归一定体行的,执把圣旨与了也。皇帝为教门的上头,教依着这校正归一的《清规体例》定体行者。么道,是要天下众和尚每,得济的一般。您众和尚每体着皇帝圣心,兴隆三

---

① "祗",底本为"祗",校本《北藏》、《龙藏》为"祗",《频伽藏》、《卍续藏》、《大正藏》为"祗"。"祗"与"祗"有时通用,此处应为"祗"。
② "匹",底本为"疋",《北藏》、《龙藏》、《频伽藏》、《卍续藏》为"疋",《大正藏》为"匹"。"疋"为"匹"之异体字,现改为通用字"匹"。
③ "勾",底本为"勾",校本《北藏》、《龙藏》、《频伽藏》、《卍续藏》为"勾",《大正藏》为"句"。此处"句"同"勾",现选本义字"勾"。

宝，好生遵守《清规》，修行办道，专与上位祈福祝寿，报答圣恩，弘扬佛法者，不拣是谁，休别了者。见了法旨，别了的人每，不怕那甚么法旨。

鼠儿年四月十一日，大都大寺里有时分写来。

皇帝圣旨里，行宣政院，准宣政院咨：

据僧子仲状告，系江西道龙兴路百丈山，大智寿圣禅寺知事僧。元统三年七月十八日，本寺住持德辉长老，钦受御宝。圣旨节该江西龙兴路百丈大智觉照禅师在先立来的《清规体例》，近年以来各寺里将那《清规体例》增减不一了有。如今教百丈山大智寿圣禅寺住持德辉长老重新编了，教大龙翔集庆寺笑隐长老为头，拣选有本事的和尚好生校正归一者。将那各寺里增减来的、不一的《清规》休教行，依着这校正归一的《清规体例》定体行者。么道，执把的圣旨与了也。钦此。除钦遵外，缘系各省开读事理，钦录圣旨全文，连前告乞施行，得此照得。

元统三年五月初七日，阿察赤怯薛第二日，三吉怛纳钵里有时分。

对脱别台平章阔儿吉思、平章阿鲁灰、院使举里学士等，不兰奚大司徒根底、撒迪中丞传奉圣旨：

江西龙兴路里有的，百丈大智觉照禅师在先立来的《清规体例》，近年各寺里将那《清规体例》增减了有。如今教百丈寺里住持德辉长老重新编了，教大龙翔集庆寺笑隐长老为头，拣选有本事的和尚好生校正归一与定体，执把行的圣旨。更百丈大智觉照禅师根底，加与"弘宗妙行"师号，宣政院行文书与词头宣命者。么道，圣旨了也。钦此。除词头宣命具呈中书省照详外，据圣旨移付蒙古房就行。翰林院钦依颁降外，今据见告当院。除外，钦录圣旨全文在前合行，咨请照验，遍行合属，钦依施行，准此。除外，钦录全文在前，使院合下仰照验，钦依施行，须议劄付者。

右札付百丈山大智寿圣禅寺德辉长老，准此。

蒙①古字一行

至元二年　月　日②

---

① "蒙"，底本为"蒙"，校本《北藏》、《龙藏》、《卍续藏》、《大正藏》为"蒙"，《频伽藏》为"豪"。据文义，此处应为"蒙"，"豪"为"蒙"之讹误。
② 据《大正藏》本底注，此下《宫本》有《百丈山大智寿圣禅寺天下师表阁记》及《敕修百丈清规叙》。底本与诸校本此处均无该标题，现依底本。

《敕修百丈清规》目录

大智寿圣禅寺住持臣僧德辉奉敕重编

大龙翔集庆寺住持臣僧大䜣①奉敕校正

卷上

祝釐章第一

  圣节

  景命四斋日祝赞

  旦望藏殿祝赞

  每日祝赞

  千秋节

  善月

报恩章第二

  国忌

---

① "大䜣",底本为"大䜣",校本《北藏》、《频伽藏》、《卍续藏》、《大正藏》为"大䜣",《龙藏》为"大䜣"。底本与校本《北藏》、《龙藏》、《频伽藏》、《卍续藏》等在《敕修百丈清规》卷八,德辉所撰《敕修百丈清规叙》中,为"大䜣",校本《大正藏》中为"大欣"。"䜣"同"欣",喜悦之义。据《续灯正统》载,和尚大䜣,字笑隐。故此处应为"大䜣","䜣"为"䜣"之形讹。下同。

祈祷

祈晴　祈①雨　祈雪　遣②蝗　日蚀　月蚀

报本章第三

佛降诞

佛成道涅槃

帝师涅槃

尊祖章第四

达磨忌

百丈忌

开山历代祖忌

嗣法师忌

住持章第五

住持日用

上堂　晚参　小参　告香　普说　入室　念诵　巡寮　肃众　训童行　为行者普说　受法衣　迎待尊宿　施主请升座斋僧　受嗣法人煎点　嗣法师遗书至

请新住持

发专使　当代住持受请　受请升座　专使特为新命煎点　山门管待

---

① "祈"，底本为"折"，校本《龙藏》、《频伽藏》、《卍续藏》、《大正藏》为"祈"，《北藏》为"折"。据底本尾注，《嘉兴藏》为"祈"。据正文内容，此处应为"祈"。"折"为"祈"之讹误，下同。

② "遣"，底本为"遣"，校本《北藏》、《龙藏》、《卍续藏》为"遣"，《频伽藏》、《大正藏》为"道"。在底本与诸校本的正文中，均为"遣"。据文义，此处应为"遣"，"道"为"遣"之讹误。

新命并专使　　新命辞众上堂茶汤　　西堂头首受请①　　受请人升座　　专使特为受请人煎点　　山门管待受请人并专使　　受请人辞众升座茶汤②

入院

山门请新命斋　　开堂祝寿　　山门特为新命茶汤　　当晚小参　　为建寺檀越升座　　管待专使　　留请两序　　报谢出入　　交割砧基什物　　受两序勤旧煎点

退院

迁化

入龛　　请主丧　　请丧司执事　　孝服③　　佛事　　移龛　　挂真举哀　　奠茶汤　　对灵小参奠茶汤念诵致祭　　祭次　　出丧挂真奠茶汤　　茶毗　　全身入塔　　唱衣　　灵骨入塔　　下遗书　　管待主丧及丧司执事人

议举住持

---

① "山门管待新命并专使、新命辞众上堂茶汤、西堂头首受请",在底本目录中,第一节与第二节未分节,第二节与第三节分节。在正文中,第一节与第二节分为二节,第二节与第三节未分。校本中《北藏》、《龙藏》与底本同,《频伽藏》、《大正藏》的目录与正文均未分节,《卍续藏》在目录中与底本同,在正文中,均分为三节。综合底本与诸校本以上情况,应分为三节,故现将目录与正文均分为三节。

② "专使特为受请人煎点、山门管待受请人并专使、受请人辞众升座茶汤"三节,在底本目录中,第一节与第二节未分,但正文中分为二节。第二节与第三节在目录中分为二节,在正文中未分。校本中《北藏》、《龙藏》、《频伽藏》、《大正藏》与底本同。校本《卍续藏》中,在目录中第一节与第二节未分,第二节与第三节分,在正文中,均分为三节。综合底本与诸校本情况,应为三节,故现将目录与正文均分为三节。

③ "服",底本为"服",校本《北藏》、《龙藏》、《频伽藏》、《卍续藏》、《大正藏》为"服",据《大正藏》注,《宫本》为"眼"。此处应为"服","眼"为"服"之讹误。

卷下

两序章第六

西序头首

前堂首座　后堂首座　书记　知藏　知客　知浴　知殿　侍者　衣钵侍者　汤药侍者　圣僧侍者

东序知事

都监寺①　维那　副寺　典座　直岁

列职杂务

寮元　寮主　副寮　延寿堂主　净头　化主　园主　磨主　水头　炭头　庄主　诸庄监收

请立僧首座

请名德首座

两序进退

挂钵时请知事

侍者进退

---

① "寺",底本为"寺",校本《北藏》、《龙藏》为"寺",校本《频伽藏》、《卍续藏》、《大正藏》为"事"。据《大正藏》注,《宫本》为"寺"。又底本与诸校本正文中均为"寺",故应为"寺"。

寮舍交割什物

方丈特为新旧两序汤

堂司特为新旧侍者汤茶

库司特为新旧两序汤药石①

堂司送旧首座都寺钵位

方丈管待新旧两序

方丈特为新首座茶

新首座特为后堂大众茶_{无后堂则以次头首}

住持垂访头首点茶

两序交代茶

入寮出寮茶

头首就僧堂点茶

两序出班上香

大众章第七

沙弥得度

新戒参堂

登坛受戒

护戒

办道具

　　三衣　坐具　偏衫　裙　直裰　钵　锡杖　拄杖②　拂子

---

① "药石",底本为"礦",校本《北藏》、《龙藏》、《频伽藏》、《卍续藏》、《大正藏》与底本同,但底本与诸校本正文均为"药石",现据正文改为"药石"。

② "拄杖",底本与诸校本在目录中均作"主杖",在底本与诸校本的正文中,"柱杖"、"主杖"、"拄杖"三词通用,但用"拄杖"者居多。据《敕修百丈清规》"大众章"中"办道具"一节的内容,"拄杖"一词最妥帖,故统一选用之。下同,不再注出。

　　　　数珠　　净瓶　　滤水囊　　戒刀

装包

游方参请

大相看

大挂搭归堂

　　小挂搭归堂　　西堂首座挂搭　　诸方名胜挂搭　　法眷办事挂搭

抛香相看

谢挂搭

方丈特为新挂搭茶库司头首附见

坐禅

坐禅仪

坐参

大坐参

请益

赴斋粥

赴茶汤

普请

日用轨范

龟镜文

病僧念诵

亡僧

　　抄劄衣钵　　请佛事　　估衣　　大夜念诵　　送亡　　茶毗　　唱衣 入塔

版帐式

节腊章第八

  夏前出草单

  新挂搭人点入寮茶

  出图帐

  众寮结解特为众汤_{附建散楞严}

  楞严会

  戒腊牌

  方丈小座汤

  四节土地堂念诵

  库司四节特为首座大众汤

  结制礼仪

  四节秉拂

  方丈四节特为首座大众茶

  库司四节特为首座大众茶

  前堂四节特为后堂大众茶

  旦望巡堂茶

  方丈点行堂茶

  库司头首点行堂茶

  月分须知

法器章第九

  钟

大钟　　僧堂钟①　殿钟

板②

木鱼

椎

磬

铙钹

鼓

　　　　法鼓　　茶鼓　　斋鼓　　普请鼓　　浴鼓　　更鼓

附著：

百丈祖师塔铭

百丈山天下师表阁记③

古清规序

崇宁清规序

咸淳清规序

至大清规序

---

① "僧堂钟"，底本有"僧堂钟"，校本《北藏》、《龙藏》、《频伽藏》、《卍续藏》、《大正藏》与底本同。据《大正藏》注，《宫本》无"僧堂钟"三字。又底本与诸校本正文中均有"僧堂钟"一节，故应属《宫本》脱漏"僧堂钟"三字。
② "板"，底本与诸校本均为"版"，此处"版"同"板"，指木制法器，现改为通用字"板"，下同。
③ "百丈山天下师表阁记"，底本此处有"百丈山天下师表阁记"等字，校本《北藏》、《龙藏》、《频伽藏》、《卍续藏》、《大正藏》与底本同。据《大正藏》本底注，在目录前，"《宫本》有《百丈山大智寿圣禅寺天下师表阁记》及《敕修百丈清规叙》"，故其目录中无此文标题，现依底本与其他校本，在目录中保留"百丈山天下师表阁记"条目。

日用寒暄文①

敕修百丈清规目录毕

---

① "日用寒暄文"，底本有"日用寒暄文"五字，校本《北藏》、《龙藏》、《频伽藏》、《卍续藏》、《大正藏》与底本同。又《日用寒暄文》在底本与校本《北藏》、《龙藏》、《频伽藏》、《卍续藏》、《大正藏》等目录中有其标题，但无正文。在正文中，与该目录相对应处为欧阳玄所撰《敕修百丈清规叙》与德辉所撰《敕修百丈清规序》。而《敕修百丈清规叙》与《敕修百丈清规序》在底本与诸校本中虽有正文，但在目录中均未列出。据《大正藏》本底注，《宫本》目录中无"日用寒暄文"五字。从以上几种情况来看，《日用寒暄文》的正文已佚失，但各种大藏经收录的《敕修百丈清规》目录中未予以删除。同时，各种大藏经将《敕修百丈清规叙》与《敕修百丈清规序》补编在原《日用寒暄文》正文处，但未将《敕修百丈清规叙》与《敕修百丈清规序》列入目录。因此出现了诸种大藏经中《日用寒暄文》在目录中有，但正文中无，《敕修百丈清规叙》与《敕修百丈清规序》在正文中有，却在目录中无的情况。

敕修百丈清规卷第一①

大智寿圣禅寺住持臣僧德辉奉敕重编
大龙翔集庆寺住持臣僧大䜣奉敕校正

祝釐章第一

人之所贵在明道，故自古圣君崇吾西方圣人之教，不以世礼待吾徒，尊其道也。钦惟国朝，优遇尤至，特蠲赋役，使安厥居，而期以悉力于道。圣恩广博，天地莫穷。必也悟明佛性，以归乎至善；发挥妙用，以超乎至神。导民于无为之化，跻世于仁寿之域。以是报君，斯吾徒所当尽心也。其见诸日用，则朝夕必祝，一饭不忘，而存夫轨度焉。

---

① "卷第一"，在底本与校本《北藏》、《龙藏》、《频伽藏》、《大正藏》目录中，有"卷上"和"卷下"两个分卷标题，而没有"卷第一"到"卷第八"等八个分卷标题。在底本与以上诸校本的正文中，没有"卷上"与"卷下"两个分卷标题，而有"卷第一"到"卷第八"等八个分卷标题。校本《卍续藏》在目录中既有"卷上"与"卷下"分卷标题，同时也有"卷第一"到"卷第八"等八个分卷标题。在《卍续藏》的正文中，没有"卷上"与"卷下"两个分卷标题，只有"卷第一"到"卷第八"的分卷标题。据《大正藏》本底注，《宫本》在目录与正文中，均只有"卷上"与"卷下"两个分卷标题。现依底本与诸校本，采用八卷分编体例，目录和正文均保留"卷第一"到"卷第八"的分卷标题。

圣 节

　　钦遇圣节，必先启建金刚无量寿道场。一月日，僧行不给假，示敬也。启建之先一日，堂司备榜，张于三门之右，及上殿经单式见后，俱用黄纸书之。轮差僧簿，依戒次各书双字名。维那先五①日袖纸带堂司行者诣书记寮通报，书记出接。维那触礼一拜，禀云："启建圣节，烦制疏语。"如书记缺，则书状侍者代之。俱缺，则用现成疏语，见后。书记制毕，具草，先呈住持，亲送堂司，触礼一拜，答先礼也。维那用黄纸书疏，带行仆，捧盘袱、炉烛、香盒②上方丈，请住持签③疏。炷香，触礼一拜，禀云："启建圣节，请和尚签疏。"签讫，行者就覆住持，来早殿上启建讽经。仍报诸寮，挂讽经牌。烧香侍者覆住持，来早上堂。至五更，住持行香回，再覆，粥罢上堂。令客头挂上堂牌④。维那于僧堂早粥遍食椎后，再鸣椎一下云："白大众，粥罢闻钟声，各具威仪，诣大佛宝殿，启建天寿圣节，谨白。"复鸣椎一下，往住持前问讯。从首座板起，巡堂一匝，出外堂下间至上间，归内堂中间，问讯而出。粥后少停，待大殿排香烛、茶汤、铙钹、手炉俱办，堂司行者报方丈。客头先覆住持，次覆侍者，鸣方丈板三下，鸣鼓。堂司行者预鸣众寮前板三

---

① "先五"二字底本为夹注，校本《北藏》、《龙藏》与底本同，《频伽藏》、《卍续藏》、《大正藏》为正文。据文义，此处依底本采用夹注形式。
② "盒"，底本与校本《北藏》、《龙藏》、《频伽藏》、《大正藏》等均为"合"，据底本尾注，《嘉兴藏》有时用作"盒"。此处"合"同"盒"，现取常用字"盒"，下同。
③ "签"，底本与诸校本均为"金"。"金"通"签"，现改为通用字"签"，下同。
④ "牌"，底本为"牌"，校本《北藏》、《龙藏》、《大正藏》为"牌"，《卍续藏》为"脾"。据文义，此处应为"牌"，"脾"为"牌"之讹误。

下，集众。坐堂如寻常坐禅，向内坐。鼓鸣，则转身向外坐。头首先集堂外，候鼓鸣即入堂，首座后入就坐。西堂勤旧、蒙堂诸寮并外堂坐。住持于鼓初鸣，出寝堂坐。侍者问讯东立，行者问讯西立。转鼓，侍者往法座左侧立。候众集，头首下床，圣僧前问讯。领众出堂，至法座前列一行问讯，归西序立，大众雁列于后。若不候头首至，先自立定，非法也。其行堂，亦于鼓鸣时，鸣板三下，参头领众行者列库堂前，相对排立。候转鼓，知事出，则问讯随其后。待西序归位毕，亦列一行，座前问讯。上首居后，都寺引归东序立定，众行者列知事后，稍离远立。待①侍者入请住持出，行者问讯。住持至法座前，行者趋近知事后立。冬月，则众去帽问讯。

住持和南登座，侍者随上法座，以香盒盖盛香捧上。住持拈香祝寿毕，侍者接香，以左手插炉中，右手拈从香一炷，略问讯，下座归班。待住持敛②衣趺坐，侍者先末班引过，座下列一行问讯，烧香，侍者引班归位。次，首座领班出，列座前问讯，大众同问讯。知事转班，列座前问讯，行者随问讯。西堂、东堂出，座下问讯。侍者登座，左手上香，转身提坐具问讯谓之代众请法，退立座侧。问答罢，陈白事意云："某月某日，钦遇天寿圣节，某寺预于某月某日，启建金刚无量寿道场。一月日，逐日轮僧上殿，披阅金文。今辰开启，住持臣僧某升于此座，举扬圣谛第一义。所集洪因，端为祝延圣寿万安

---

① "待"，底本为"侍"，校本《北藏》、《龙藏》、《频伽藏》、《大正藏》为"侍"，《卍续藏》为"待"，据《大正藏》本底注，《宫本》为"待"。此处"侍"通"待"，为等候之义。此处选用本义词"待"。
② "敛"，底本为"歛"，校本《北藏》、《频伽藏》、《卍续藏》、《大正藏》为"歛"，《龙藏》为"敛"。"歛"为"敛"之异体字，现采用通用字"敛"，"歛"现作"敛"。

者。"说法竟,白云:"下座各具威仪,诣大佛殿,启建天寿圣节,谨白。"此日,座下虽有官员,亦不得叙谢,盖尊君也。

鸣大钟及僧堂前钟,集众列殿上,向佛排立。住持上茶汤,上首知事递上。烧香侍者就佛座前下茶汤毕,住持归位立定。行者鸣钹,维那转身炉前,揖住持上香,烧香侍者捧香盒。次,东堂、西堂出班上香_{如有大方诸山住持偶至者,令侍者请于两序前上香}。次,两序对出,向佛问讯。上香毕,两两相朝转身归位。大众同展三拜,两序分班对立。住持就跪,知客跪进手炉,侍者跪进香盒。维那白佛宣疏毕,知客跪接炉,住持收坐具,维那举《楞严咒》,回向云:"讽诵秘章,所萃洪因,端为祝延今上皇帝圣寿万安,金刚无量寿佛云云。"众散。

每日,堂司行者将轮差僧簿,须预先一日请住持、头首、众僧各书双字名签押。量众多少,依戒具写差单,排定日分,周而复始。仍列经目,对揭殿内柱上。至日,各务严肃,鸣大钟上殿。当次僧员,须具威仪、香盒,礼佛归位看经。库司严设香烛,备点心。维那烧香,点汤,照拂。至晚鸣大钟,下殿。堂司行者、直殿行者常加伺候,毋令怠慢。如官员入山拈香,鸣钟集众,讽《无量寿咒》,举药师号毕,回向云:"某处某官入山拜手拈香,僧众讽诵秘章,所萃洪因,端为祝延今上皇帝圣寿万安,金刚无量寿云云。"

节内遇三八日,佛殿念诵。至日斋罢,堂司行者覆住持、两序、诸寮,挂念诵牌报众。参前,巡廊鸣板集众,向佛排立。住持至,鸣大板三下,次鸣大钟,烧香归位。维那出班念诵云:"皇风永扇,帝道遐昌,佛日增辉,法轮常转。为如上缘,念清净法身毗卢遮那佛十号。"讫,回向云:"上来念诵,所集洪因,端为祝延今上皇帝圣寿万安,金刚无量寿云云。"鸣僧堂前钟三下，大众问讯而散。或住持赴郡县都道场所，归时，鸣钟集众门迎，诣方丈问讯。

圣节启散，《古规》所载，堂僧堂司给由，暂到客司给由，随身照证。盖往时，僧道岁一供帐，纳免丁钱，官给由为凭。故游方道具，度牒之外，有每岁免丁由，有何处坐夏由，有启散圣节由①，以备征诘，各亦畏慎。今虽不用，存其事以见古也。

黄榜式

某州某府②某寺，

某月某日，钦遇

天寿圣节。本寺预于今月某日，恭就

大佛宝殿启建，

金刚无量寿道场。一月日，逐日轮僧上殿，披阅真诠，

宣持密号。所萃

洪因，端为祝延

今上皇帝圣寿万岁万岁万万岁。

右恭　惟，

佛日洞明，

龙天昭格。

---

① "圣节由"，底本为"圣节"，校本《北藏》、《龙藏》、《频伽藏》、《大正藏》为"圣节"，《卍续藏》为"圣节由"。据《大正藏》本底注，《宫本》为"圣节由"。此处"由"为凭证之义，根据文义及前文的"免丁由"、"坐夏由"等并列关系，此处应为"圣节由"。

② "府"，底本为"府"，校本《北藏》、《龙藏》、《频伽藏》、《卍续藏》、《大正藏》为"府"。据《大正藏》本底注，《宫本》为"路"。"府"与"路"都是古代的行政区域建制，此处据底本与诸校本选"府"。

某年某月　日，都监寺臣僧某谨言。

主持臣僧某

经单式

今具经文品目于后：

《大方广佛华严经》

《大佛顶万行首楞严经》

《大乘妙法莲华经》

《大乘金光明经》

《大方广圆觉修多罗了义经》

《大乘金刚般若波罗密经》

《大仁王护国经》

右具如前。

今　月　日纲维臣僧　某　具

差单式

今具逐日轮僧上殿名员于后，用白纸书。

某日：住持臣僧、某甲首座、某甲书记、

某甲藏主、某甲知客、某甲西堂。

某日：某甲称呼、某甲上座、某甲都寺。

右具如前。

今　月　日堂司　某　具

疏　语

启建右伏以覆焘无私，乾坤孰测其高厚；照临有赫，日月莫喻其光华。知赞仰之徒劳，欲补报而无极。惟托钧陶之内，义重四恩；故竭忠爱之心，虔恭三祝。斗枢电绕，龙象筵开，帝网百亿，山河咸归。圣量，华藏三千世界益衍；丕图，少尽涓埃匪懈朝夕。钦愿夔龙登用，景星耀而泰阶平；麟凤呈祥，圣人作而万物睹。谨疏。

满散优钵罗花瑞世，同佛降生；阎浮提树连阴，与天齐寿。故毓夙成之睿质，克承丕显之圣谟。大哉乾①，至哉乾，体乾居正；会其极，归其极，建极立中。爰以吾道之大同，有裨圣时之至治。山林钟鼓，乐化日之舒长；草木昆虫，被膏泽之渗漉。祥开震夙，颂祝华封。钦愿垂拱无为，天地位而万物育；钧陶有象，阴阳理而四时平。寿考万年，本支百世。

景命四斋日祝赞

景命好日：月旦、月望、初八、廿三四斋日。

隔宿，堂司行者报众，挂讽经牌。次早钟绝后，鸣僧堂前钟，集众登殿。维那举《楞严咒》，唱药师号，叹佛毕，回向云："某日令辰，某州某寺住持传法某②僧某，谨集合山僧众，恭趋宝殿，讽诵《大佛顶万行首楞严神咒》，称扬圣号。所萃洪因，祝延今上皇帝圣寿万安，金刚无量寿佛仁王菩萨云云。"

---

① "乾"，底本为"乾"，校本《北藏》、《龙藏》、《频伽藏》、《卍续藏》、《大正藏》为"乾"，据《大正藏》本底注，《宫本》为"元"。此处依底本与诸校本选"乾"，本节下同。
② "某"，底本为"某"，校本《北藏》、《龙藏》、《频伽藏》、《卍续藏》、《大正藏》为"某"，据《大正藏》本底注，《宫本》为"臣"。"某"与"臣"，二者均可，此处依底本与校本选"某"。

旦望藏殿祝赞

旦望，古来转藏祝寿。今则必先侵晨登殿，御座前祝赞，于礼为恭。或粥罢升座罢，鸣钟集众，往藏殿①。维那举云："摩诃般若波罗蜜多。"众当默念。住持领众合掌绕藏，行道三匝，多众则一匝立定。维那举《大悲咒》，回向云："大圆照中，有华藏海，功超造化，道绝明言。三光电卷而实相涵②，六合雷奔而湛然寂。不思议海，难尽赞扬。某州某寺住持传法臣僧某，月旦望③令辰，谨集合山僧众，恭趣藏殿，绕旋行道，称念摩诃佛母圣号，运转天宫法宝轮藏，讽诵大悲圆满神咒，所萃洪因，端为祝延今上皇帝圣寿万安。金刚无量寿佛，仁王菩萨摩诃萨，摩诃般若波罗密。"

每日祝赞

斋粥二时下堂，僧众必须登殿。维那举《无量寿咒》三遍，回向云："讽诵秘章，所萃洪因，端为祝延今上皇帝圣寿万安，金刚无量寿佛云云。"

---

① "殿"，底本为"殿"，校本《北藏》、《龙藏》、《频伽藏》、《大正藏》为"殿"，《卍续藏》为"残"。据文义，"残"属"殿"之讹误。
② "涵"，底本为"涵"，校本《北藏》、《龙藏》、《频伽藏》、《大正藏》为"涵"，《卍续藏》为"涌"。据文义，此处用"涵"较"涌"更为妥当，故依底本选"涵"。
③ "月旦望"，底本为"月旦望"，校本《北藏》、《龙藏》、《频伽藏》、《卍续藏》、《大正藏》为"月旦望"。据《大正藏》本底注，《宫本》为"月望"。根据文义，此处应为"月旦望"，"月旦"属《宫本》脱"望"字。

千秋节

至期,堂司行者隔宿报众,挂讽经牌。次早,鸣僧堂钟,集众登殿。维那举《楞严咒》毕,白佛四斋日同回向云:"某道某路某寺,某月某日,敬遇皇太子千秋令节,谨集合山僧众,恭趋宝殿,讽诵《大佛顶万行首楞严神咒》。称扬圣号,所萃良因,敬祝皇太子睿算千秋殿下。伏愿日重轮,月重辉,照临海宇;山如砺,河如带,巩固邦基。金刚无量寿佛云云。"

善 月

正、五、九为善月。

预先一日,维那令堂司行者覆住持,报库司,挂善月牌于殿门前。具经单、轮差僧簿。每日鸣大钟登殿,看经祝赞,终月而毕。

始由①隋开皇三年诏天下,正、五、九并六斋日,各寺建祈祷道场,不得杀生命。取《藏经》中,有毗沙门天王,每岁巡按四大部洲。正、五、九月治南赡部洲,故禁屠宰。而唐之藩镇每上任,必犒士卒,不下数万人,须大烹②宰。故以正、五、九不上官,为禁杀也。而俗以为忌者,非。

祝釐章终

---

① "由",底本为"由",校本《北藏》、《龙藏》、《频伽藏》、《卍续藏》为"由",《大正藏》为"山",据《大正藏》本底注,《宫本》为"由"。据文义,此处应为"由","山"为"由"之讹误。

② "烹",底本为"亨",校本《北藏》为"亨",《龙藏》、《频伽藏》、《卍续藏》、《大正藏》为"烹"。"亨"为"烹"的本字,现通用"烹",故依诸校本采用"烹"。

报恩章第二

　　国有禘祫四时之祭,所以昭功德,隆本始,重继嗣也。圣朝崇佛,世祖而下,咸各建寺。谓由佛应身以御天下,化仪既终,复归佛位。在京官寺于是设圣容,具佛坛场,月以五祭,设奠展礼如生,而致夫羹墙之思。洪惟圣化所被,与佛之教流于无垠。而吾徒沐恩波,濡圣泽,可不知所自而思所报效焉。

国　忌

　　上宾日届期,隔宿库司报堂司,令行者覆住持、两序,报众挂讽经牌。就法座上安御座,用黄纸写圣号牌位,严设香花、灯烛、几筵供养。至期,鸣僧堂钟集众。候住持至,上香上茶汤。维那举《楞严咒》,讽诵毕,回向云:"某州某寺住持传法臣僧某。某月某日,恭遇某圣圣忌之辰,谨集合山僧众,讽诵《大佛顶万行首楞严神咒》,称扬圣号,所萃殊利,资严圣驾。伏愿:神游八①极,想云车风马来临,位证中天,

---

① "八",底本为"八",校本《北藏》、《频伽藏》、《卍续藏》、《大正藏》为"八",《龙藏》为"入"。据文义,此处应为"八","入"属"八"之讹误。

受玉殿琼楼快乐。十方三世云云。"

祈　祷

　　凡有祈祷，须如法严治坛场，铺陈供养。住持专心加谨，僧众各务整肃。知事内外，提督应办，大小寮舍，巡警斋洁。或有官员拈香，恭勤迎送。预期，库司禀覆住持，先付意旨。维那知会堂司行者报众，挂祈祷牌。斋粥二时，鸣钟集众讽经。或看藏经，或四大部经。或三日、五日、七日，随时而行。如祈晴、祈雨，则轮僧十员、廿员，或三五十员，分作几引，接续讽诵。每引讽《大悲咒》、《消灾咒》、《大云咒》各三七遍，谓之不断轮。终日讽诵，必期感应，方可满散忏谢，其疏意各列于后。

祈　晴

　　切见淫①雨为沴，物用不成，百川横流，民无宁处。盖众生共业所感，惟上天覆焘无私，由是谨发诚心，启建祈晴道场。每日命僧讽诵经咒，仰扣诸圣，所冀祈求晴霁，速赐感彰。伏愿扫顽云于四野，阴渗潜消；丽杲日于中天，容光必照。俾五行各顺其序，而万汇悉遂其生。

祈　雨

　　切见亢阳为灾，百物就槁，匪上天之降罚，由下民之多愆。

---

① "淫"，底本为"滛"，校本《北藏》、《龙藏》为"滛"，《频伽藏》、《卍续藏》、《大正藏》为"淫"。"滛"为"淫"之异体字，故依校本选"淫"。

惟诸佛开慈悲之门，而神咒有祈禳之应，由是谨发诚心，启建祈雨道场。每日①命僧念诵经咒，仰扣诸圣，所冀祈求雨泽，速赐感通。伏愿拯生灵于涂炭，厥维艰哉；起云龙于山川，俾滂沱矣。庶兹多稼，亦乃有秋。

祈　雪

切见时冬恒温，恐生物之疵疠；维天降雪，净下土之祲氛。庸致瓣②香之诚，愿集六花之瑞，由是谨发诚心，启建祈雪道场。每日命僧讽诵经咒，仰扣诸圣，所冀祈求雨雪，速赐感通。伏愿彤③云千里，润泽八荒。六府三事用修，草木咸若；二气五行顺序，神人以和。

遣　蝗

切见飞蝗蔽天，惟凶荒之可虑；遗孽入地，恐滋蔓之难图。匪假神功之驱除，虽极人力而罔措，由是谨发诚心，启建遣蝗道场。每日命僧讽诵经咒，仰扣诸圣，所冀驱遣虫蝗，速赐消殄。伏愿涤之风雨，扫种类以无遗；投之江河，随业感而自化。民安其业，物遂其生。

---

① "日"，底本为"日"，校本《北藏》、《频伽藏》、《卍续藏》、《大正藏》为"日"，《龙藏》为"囗"。此处应为"日"，"囗"为"日"之讹误。
② "瓣"，底本为"瓣"，校本《北藏》、《龙藏》、《频伽藏》、《卍续藏》、《大正藏》为"瓣"，据《大正藏》本底注，《宫本》为"辨"。据文义，此处应为"瓣"，"辨"属"瓣"之讹误。
③ "彤"，底本为"同"，校本《北藏》为"同"，校本《龙藏》、《频伽藏》、《卍续藏》、《大正藏》为"彤"。据底本尾注，《嘉兴藏》为"彤"。根据词义，此处应为"彤"，"同"属讹误，故依校本采用"彤"。

日　蚀

此日而食，占五纪之或乖；畏天之威，虞六沴之将作。故徇民情而救护，盍依佛力以祷禳，由是谨发诚心，命僧讽诵经咒，用伸救护，所冀日精，速赐还光。伏愿五色开而黄道明，照临下土；群阴消而阳德盛，昭回于天。

月　蚀

月耀阴精而主夜，所赖照临；天示咎征于下民，于焉薄食。既戒既惧，以祷以禳，由是谨发诚心，命僧讽诵经咒，用伸救护，所冀月华，速赐还明。伏愿妖蟆灭迹，清光现大地山河；顾兔长生，万象纳广寒宫殿。

报恩章终

敕修百丈清规卷第一终①

---

① 据《大正藏》本底注，《宫本》因未按照八卷体例编排，故无此类卷末标题。底本与诸校本中均有此类卷末标题，但有的脱漏"终"字。据文义，此处应有"终"字，故后凡遇卷末标题脱漏"终"字者，予以补齐，不再注出。

敕修百丈清规卷第二

大智寿圣禅寺住持臣僧德辉奉敕重编
大龙翔集庆寺住持臣僧大䜣奉敕校正

报本章第三

性者，人之大本也，振天地而莫知其始，穷万世而莫知其终。佛与众生均有是性，悟之而登妙觉，迷之而流浪生死。从劫至劫，六道异趣，业报展转，无有穷已①。所赖圣训洋洋，堪作依怙。吾徒忝形服，预法系，遵其行之为律，宣其言之为教，传其心之为禅。而循吾所谓大本者，以同夫佛之全体妙用，始可称佛子，而续慧命也。其于讳日追悼，岂世礼哉？

佛降诞

先期，堂司率众财送库司营供养，请制疏签疏圣节礼同。至

---

① "已"，底本为"巳"，校本《北藏》、《龙藏》、《频伽藏》、《卍续藏》为"已"，《大正藏》为"已"，据文义，此处应为"已"，"巳"为"已"之讹误。

日，库司严设花亭，中置佛降生像于香汤盆内，安二小勺佛前。敷①陈供养毕，住持上堂，祝香云："佛诞令辰，某寺住持遗教远孙比丘某甲，虔爇宝香，供养本师释迦如来大和尚。上酬慈荫②，所冀法界众生念，念诸佛出现于世。"次，跌坐云："四月八日，恭遇本师释迦如来大和尚降诞令辰，率比丘众严备香花灯烛、茶果珍馐③，以伸供养。住持遗教远孙比丘某甲，升于此座，举唱宗乘，所集殊勋，上酬慈荫，下与法界众生，同伸希有之庆。"次，说法竟，白云："下座各具威仪，诣大佛殿，浴佛讽经，谨白。"下座，领众同到殿上，向佛排立定。住持上香三拜，不收坐具，进前上汤进食，请客侍者递上，烧香侍者捧置于几。毕，复位三拜，再上香，下齓，点茶。又三拜，收坐具。维那揖班上香，大众展拜，住持跪炉，维那白佛云："一月在天，影涵众水；一佛出世，各坐一花④。白毫舒而三界明，甘露洒而四生润。"宣疏毕，举唱《浴佛偈》云："我今灌沐诸如来，净智庄严功德聚，五浊众生令离垢，同证如来净法身。"行道浴佛将毕，举《楞严咒》，回向云："上来讽经功德，回向真如实际，庄严无上佛果菩提，四恩等报，三有齐资，法界有情，同圆种智，十方三世一切佛⑤云云。"

---

① "敷"，底本为"敷"，校本《北藏》、《龙藏》、《卍续藏》为"敷"，《频伽藏》、《大正藏》为"数"，据《大正藏》本底注，《宫本》为"敷"。据文义，此处应为"敷"，"数"为"敷"之讹误。
② "荫"，底本为"廕"，校本《北藏》、《龙藏》、《卍续藏》为"廕"，《频伽藏》、《大正藏》为"荫"。据《大正藏》本底注，《宫本》为"廕"。此处"廕"为"荫"的异体字，现使用通用字"荫"。后皆同此，不再注出。
③ "馐"，在底本与诸校本中有时用"羞"，有时用"馐"，此处"羞"同"馐"，现统一选用"馐"，下同。
④ "花"，底本与诸校本均为"华"。"华"同"花"，现统一使用"花"，下同。
⑤ "佛"，底本为"佛"，校本《北藏》、《龙藏》、《频伽藏》、《卍续藏》、《大正藏》与底本同。据《大正藏》本底注，《宫本》无"佛"字。根据底本与诸校本通常的行文格式，此处应有"佛"字，故属《宫本》脱漏"佛"字。

疏　语

　　大海湛然，独听潮音之震荡；太虚廓尔，惟瞻景纬之横陈。由本大而迹彰，抑时至而机应。俾群灵咸成正觉，从五浊示降生。脱珍服着①垢衣，委身以徇；舍化城登宝所，携手同归。初度重临，大恩莫报。伏愿：扇真风于末世，揭慧日于中天。无佛无魔，法法宣扬玉偈；非垢非净，尘尘灌沐金躯。

佛成道涅槃

　　先期，堂司率众财送库司营供养，请制疏签疏降诞礼同。住持上堂，祝香云："佛成道日，某寺住持，遗教远孙比丘某甲，奉为法界众生，虔爇宝香，供养本师释迦如来大和尚，上酬慈荫，次冀法界众生同成正觉。"次，跌坐云："腊月八日，恭遇本师释迦如来大和尚成道之辰，率比丘众严备香花灯烛、茶果珍馐，以伸供养。住持遗教远孙比丘某甲，升于此座，举唱宗乘。所集殊勋，上酬慈荫，普愿法界众生发明自己智慧，入微尘刹，转大法轮。"次，说法竟，白云："下座各具威仪，诣大佛殿讽经，谨白。"下座，领众殿上展拜，跪炉。维那白佛云："正觉山前，睹明星而悟道；大千界内，揭慧②日以流辉。"宣疏毕，讽经回向。

---

① "着"，底本与校本均混用"着"与"著"，其义相同且常互用，为了便于阅读，现选用"着"，后皆同此，不再注明。

② "慧"，底本为"惠"，校本《北藏》为"惠"，《龙藏》、《频伽藏》、《卍续藏》、《大正藏》为"慧"。"惠"通"慧"，"慧日"为佛教用语，据诸校本选"慧"。下同。

涅槃日，先期堂司率财送库营供，请制疏签疏成道礼同①。住持先于佛殿拈香祝圣讽经。毕，次第②上堂，祝香云："佛涅槃日，某寺住持遗教远孙比丘某甲，虔爇宝香，供养本师释迦如来大和尚，上酬慈荫，下与法界众生同伸③攀慕。所冀法身常住，法轮再转，一切有情，悟无生忍。"次，跌坐云："二月十五日，恭遇本师释迦如来大和尚入般涅槃④之辰，率比丘众严备香花灯烛、茶果珍馐，以伸供养。住持遗教远孙比丘某甲，升于此座，举扬涅槃妙心，所集殊勋，上酬慈荫，普愿法界众生同圆种智者。"说法竟，白云："下座各具威仪，诣大佛殿讽经，谨白。"下座，领众殿上展拜跪炉，维那白佛云："净法界身本无出没，大悲愿力⑤示有去来。"宣疏毕，讽经回向并同前⑥。

---

① "先期堂司率财送库营供，请制疏签疏成道礼同"，底本无"先期……礼同"十九字，校本《北藏》、《龙藏》、《卍续藏》、《大正藏》与底本同，《频伽藏》有"先期……礼同"十九字。据底本尾注，《嘉兴藏》有"先期……理同"十九字。结合本文献通行文格式与习惯，此处应有"先期……礼同"十九字，且补齐后则文义更为通顺圆满，故依据《嘉兴藏》、《频伽藏》予以补齐。

② "住持先于佛殿拈香祝圣讽经。毕，次第"，底本中有"住持……次第"十五字，校本《北藏》、《龙藏》、《卍续藏》、《大正藏》与底本同，《频伽藏》无此文字。据底本尾注，《嘉兴藏》亦无此十五字。结合前后文义，保留该文字行文亦通顺，故依底本及其他校本予以保留。

③ "伸"，底本为"生"，校本《北藏》、《龙藏》为"生"，《频伽藏》、《卍续藏》、《大正藏》为"伸"。据底本尾注，《嘉兴藏》为"伸"。据文义及本文献其他各处行文习惯，此处应为"伸"，故选"伸"。

④ "入般涅槃"，底本为"入般涅槃"，校本《北藏》、《龙藏》、《卍续藏》为"入般涅槃"，《频伽藏》、《大正藏》为"入涅槃"。据底本尾注，《嘉兴藏》为"入涅槃"。"般涅槃"略称"涅槃"，其义相同。因本疏语为宣读韵文，常用四六赋体文，"入般涅槃"四字宣读时更符合音韵规则，故选之。

⑤ "大悲愿力"，底本为"大悲愿力"，校本《北藏》、《龙藏》、《卍续藏》为"大悲愿力"，《频伽藏》为"大慈悲力"，《大正藏》为"大慈悲力"。据底本尾注，《嘉兴藏》为"大慈悲力"。此三词含义近而不同，"大悲愿力"指佛菩萨为度众生而发誓愿的力量。据文义及佛教其他文献来判断，此处选"大悲愿力"更为妥当。

⑥ "同前"，底本为"同前"，校本《北藏》、《龙藏》、《频伽藏》、《卍续藏》、《大正藏》为"同前"，据底本尾注，《嘉兴藏》为"前同"。依语法规则，"前同"为介词宾语，应为"与前同"，否则有语病，如选"同前"，则无语病，故应为"同前"。

疏　语

　　<small>成道</small>①无量劫来成佛，岂假进修；众生日用不知，示以先觉。觉自觉他，而成觉道；世出世间，而称世尊。阐一代之化仪，遵先佛之遗轨。坐菩提树，魔宫隐而无光；现优钵花，法轮炽然常转。故始喻初日之先照，而末示拈花之正传。圆明②真常，则空有俱亡，圣凡梦幻；埏埴③万化，则今古一瞬，天地豪芒。顾末裔之何知，诵遗言而有惕。伏愿色空明暗，咸宣微妙法音；蠢动含灵，共证智慧德相。

　　<small>涅槃</small>④各赴群机，法华之嘱累授记；力制后学，遗教之扶律谈常。矧拈花得旨，付法正传；而落叶归根，毕吾能事。囿于⑤化者终于尽，顺世无常；寓诸幻而返诸真，是名寂灭。然神珠恒照于浊垢，而宝月不避于污⑥流。大定无方，常住恒河沙劫；圆机普应，示现千百亿身。顾世相之难忘，临讳日而增慕。伏愿辟末

---

① "疏语成道"，底本为"疏语成道"，校本《北藏》、《龙藏》、《卍续藏》、《大正藏》为"疏语成道"，《频伽藏》为"成道疏语"。此处依底本及多数校本选"疏语成道"。
② "圆明"，底本为"圆极"，校本《北藏》、《龙藏》、《卍续藏》为"圆极"，《频伽藏》、《大正藏》为"圆明"。"圆极"意为圆满至极，而"圆明"意为彻底领悟，根据文义此处选"圆明"更为恰当。
③ "埴"，底本为"埴"，校本《北藏》、《龙藏》、《频伽藏》、《大正藏》均为"埴"，《卍续藏》为"填"。"埏埴"义为和土做器，"填"为"埴"之讹误。
④ "涅槃"，底本为"涅槃"，校本《北藏》、《龙藏》、《卍续藏》、《大正藏》为"涅槃"，《频伽藏》为"涅槃疏语"。据底本尾注，《嘉兴藏》为"涅槃疏语"。依底本与其他诸校本，此处选"涅槃"。
⑤ "于"，底本为"於"，校本《北藏》、《龙藏》、《卍续藏》为"於"，《频伽藏》、《大正藏》为"放"。本句"囿于化者终于尽"后有与其对仗的"寓诸幻而返诸真"，故此处应为"於"，"放"为"於"之讹误。"於"现作"于"。
⑥ "污"，底本为"汙"，校本《北藏》、《龙藏》、《频伽藏》、《卍续藏》均为"汙"，《大正藏》为"污"。此处"汙"为"污"之异体字，现选通常用字"污"。

流之邪见,回季运之浇漓。定慧兼修,长如正法住世;天魔率化,皆为外护宗纲。

　　佛生中印土,姓刹帝利,氏瞿昙。梵语瞿昙,华言甘蔗。其始祖王仙为猎人射死,血入地,生甘蔗二本。日炙开,一生男,号甘蔗王,一生女,善贤妃。生子,作转轮王,以日炙又名日种。传七百世,至净饭王。佛以累劫功行满足,从兜率天降神王宫摩耶夫人腹胎。于周昭王二十六年甲寅岁四月八日生,名萨婆悉达。七日母丧,赖姨母摩诃波阇波提乳养。

　　至二十五岁,踰城往跋伽仙林中,取剑断发,脱身宝衣,从猎师贸袈裟为比丘。复北渡恒河至伽阇山静坐,六年苦行,日食一麻一米以续精气。复自念,若以羸身而取道者,彼外道则言自饿①是涅槃因。乃浴于尼连②河,受牧女乳糜。释提桓因以吉祥草敷坐,跏趺于上。魔王领兵欲加迫害,百计不能少挠,作礼悔罪而去。二月八日明星出时,豁然大悟,得无上道,成最正觉。世相传以腊月八日,或谓周正建子,或别有据。时年,三十岁矣。

　　于摩竭提国阿兰若菩提场中,演说《华严》。小机未入,如聋如哑,于三七日观树思惟,宁入涅槃。梵天帝释殷勤三

---

① "饿",底本为"饿",校本《北藏》、《龙藏》、《卍续藏》为"饿",《频伽藏》、《大正藏》为"饥"。"饥"与"饿"同为不饱之义,但"饿"的程度更甚。此处依底本选"饿"。
② "连",底本为"连",校本《北藏》、《龙藏》、《频伽藏》、《卍续藏》为"连",《大正藏》为"莲"。"连"与"莲"此处表音无义,现依底本及多数校本选"连"。

请，乃诣鹿苑，以三乘教，转大法轮。先为憍陈如等①五人说四谛、十二因缘、六度等教。历十二年，时佛四十二岁，至方等会上淘汰弟子，渐已开泰。于是，弹偏②击小，叹大褒圆，说《维摩》、《楞伽》、《楞严》、《般若》大乘等经。又三十年，时佛七十二岁，说《法华经》。以诸弟子皆可任重，授记作佛，方畅本怀。

又八年，为穆王五十三年壬申岁，时佛七十九岁。佛先往忉利天为母说法。优填王恋慕，铸金为像，闻佛下降，金像来迎佛。姨母摩诃波阇波提、五百比丘尼、舍利弗、目犍连、七万阿罗汉等不忍见佛涅槃，同时入灭。菩萨四众、天人八部、鸟兽诸王悉集，独受纯陀最后之供，为诸比丘说无常苦空。复言："无上正法，悉已付嘱摩诃迦叶，当为汝等作大依止，犹如如来。"又以阿难在娑罗林外，为魔所娆。乃敕文殊云："阿难吾弟，给事我来二十余年，闻法具足，如水注器，欲命③受持是《涅槃经》。"文殊奉旨召阿难归。佛言："有梵志须跋陀罗，年百二十，未舍憍慢。汝可告之，如来中夜当般涅槃。"即与同至，闻佛说法，得阿罗汉。乃

---

① "等"，底本为"等"，校本《北藏》、《龙藏》、《频伽藏》、《大正藏》为"等"，《卍续藏》为"等女"，据文义，《卍续藏》此处衍一"女"字，故不用。
② "偏"，底本为"偏"，校本《北藏》、《龙藏》、《卍续藏》为"偏"，《频伽藏》、《大正藏》为"徧"。据底本尾注，《嘉兴藏》为"徧"。"弹偏击小"此处"偏"指外道，"小"指小乘，后面的"叹大褒圆"中"大"指大乘，"圆"指佛圆满的教导。前后对应，故应为"偏"，"徧"属"偏"之讹误。
③ "命"，底本为"令"，校本《北藏》、《龙藏》、《卍续藏》为"令"，《频伽藏》、《大正藏》为"命"。据底本尾注，《嘉兴藏》为"命"。"命"与"令"义相近，常互通用，但"命"有教诲之义，"令"有强制之义，且在佛典中多用"命"而少用"令"，故此处选"命"，下同。

告大众："自我得道度憍陈如，最后度须跋陀罗，吾事究竟。"二月十五日中夜，复伸告诫："汝等比丘于我灭后，当尊波罗提木叉①，是汝大师，如我住世无异也。"于七宝床，右胁而卧，寂然无声，便般涅槃。

阿那律升忉利天，告摩耶夫人，自天而下。世尊起，为说法开慰。复语阿难："当知为后世不孝众生故，从金棺出，问讯于母。"时迦叶与五百弟子，自耆②阇崛山奔至，悲哽作礼，复现双足千辐轮相。天人各持香薪，至荼毗所，化火自焚，七日乃尽。众收舍利满八金坛，阿阇世王与八国王及帝释诸天、龙王共争舍利。大臣优波吉谏止，宜共分之。即分为三：一诸天，一龙王，一分八王。而阇王得八万四千数，以紫金函盛于五恒河中，作塔藏之。

帝师涅槃

至日，法座上敬安牌位，如法铺设。严备香花灯烛、茶果珍馐供养，维那请制疏签疏佛涅槃同。隔宿，令堂司行者报众，挂讽经牌。正日，鸣钟集众，向座雁立。候住持至，上香，上汤，上食，下䞋，上茶。礼拜毕，拈香，有法语。维那揖班上香，大众

---

① "木叉"，底本为"木义"，校本《北藏》为"木义"，《龙藏》为"本义"，《频伽藏》、《卍续藏》、《大正藏》均为"木叉"。"波罗提木义"与"波罗提木叉"是佛教戒律的音译。宋代普润法云在《翻译名义集》中曾指出应为"木义"而非"木叉"，但其他佛教典籍中通用"木叉"，故此处选"木叉"，"本义"为"木义"之讹误。
② "耆"，底本为"耆"，校本《北藏》、《龙藏》、《频伽藏》、《卍续藏》、《大正藏》为"耆"，据《大正藏》本底注，《宫本》为"者"。此处应为"耆"，"者"为"耆"之讹误。

普同礼拜。住持跪炉，宣疏举咒，回向云：" 上来讽经功德，奉为皇天之下一人之上①开教宣文辅治大圣至德普觉真智佑国如意大宝法王西天佛子大元帝师。上酬慈荫，十方三世一切诸佛云云。"

疏　语

天启有元，笃生辅治之大圣；道尊无上，实为宣文之法王。密赞化基，阴翊王度，吐辞为经，举足为法。位居千佛之中，博厚配地，高明配天；尊极一人之上，维兹圣忌，益仰恩光。伏愿重驾愿轮，赞四海同文之治化；眷言像季，振千古正法之宗纲。

帝师拔合斯八，法号惠幢贤吉祥，土波国人也。己②亥岁四月十三日降生，父曰唆南绀藏。初，土波有国师禅恒罗吉达，得正知见，具大威神，累叶相传，道行殊胜。其国王世师尊之，凡十七代而至萨斯加哇，即师之伯父也。师天资素高，复礼伯父为师，秘密伽陀，微妙章句一二千言，过目成诵，七岁演法，辩博纵横。

年十有五，岁在癸丑，世祖皇帝龙德渊潜，师灼知真命有归，驰骑径诣王府。上与中闱、东宫皆秉受戒法，特加尊礼。阅六载，庚申，世祖聿登大宝，建元中统。遂尊为国师，授以玉印，任中原法主，统领天下释教，始令僧俗分司。四年，辞帝西归。未期月，趣召来还。至元七年庚午，有旨制大元国字。师独运摹画，不日而成。深惬圣意，即诏

---

① "上"，底本为"上"，校本《北藏》、《频伽藏》、《卍续藏》、《大正藏》为"上"，《龙藏》为"土"。据文义，此处应为"上"，"土"为"上"之讹误。
② "己"，底本为"巳"，校本《北藏》、《龙藏》、《频伽藏》为"巳"，校本《卍续藏》、《大正藏》为"己"，因十天干中有"己"而无"巳"，故此处应为"己"。

颁行，朝省郡县悉皆遵用，迄为一代典章。升号帝师大宝法王，更赐玉印，旋又西归。十一年，上复专使召至，寻又力辞还山，上坚留之不可。十七年十一月廿二日入灭，上闻不胜震悼追怀，连建大窣堵波于京师，宝藏真身舍利，轮奂金碧，古今无俦见翰林学士王磐等奉敕所撰①碑。后升号皇天之下一人之上开教宣文辅治大圣至德普觉真智佑国如意大宝法王西天佛子大元帝师。

报本章终

---

① "撰"，底本为"撰"，校本《北藏》、《龙藏》、《频伽藏》、《卍续藏》、《大正藏》为"撰"，据《大正藏》本底注，《宫本》为"栱"，据文义，此处应为"撰"，"栱"为"撰"之讹误。

尊祖章第四

人各祀①其祖，重其形生之始也。形生始于爱，然形有时而化，爱有时而尽。惟性之灵然不昧者，不恃生而存，不偕亡②而亡，故佛教人必明性。而后之学者复胶于文言，不得其指归。犹医之善方书而废药石，何益哉？及吾祖达磨至，示以直指之道，而人始廓然。见夫自性之妙，不求文字，不资语默，而得于聲③欤声色之外。则吾徒之传祖道、嗣祖位者，如火之薪、水之器，无古今之间毫发之异，不犹重于形生之始乎！后百丈大智禅师又作《清规》，以居吾徒，而禅林于是乎始。海会端公谓宜祀达磨于中，百丈④陪于右，而各寺之开山祖配焉，见于《祖堂纲纪序》云。

---

① "祀"，底本为"祀"，校本《北藏》、《龙藏》、《频伽藏》、《大正藏》为"祀"，《卍续藏》为"祝"。据文义，此处应为"祀"，"祝"为"祀"之讹误。
② "亡"，底本为"亡"，校本《北藏》、《龙藏》、《频伽藏》、《卍续藏》、《大正藏》为"亡"，据《大正藏》本底注，《宫本》为"死"。"死"与"亡"在此同义，依底本及诸校本选"亡"。
③ "聲"，底本为"聲"，校本《北藏》、《龙藏》、《频伽藏》、《大正藏》为"聲"，《卍续藏》为"聲"。据文义应为"聲"，"聲"为"聲"之讹误。
④ "百丈"，底本为"百丈"，校本《北藏》、《龙藏》、《频伽藏》、《卍续藏》、《大正藏》均为"百丈"，据《大正藏》本底注，《宫本》为"百文"。据文义，此处应为"百丈"，"文"属"丈"之讹误。

达磨忌

先期，堂司率众财营供养，请制疏签疏佛涅槃同。隔宿，如法铺设法堂，座上挂真。中间严设祭筵、炉瓶、香几①，上间设禅椅、拂子、椸架、法衣设床榻者非也，下间设椅子、经案、炉瓶、香烛、经卷。堂司行者报众，挂讽经牌，当晚讽经，并覆来日半斋，各具威仪，散忌讽经。

参前，鸣僧堂钟集众。候住持至，鸣鼓，献特为汤，住持上香三拜，不收坐具。上汤，退身三拜。再进前问讯，揖汤。复位二拜②，收坐具。鸣鼓三下，行者鸣手磬，维那出班念诵云："切以宗传直指，悉借润于余波，道大难名，愧联辉于末裔。仰③凭大众，念清净法身毗卢遮那佛十号云云。"回向云："上来念诵功德，奉为初祖菩提达磨圆觉大师大和尚，上酬慈荫，十方三世一切云云④。"毕，鸣僧堂钟三下，众散，或请就坐药石。昏钟鸣，再鸣僧堂钟集众，住持上香。维那举《楞严咒》毕，回向云："净法界身本无出没，大悲愿力示有去来，仰冀慈

---

① "几"，底本为"凡"，校本《北藏》、《大正藏》为"凡"，《龙藏》、《卍续藏》为"几"，《频伽藏》为"儿"。根据文义应为"几"，此处指桌形器具，"凡"与"儿"均为"几"之讹误。
② "二拜"，底本为"二拜"，校本《北藏》、《频伽藏》、《大正藏》为"二拜"，《龙藏》、《卍续藏》为"三拜"。据《大正藏》本底注，《宫本》为"三拜"，依底本选"二拜"。
③ "仰"，底本为"仰"，校本《北藏》、《龙藏》、《频伽藏》、《卍续藏》、《大正藏》均为"仰"。据《大正藏》本底注，《宫本》为"伸"。根文义，此处应为"仰"，"伸"属"仰"之讹误。
④ "一切云云"，底本为"一切云"，校本《龙藏》为"一切云云"，校本《北藏》、《频伽藏》、《卍续藏》、《大正藏》为"一切云"。据《大正藏》本底注，《宫本》为"一切云云"。此语在本文献中多次出现，一般是"一切云云"句式，极少有"一切云"句式，故选"一切云云"。

悲,俯垂昭鉴。今月初五日,伏值初祖菩提达磨圆觉大师大和尚示寂之辰,率比丘众营备香馔,以伸供养。讽诵《大佛顶万行首楞严神咒》,所集殊勋,上酬慈荫。伏愿群机有赖,播扬少室之家风;妙智无穷,成就大乘之根器。十方三世一切云云。"次,参头领众行者排列喝参,礼拜讽经,人仆①排列参拜。

次日早,住持上香礼拜,上汤上粥,座下侧坐陪食。粥罢,住持上香上茶。维那举《大悲咒》毕,回向:"上来讽经功德,奉为初祖菩提达磨圆觉大师大和尚,上酬慈荫,十方三世云云。"半②斋,鸣僧堂钟集众,向祖排立。住持上香三拜,不收坐具,进炉前上汤上食。请客侍者供递,俟烧香侍者就祖位侧捧置几上。退,就位三拜,仍进前烧香。下覷毕,三拜,收坐具。鸣鼓,讲特为茶_{如汤礼}。毕,住持拈香,有法语。行者鸣钹,维那出班,揖住持上香,侍者捧香盒。次,东堂、西堂两序出班上香。大众同展三拜,维那白云:"净法界身本无出没,大悲愿力示有去来。"宣疏,住持跪炉。次,举《楞严咒》毕,回向:"上来讽经功德,奉为初祖菩提达磨圆觉大师大和尚,上酬慈荫,十方三世云云。"次,行者讽经。

疏　语

大哉正传,绍觉皇之宗裔,廓然无圣,破义学之膏肓③。百川到海,回绝异流;杲日丽天,罄无侧影。指人心而成佛,成佛

---

① "人仆",底本为"人仆",校本《北藏》、《龙藏》、《频伽藏》、《大正藏》与底本同。《卍续藏》为"仆",据文义,此处应为"人仆",《卍续藏》脱漏"人"字。
② "半",底本为"半",校本《北藏》、《龙藏》、《频伽藏》、《大正藏》为"半",《卍续藏》为"羊"。据词义,应为"半","羊"为"半"之讹误。
③ "膏肓",底本为"膏盲",校本《北藏》、《龙藏》、《卍续藏》为"膏盲",《频伽藏》、《大正藏》为"膏肓"。据文义,应为"膏肓","盲"为"肓"之讹误。

同心；契妙道以忘言，忘言见道。有大功于世教，宜广振于宗风。现浊世优昙花，实为鼻祖；取神州大乘器，尽入彀中。适逢瘗履之辰，爰效采蘩之荐。伏愿信衣表佛祖之重，力任千钧；一花开天地之春，芳联万世。

　　祖师，南天竺国香至王第三子也，姓刹帝利，本名菩提多罗。后遇二十七祖般若多罗尊者，知师密迹，因试令与二兄辩所施宝珠，发明心要。既而尊者谓曰①："汝于诸法，已得通量。夫达磨者，通大之义也，宜名达磨。"因改名菩提达磨。师乃告尊者曰："我既得法，当往何国而作佛事？愿垂开示。"尊者曰："汝虽得法，未可远游，且止南天。待吾灭后六十七载，当往震旦，设大法药，直接上根。慎勿速行，衰于日下。"梁普通八年，丁未岁九月二十一日至南海，广州刺史萧昂表闻武帝，帝遣使诏迎。十月一日至金陵，与帝语，不契。是月十九日渡江北。十一月二十三日届于洛阳，当魏孝明太和十年也，寓②止于嵩山少林寺，面壁而坐，终日默然，人莫之测，谓之"壁观婆罗门"。至太和十九年，丙辰岁十月五日，端居而逝。其年十二月二十八日，葬熊耳山，起塔于定林寺。唐谥"圆觉大师"，塔曰"空观"。

---

① "曰"，底本为"曰"，校本《北藏》、《频伽藏》、《卍续藏》、《大正藏》为"曰"，《龙藏》为"白"。"曰"之义为说，"白"之义为下对上禀告。在此处属于师父对徒弟，不宜"白"，故依底本选"曰"。
② "寓"，底本为"寓"，校本《北藏》、《龙藏》、《卍续藏》为"寓"，《频伽藏》、《大正藏》为"萬"。据文义应为"寓"，"萬"为"寓"之讹误。

百丈忌

先期，堂司率众财营供养。至日隔宿，如法铺设法堂，座上挂真，严设中间祭筵，上下间几①案供具。当晚讽经，正日散忌。特为茶汤，拈香宣疏，出班上香，大众展拜并同达磨忌礼，但无念诵。初夜，回向云："净法界身本无出没，大悲愿力示有去来。仰冀慈悲，俯垂昭鉴，正月十七日，伏值百丈大智觉照弘宗妙行禅师大和尚示寂之辰，率比丘众营备香馐，以伸供养。讽诵《大佛顶万行首楞严神咒》，所集殊勋，上酬慈荫。伏愿：昙花再现，重开觉苑②之春；慧日长明，永烛昏衢之夜。十方三世一切云云。"

疏　语

一言为天下法，中矩中规；万世知师道尊，有纲有纪。以儗③丛林礼乐之盛，见法筵龙象之多。华梵同文，富拟名渠④天禄；经律相济，严如金科玉条。有布武堂上之仪，非绵蕞野外之

---

① "几"，底本为"几"，校本《北藏》、《频伽藏》、《卍续藏》、《大正藏》为"几"，《龙藏》为"凡"。据文义，此处应为"几"，"凡"为"几"之讹误。
② "觉苑"，底本为"觉花"，校本《北藏》、《龙藏》、《频伽藏》、《卍续藏》、《大正藏》为"觉花"，据《大正藏》本底注，《宫本》为"觉苑"。"觉苑"指净土，又喻心，僧清珙曾有诗曰："觉苑常开智慧花"。就前后文义与对仗句式而言"昙花再现，重开觉苑之春"比"重开觉花之春"更为妥帖。故选"觉苑"。
③ "儗"，底本为"儗"，校本《北藏》、《龙藏》、《频伽藏》、《大正藏》均为"儗"。《卍续藏》无"儗"字。据《大正藏》本底注，《宫本》亦无"儗"字。据文义判断，《卍续藏》与《宫本》脱"儗"字。
④ "名渠"，底本为"名渠"，《北藏》、《龙藏》、《大正藏》为"名渠"，《频伽藏》、《卍续藏》为"石渠"。据《大正藏》本底注，《宫本》为"石渠"。"名渠"，渠，古乐《三夏》中第三章为《渠》，此处代指经典之乐曲。"名渠"与"天禄"相对，用"石渠"则不妥，故选"名渠"。

礼。即此用离此用，语脱①重玄；出于机入于机，理穷众妙。宜配禅祖以陪祀，盍遵讳日而营斋。伏愿帝释精进胜幢，制诸魔外；济北阴凉大树，荫满阎浮。

师，福州长乐人，王氏子。卯岁离尘，三学该练，属马祖阐化江西。法席之盛，若大珠、南泉、归宗，号法龙象，而师为上首。暨祖示寂沩潭，师继之。以众委凑无所容，欲辞去。道过新吴，憩止车轮峰下，有甘贞游畅，愿施地延居。已而众复至，遂建寺为大拓提②焉。元和九年正月十七日，师归寂。彬③林不蘙而燎，灵溪方春而涸。四众悲惨，葬于大雄峰。先是有异人司马头陀者，为择葬地曰"傍连三峰，未穷其妙，法王居之，天下师表"，而世以为信然云。唐长庆元年，敕谥"大智禅师"，塔曰"大宝胜轮"。宋大观元年，加谥"觉照"，塔曰"慧聚"。大元元统三年，加谥"弘宗妙行禅师"。

开山历代祖忌

开山忌及道行崇重，功被山门者。隔宿，铺设法堂上礼仪百

---

① "脱"，底本为"脱"，校本《北藏》、《龙藏》、《频伽藏》、《大正藏》为"脱"，《卍续藏》为"说"。"说"通"脱"，此处选通用字"脱"。
② "拓提"，底本为"拓提"，校本《北藏》、《卍续藏》、《大正藏》为"拓提"，《龙藏》、《频伽藏》为"招提"。据《大正藏》本底注，《宫本》为"招提"。宋代普润、法云在《翻译名义集》中曾指出："招提者，讹也。正言'拓斗提奢'，指四方，译人去斗去奢，并将'拓'误作'招'。"故此处选"拓提"。
③ "彬"，底本为"彬"，校本《北藏》、《龙藏》、《频伽藏》、《卍续藏》、《大正藏》为"彬"，据《大正藏》本底注，《宫本》为"杉"。"彬林"指茂盛的林木，"杉林"则指杉树林，且此处"彬林"与后面的"灵溪"相对仗，选"彬"更合理妥帖。

丈忌同①，或无疏，库司备供养。若历代忌不具疏，不献特为茶汤。届期，堂司预报库司，备供养，请牌位，就法座西首铺设。粥罢集众，住持②、两序一行排立。维那出，揖班上香毕，归位同展三拜，侍者班尾拜《至大规》云：有处就祖堂下食，一位讽经，非礼也。举《大悲咒》，回向云："宝明空海，湛死生漩澓③之波；大寂定门，融今古去来之相。仰冀贞④慈，俯垂昭鉴。山门今月某日，伏值前生⑤当山第几代某号某禅师示寂之辰，营备珍馐，以伸供养。比丘众讽诵《大悲神咒》，所集殊勋，增崇品位。伏愿慧日重辉，耀祖室光明之种；灵根再蘖，回少林花木之春云云。"或乡人，或江湖举咒，回向云："上来⑥讽经功德，奉为某号大和尚增崇品位，十方三世云云。"或有俵䞋，则举《楞严咒》，回向同前。

嗣法师忌

先德唯激扬宗乘，发明自己，开示后学，知有授受，以报恩

---

① "百丈忌同"，底本为"百文"，校本《北藏》、《龙藏》、《大正藏》为"百文"，《频伽藏》为"百丈"，《卍续藏》为"百丈忌同"。据《大正藏》本底注，《宫本》为"百丈忌同"。据文义，如只有"百丈"而无"忌同"二字，则文义不通，故应为"百丈忌同"。"百文"为"百丈"之讹误。
② "持"，底本为"持"，校本《北藏》、《频伽藏》、《卍续藏》、《大正藏》为"持"，《龙藏》为"待"。据文义，此处应为"持"，"待"为"持"之讹误。
③ "澓"，底本为"簸"，校本《北藏》、《龙藏》、《频伽藏》为"簸"，《大正藏》为"菝"，《卍续藏》为"澓"。据《大正藏》本底注，《宫本》为"澓"。"簸"有音无义，"菝"仅指菝菜，"澓"指水之洄流，据文义，此处应为"澓"。
④ "贞"，底本为"贞"，校本《北藏》、《龙藏》、《频伽藏》、《大正藏》为"贞"，《卍续藏》为"真"。据《大正藏》本底注，《宫本》为"真"。"贞"指坚定不移，"真"指真正。据文义，此用"贞"更妥当。
⑤ "生"，底本为"生"，校本《北藏》、《龙藏》、《频伽藏》、《大正藏》等为"生"，《卍续藏》为"住"。据底本，此处选"生"。
⑥ "来"，底本为"来"，校本《北藏》、《龙藏》、《频伽藏》、《大正藏》为"来"，《卍续藏》为"本"。据文义与本文献其他用语习惯，此处应为"来"，"本"为"来"之讹误。

也。如巴陵三转语，为云门作忌，先辈深有意焉。然尊师重道，礼不可废。先期，住持出己①财，送库司办祭设供。隔宿，就法堂如法排办，堂司行者报众，挂讽经牌。当晚讽《楞严咒》，乡人、法眷举《大悲咒》。次，行者讽经，回向并同。

次早，住持上粥。粥罢，大众讽《大悲咒》，乡人、法眷举咒。半斋，散忌讽经，住持上食，讲特为茶，拈香达磨忌同。两序上香，大众同拜盖在②座下，皆曰参学故也。斋时，住持入堂烧香，展拜归位。衣钵侍者行䞋有就法堂讽经时俵䞋，非礼也。斋毕，就座点茶，烧香侍者行礼。若讲特为伴真汤。斋罢，方丈客头请西堂两序，晚间对真相伴吃汤，排照牌位列座右。住持揖就座，烧香上汤，并下相伴人汤。退身烧香展拜，起身问讯，谢相伴，鸣鼓三下退座。如有三五人西堂，则分作两座。第一座，西堂吃汤，住持行礼。第二座，两序吃汤，侍者行③礼。或无西堂，则已之讽经罢，备汤果，预请两序、勤旧。如有法眷尊长、同门兄弟，皆当请之。小师、师孙不可同席。坐定，住持起，上香上汤毕，侍者烧香、行汤果。

尊祖章终

---

① "己"，底本为"巳"，校本《北藏》、《龙藏》为"巳"，《卍续藏》为"已"，《频伽藏》、《大正藏》为"己"。据文义，此处应为"己"，"巳"与"已"为"己"之讹误。
② "在"，底本为"在"，校本《北藏》、《龙藏》、《卍续藏》为"在"，《频伽藏》、《大正藏》为"上"。据底本尾注，《嘉兴藏》为"上"。据文义，此处应为"在"，"上"属"在"之讹误。
③ "行"，底本为"行"，校本《北藏》、《频伽藏》、《卍续藏》、《大正藏》为"行"，《龙藏》为"何"。据文义，此处应为"行"，"何"为"行"之讹误。

住持章第五

佛教入中国四百年而达磨至。又八传而至百丈,唯以道相授受,或岩居穴处,或寄律寺,未有住持之名。百丈以禅宗寖盛,上而君相王公,下而儒老百氏,皆向风问道,有徒实蕃,非崇其位,则师法不严,始奉其师为住持,而尊之曰"长老",如天竺之称舍利弗、须菩提,以齿德俱尊也。作广堂以居其众,设两序以分其职,而制度粲然矣。至于作务,犹与众均其劳,常曰:一日不作,一日不食。乌有庾廪之富,舆仆之安哉!故始由众所推,既而命之官,而犹辞聘不赴者。后则贵鬻豪夺,视若奇货。然苟非其人,一寺废荡,又遗党于后,至数十年蔓不可图。而往往传其冥报之惨,有不忍闻者,可不戒且惧乎?

住持日用

上 堂

凡旦望,侍者隔宿禀住持云:"来晨祝圣上堂。"次早再禀,分付客头行者,挂上堂牌报众。粥罢,不鸣下堂钟三下。俟铺法座毕,堂司行者覆首座,鸣众寮前板,大众坐堂。方丈行者覆住持,次覆侍者。鸣鼓,两序领僧行,至座前问讯,分班对立。侍者请住持出,登座拈香,祝寿详具《祝釐章》。跌坐,开发学者,激扬此道。若有客,并叙序谢①。多则具目子,恐有遗忘,侍者提起。或有诸山住持、名德西堂,座右设位,官客对座设位_{知礼尊法则不坐也}。五参上堂,两序至座下,径归班立。住持登座,不拈香_{余如前式}。若尊宿相访,特为上堂,或引座举扬。施主请升座,不拘时也。

古之学者,盖为决疑,故有问答初,不滞于语言。近日,号名禅客,多昧因果,增长恶习,以为戏剧,哗然喧笑,甚失观瞻。况举扬宗乘,端祝圣寿,若有官客及名德,相过少致叙陈。而今时衲子,例责过褒叙谢,殊乖法式。如说山门事务,则方丈会茶议论②,毋谈杂事,使众厌听。

晚　参

凡集众开示,皆谓之参。古人匡徒,使之朝夕咨扣,无时而不激扬此道。故每晚必参,则在晡时。至今,丛林坐参,犹旦望五参升座。将听法时,大众坐堂也_{详具《祝釐章》}。若住持至晚不参,则堂司行者禀命住持,覆首座,鸣僧堂钟三下,谓放参钟

---

① "叙序谢",底本为"叙序谢",校本《北藏》、《龙藏》、《频伽藏》、《大正藏》与底本同,《卍续藏》为"叙谢"。据文义,此处"叙谢"亦可,但"叙序谢"使文义更准确,故选之。
② "论",底本为"论",校本《北藏》、《龙藏》、《频伽藏》、《卍续藏》、《大正藏》与底本同。据《大正藏》本底注,《宫本》为"谕"。据文义,此处应为"论","谕"为"论"之讹误。

也。如住持入院，或官员檀越入山，或受人特请，或谓亡者开示，或四节腊，则移于昏钟鸣，而谓之小参。可以叙世礼，曰家教者是①也。然亦不鸣放参钟，谓犹有参也。

小　参

小参初无定所，看众多少，或就寝堂，或就法堂。至日午后，侍者覆住持云：<small>"今晚小参。"</small>令客头行者报众，挂小参牌，当晚不鸣放参钟。昏钟鸣时，行者覆住持，鸣鼓一通，众集，两序归位，住持登座<small>与五参上堂同</small>。提纲叙谢，委曲详尽，然后举古，结座如四节。说请头首秉拂，及讲免礼仪，详略使众通知。下座，客头行者喝请云：<small>"方丈和尚请西堂、两班、单寮、耆旧、蒙堂、侍者、禅客，即今就寝堂献汤。"</small>库司预备汤果，送上方丈。

昔汾阳昭禅师住汾州太子院，以并汾地苦寒故，罢夜参。有异比丘振锡而至，谓师曰："会中有大士六人，奈何不说法？"言讫，升空而去。师密记以偈，曰："胡僧金锡光，为法到汾阳；六人成大器，劝请为敷扬。"时，楚圆、守芝号上首。楚圆即慈明也，后住石霜，饭罢常山行。时，杨岐会公为监寺，阚其出，挝鼓集众。慈明遽还，怒数曰："暮而升座，何从得此规绳？"会徐对曰："汾州晚参，何为非规绳乎？"慈明颔之。

---

① "是"，底本此处有"是"字，校本《北藏》、《龙藏》、《频伽藏》、《卍续藏》、《大正藏》与底本同，据《大正藏》本底注，增上寺报恩藏明本缺"是"字，依《宫本》补之。

告 香

每夏前告香,新归堂者推参头一人。维那和会定,同众诣侍司禀云:"新挂搭兄弟欲求和尚告香普说,敢烦侍者咨禀。"答云:"客为后①覆,却当相报。"如住持允从,即报堂司,出告香图式见后。量众多少,列作几行,分东西两边,面向法座而立。依戒排列,预集众习仪。堂司行者率众钱,买香大小三片及纸、作图之费,付参头收。至日,侍者令客头于寝堂或法堂,铺设罘②罳、椅子。须用香几三只,烛台三对,当椅前一字间列,外设小拜席。堂司行者预逐一报众,挂告香牌。侍者预出小榜,贴法堂柱上云:"奉堂头和尚慈旨,名德、西堂、首座并免告香,侍司某谨白。"

至日粥罢,诸寮各③鸣板三下。众集,依图位立,各备小香盒、坐具。参头同维那、侍者入请住持出。参头归位,同众问讯,进前云:"请和尚趺坐。"住持就座,副参递大香一片,与参头同众问讯。插香,各大展三拜,收坐具,复同问讯。参头进椅侧问讯,禀云:"某等为生死事大,无常迅速,伏望和尚慈悲开示因缘。"住持举话三则,随下语,归位问讯。插香一片,复同众就位,叉④手

---

① "后",底本为"候",校本《北藏》、《龙藏》为"候",《频伽藏》、《卍续藏》、《大正藏》为"后"。据底本尾注,《嘉兴藏》为"后"。据文义,此处应为"后","候"属"后"之讹误。
② "罘",底本为"罘",校本《北藏》、《龙藏》、《频伽藏》、《卍续藏》、《大正藏》与底本同。据《大正藏》本底注,《宫本》为"罳"。据文义,此处应为"罘","罳"为"罘"之讹误。
③ "各",底本为"各",校本《北藏》、《龙藏》、《频伽藏》、《大正藏》与底本同,校本《卍续藏》为"客"。据文义,此处应为"各","客"属讹误。
④ "叉",底本为"义",校本《北藏》、《龙藏》为"义",《频伽藏》、《卍续藏》、《大正藏》为"叉"。"叉手"为佛教敬礼之法。"义"为"叉"之讹误,本卷下同。

而立。东西各三人出班,东第一、第二人过东炉前,第三人过①中炉前。西第一、第二人过西炉前,第三人过中炉前,两两炷香问讯。然后,东三人过东,西三人过西。以次如前而进,徐步行②。各巡接班尾,三三叉手出班,合掌归位。

俟各炷香毕,次第趋至原③位,同众三拜,不收坐具。参头进云:"某等蒙和尚慈悲开允,下情不胜感激之至。"复位,同众三拜。进云:"即日时令,谨时共惟,堂头和尚尊候起居万福。"复位,同众三拜,收坐具。行者鸣鼓五下,两序转身,序立座前。参头立西序下,其告香人东西转身,依位对立。勤旧蒙堂已告香者,立于后。

普说竟,仍齐向法座立。参头插香,同众三拜,免则触礼进云:"某等宿生庆幸,获蒙和尚慈悲开示,下情不胜感激之至。"普同问讯而退,参头领众法堂下间,谢维那、侍者,触礼一拜。次,大众谢参头,触礼一拜。请客侍者预依戒次具茶状,备桌④袱笔砚。告香罢,列法堂下间请茶,各签名,请首座光伴。斋退鸣鼓,众归位立,两侍者行礼与常特为茶同。当晚,方丈请参头、维那、侍者药石,首座光伴。次早,请参头茶。半斋,请参头、维那、侍者点心。若大众均预告香,则首座为参头特为茶⑤,请西堂光伴。

---

① "过",底本无"过"字,校本《北藏》、《龙藏》、《频伽藏》、《大正藏》与底本同,《卍续藏》此处有"过"字,从上下文来看,其他相应处都有"过"字,唯此处独缺,且缺"过"字,则文义不明,故依《卍续藏》增补。
② "徐步行",底本为"徐步行",校本《北藏》、《龙藏》、《频伽藏》、《大正藏》与底本同,《卍续藏》为"徐行"。据《大正藏》本底注,《宫本》为"徐行"。"步"字有无,不影响文义,依底本保留。
③ "原",底本与校本均为"元",此处"元"与"原"通,改为现通用字"原",下同。
④ "桌",底本与校本均为"卓",此处"卓"同"桌",改为现通用字"桌",下同。
⑤ "特为茶",底本为"其持为茶",校本《北藏》、《龙藏》为"其持为茶",《频伽藏》、《卍续藏》、《大正藏》为"其特"。据义及本文献行文方式,应为"特为茶","其"属衍字,"持"为"特"之讹误。

住持入院后，人事定，库司备香，首座领众，恳请为众告香，然后开堂古法：未预告香，不许入室。

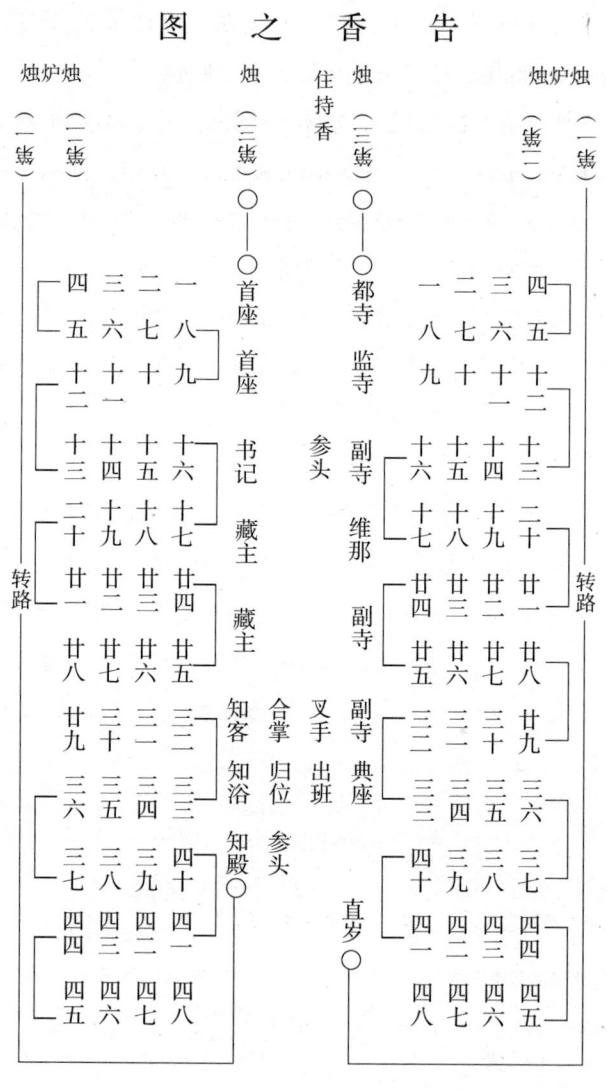

普　说

　　有大众告香而请者，就据所设位坐。有檀越特请者，有住持为众开示者，则登法座。凡普说时，侍者令客头行者挂普说牌报众，铺设寝堂或法堂。粥罢，行者覆住持。缓击鼓五下，侍者出。候众集，请住持出，据坐。普说与小参礼同。

入　室

　　入室者，乃师家勘办学子，策其未至，捣其虚亢，攻其偏重。如烹金炉，铅汞不存，玉人治玉，碔砆尽废。不拘昏晓，不择处所，无时而行之。故昔时衲子，小香盒常随身，但闻三下鼓鸣，即趋入室今时以三八入室者，备故事也。

　　遇开室时，粥前，侍者令客头行者僧堂前、诸寮挂入室牌。寝堂设达磨像，前列香烛、拜席。敷设室内，秉烛装香，拜席设左侧。粥罢下堂，客头即缓击鼓三下，住持至达磨前炷香，同侍者三拜，入据室坐。侍者问讯班左立，行者问讯班右立。头首领众，达磨前各炷香三拜，联接而至室前。后至者依次炷香展拜，接排而立。次第相趁，不许搀先乱序。侍者烧香问讯，出外揖首座入。入先左足，仍以左手上香，进前问讯，至禅椅右侧立。听举话，或下语，或不下语，随意。过禅椅左，问讯。退步，触礼一拜，举左足出，揖次人入。一出一入，相向问讯，联接不绝。

　　若首座是大方西堂或名德，入烧香，住持当下座，揖让送出。遇升堂，白众特免此亦近代循袭之仪。若古德当机，佛祖不让。宁讲世礼，顾师家何如耳。只后堂领众暂到皆当入室，侍者居众后入室。

毕，炷香，大展三拜，行者插香三拜。住持复出达磨前炷香，大展三拜而退。

念　诵

《古规》初三、十三、廿①三、初八、十八、廿八，今止行初八、十八、廿八，堂司依戒次写图式见后。

至日，僧堂前洒扫。午后，堂司行者报众，挂念诵牌。至参前，检点僧堂及诸殿堂香烛完备，覆住持、两序。先鸣方丈板、照堂板。次，巡廊鸣板，住持出。缓鸣大板三下，众集，依图立定，暂到于侍者下肩立。侍者随住持到祖堂、土地堂、大殿烧香礼拜。鸣大钟，两序预集堂外。大板鸣，方归图位。住持入堂，供头鸣堂前钟七下，圣僧前烧香，侍者捧香盒。书状侍者径归位，请客侍者即往西序问讯。请汤巡过，次请东序就归位。

住持出堂外中立，烧香侍者随出归位。维那先离位，至门首向住持立，合掌念诵。上八、中八云：“皇风永扇，帝道遐昌，佛日增辉，法轮常转。伽蓝土地，护法护人，十方

---

① "廿"，底本为"卄"，校本《北藏》、《龙藏》、《频伽藏》为"廿"，《卍续藏》、《大正藏》为"二十"，"廿"与"二十"义同，只是书写习惯不同，此处依底本选"廿"。

檀那,增福增慧。为如上缘,念清净法身毗卢遮那佛云云。"大众默念,每一号堂前轻应钟一声,念毕叠一声。下八云:"白大众,如来大师入般涅槃,至今大元重纪至元元年,已得二千二百八十四载。是日已过,命亦随减,如少水鱼,斯有何乐?众等当勤精进,如救头然,但念无常,慎勿放逸。伽蓝土地,护法护人,十方檀那,增福增慧。为如上缘,念清净法身十号云云。"毕,归位。住持入堂,前堂首座入。次,名德西堂插入,归圣僧板头立。头首领众,三人一引,圣僧前问讯。转身,住持前问讯,合掌巡堂,顺左肩转,依图位立。暂到、侍者随众入,只巡半堂。至圣僧后,侍者向后门立,暂到向侍者立。次,知事入堂,圣僧前问讯,转身住持前问讯,合掌巡堂出。暂到接侍者后,随出。堂司行者往首座前覆云:"放参。"从圣僧后转出堂,供头鸣堂前钟三下。众普同和南,各出全单而散。住持出,两序随出,至堂前谢汤,住持止之。下八赴汤,寝堂鸣板,侍者烧香。行礼如常式,汤罢药石。古法三八皆有汤,上八、中八则免药石,其日不坐参。至晚,坐禅如常式。

巡 寮

《古规》住持巡寮,僧堂前挂巡寮牌报众。各寮设位,备香茶汤。伺候住持至,鸣板集众,于门外排立问讯。随住持入寮,寮主①烧香同众问讯而坐。住持询问老病,点检寮舍缺乏②。叙话而起,众当展坐,具谢临访,免则问讯相送。或旦望巡行则不挂

---

① "主",底本为"主",校本《北藏》、《频伽藏》、《卍续藏》、《大正藏》为"主",《龙藏》为"生",此处应为"主","生"为"主"之讹误。
② "乏",底本为"之",校本《北藏》、《龙藏》、《频伽藏》、《大正藏》为"之",《卍续藏》为"乏"。据《大正藏》本底注,《宫本》为"乏"。"之"在此处作代词,则前无所代者,作助词,则后无所助者,故用"之"则为病语,用"乏"则文通义顺,故选"乏"。

牌。今惟以四节报礼为巡寮，余日不讲。能复古者，当行之。

《僧祇①》云：世尊以五事故，五日一按行僧房。一恐弟子着有为事，二恐着俗论，三恐着睡眠，四为看病僧，五令年少比丘观佛威仪，生欢喜故。

肃　众

《大藏经》内载，宋翰林学士杨亿，推原百丈立规之意。略曰：或有②假号窃形③，混于清众，别致喧挠之事，即当维那检举，抽下本位挂搭，摈令出院者，贵安清众也。或彼有所犯，即以拄杖杖之，集众烧衣钵道具，遣逐偏门而出者，示耻辱也。详此一条，制有四益：一不污清众，生恭敬故。二不毁僧形，循佛制故。三不扰公门，省狱讼故。四不泄于外，护宗纲故。然百丈创规，折衷佛律五篇七聚，弘范三界，梵檀摈治，自恣举过，以肃其众。国朝累圣，戒饬僧徒，严遵佛制。除刑名重罪例属有司外，若僧人自相干犯，当以《清规》律之。若斗诤犯分，若污行纵逸，若侵渔常住，若私窃钱物，宜从家训，毋④扬外丑。

盖悉称释氏，准俗同亲，恪守祖规，随事惩戒。重则集众篗

---

① "祇"，底本为"祇"，校本《北藏》为"祇"，《龙藏》、《频伽藏》、《卍续藏》、《大正藏》为"祇"。"祇"与"祇"有时通用，但在此处应为"祇"。
② "或有"，底本为"或彼有"，校本《北藏》、《龙藏》、《频伽藏》、《卍续藏》为"或有"，《大正藏》为"有或"。据文义及其并列句式"或彼有"应为"或有"，故依校本选"或有"。
③ "形"，底本为"邢"，校本《北藏》、《龙藏》、《频伽藏》、《大正藏》为"邢"，《卍续藏》为"形"。据《大正藏》本底注，《宫本》为"形"，据文义，此处应为"形"，"邢"为"形"之讹误。
④ "毋"，底本为"母"，校本《北藏》、《龙藏》、《频伽藏》、《大正藏》为"母"，《卍续藏》为"毋"。据《大正藏》本底注，《宫本》为"毋"。此处"母"同"毋"，在本文献中二字常混用，后皆改为现通用字"毋"，不再注明。

摈,轻则罚钱、罚香、罚油,而榜示之。如关系钱物,则责状追陪,惟平惟允,使自悔艾。《古规绳颂》云:"盗财并斗诤,酒色污僧伦,速遣离清众,容留即败群。"又云:"犯重焚衣钵,应当集众人,山藤聊示耻,驱摈出偏门。"大惠禅师住育王时,榜示堂司:僧争无明决非好僧,有理无理并皆出院。或议有理而亦摈,疑若未当。盖僧当忍辱,若执有理而争者,即是无明,故同摈之,息诤于未萌也。

训童行

凡旦望,五参上堂罢,参头行者令喝食行者报各局务,行堂前挂牌报众。昏钟鸣,行堂前鸣板三下,集众行者。先佛殿,次祖堂、僧堂前。前堂寮喝参,方上寝堂排立。参入方丈,请住持出就坐。参头进前,插香退身,归位缓声喝云:"参。"众低声同云:"不审。"齐礼三拜,屏息拱听规诲毕,又三拜。参头喝云:"珍重。"众齐低声和,问讯而退。如住持他缘,则喝食行者喝云:"奉方丈慈旨晚参。"众云:"不审。"次长声喝云:"放参。"众云:"珍重。"齐问讯退。

为行者普说

参头预诣侍司,插香礼拜,禀侍者咨覆。住持如允所请①,参头即鸣行堂前板集众,排立寝堂。参头随侍者入,请住持出,据坐。参头同众问讯,进前插香,退身归位,缓声喝云:"不审。"

---

① "请",底本为"请",校本《北藏》、《龙藏》、《频伽藏》、《大正藏》为"请",《卍续藏》为"谁"。据文义,此处应为"请","谁"与"请"之讹误。

众低声和毕,同礼九拜。参头进云:"某等久思和尚示诲①,伏望慈悲,开示因缘。"转身,问讯而退。次日,行堂挂普说牌报众,设座、香几、烛台。参头报众,请两序立班。副参领众门迎,两序入堂。参头、堂主诣侍司,同请住持下行堂,众迎入据坐。侍者问讯侧立,两序问讯毕,侍者烧香请法。参头领众雁立,插香喝参三拜。退,分东西序后雁立。拱听开示毕,参头领众,如前排立三拜,即出门外右立,揖送住持、两序。然后,随至寝堂,插大香一片,九拜而退。次诣侍司,插香三拜。参头、副参同往②两序前,一一拜谢。

受法衣③

专使送法衣至,先相看知客通意,同上侍司,烦通覆方丈。或即相接,或在来早。侍者预令客头报请两序至,专使插香如常礼相看。谢茶毕,再插香,两展三礼,免则触礼。词云:"某人和尚法衣表信,专此奉上。"以盘④袱托呈法衣信物,然后入座,两序光伴。茶罢,献汤。汤罢,两序同送安下,侍者引巡寮。别日上堂,法座左边设住持位,专使大展三拜,捧衣递上。住持接衣,有法语,披衣升座。或嗣法师已迁化,法堂右间设灵几,下座致

---

① "诲",底本为"诲",校本《北藏》、《龙藏》、《卍续藏》为"诲",《频伽藏》、《大正藏》为"许"。据底本尾注,《嘉兴藏》为"许"。据《大正藏》本底注,《宫本》为"诲"。据文义,此处应为"诲"。
② "往",底本为"住",校本《北藏》、《龙藏》、《频伽藏》、《大正藏》为"住",《卍续藏》为"往"。据《大正藏》本底注,《宫本》为"往"。据文义,此处应为"往","住"为"往"之讹误。
③ "衣",底本为"衣",校本《北藏》、《龙藏》、《频伽藏》、《大正藏》为"衣",《卍续藏》为"表"。据文,此处应为"衣","表"为"衣"之讹误。
④ "盘",底本与诸校本均为"柈",现改为通用字"盘",后皆同此,不再注明。

祭讽经，如遗书至之礼，见后。

迎待①尊宿

尊宿相访，须预挂接尊宿牌，鸣钟集众门迎。彼若尚简，则潜入寺。住持必于寝堂，具香烛相接。仍令鸣僧堂钟，客头报首座，领众插香问讯毕，众退，两序、勤旧就陪坐。烧香吃茶罢，侍者方插香礼拜，带行侍者、行者、人仆、轿从参拜。方丈、执局及参头领众行者、人仆、轿番，以次参拜。侍者复烧香，点汤。汤罢，两序、勤旧同送客位。客头令备轿，住持同引巡寮报礼，侍者随侍。若以下诸山，则侍者引巡寮。请客侍者具状诣客位，插香拜请特为汤，禀云：“方丈拜请和尚今晚就寝堂特为献汤，伏望慈悲降重。”禀讫，呈状式见后。毕，客头覆云：“请和尚汤罢，就座药石。”寝堂钉挂帐幕，排照牌，设特为光伴位。鸣鼓行礼，揖坐，揖香，劝汤。汤罢，药石并同常特为礼。客头诣客位请云：“方丈请和尚今晚汤果。”仍请两序光伴。侍者覆，来早上堂致谢。

次早请汤，侍者烧香，行者问讯，仆从声喏，住持相陪吃粥。粥罢，请茶。侍者再禀：上堂。座右设位，半斋点心。如大尊宿，则首座、众头首禀住持，劝请为众开示法要。住持先到客位陈意，若允，首座具状，两序大众同诣客位，插香拜请。次请住持引座，报众挂牌，法座前左右排立。至时鸣鼓，住持同下法堂，位前立。住持先引座，与常上堂同。下座，两序诣尊宿前问

---

① "待"，底本为"侍"，校本《北藏》、《龙藏》、《卍续藏》为"待"，《频伽藏》、《大正藏》为"侍"。"待"与"迎待"意义相近，但就整体文义来看，"迎待"更为妥帖，故选之。

讯，尊宿往住持前问讯。归中，普问讯登座。侍者、两序出班问讯，住持问讯。说法毕，下座，住持前问讯，普与大众问讯。住持、两序、大众随诣客位，插香拜谢。请客侍者具状，请特为管待。山门置食备齅，方丈备贴齅，行礼与常特为同。

若诸山平交，斟酌中礼可也。若法眷尊长至，先讲诸山相见礼，送客位，请居中座。住持插香礼拜，讲法眷礼。方丈内坐，当让中位，迎送如前礼。献汤，躬行礼，客力辞，侍者行礼。若嗣法办事，法侄①相访，当躬至方丈。住持即令②鸣僧堂钟，集众人事。先请住持中坐，行弟子法眷礼，次讲诸山礼。接送同前，但特为汤管待不具状，请客侍者炷香陈请。又看年腊高低，临时通变请汤、请管待③、请升座，各有状式，见后。

当寺住持比丘某，右某辄以今晚，就寝堂点汤特为。伏望尊慈，特垂降重。谨状

年　月　日，具位状。

当寺住持比丘某，右某辄以来日，就寝堂聊备水饭。伏望尊慈，特垂降重。谨状

年　月　日具位状

当寺首座比丘某，右某辄以来日，拜请举扬宗旨，开示后学。伏望尊慈，俯垂开允。谨状

年　月　日具位状

---

① "侄"，底本为"姪"，校本《北藏》、《龙藏》、《频伽藏》、《卍续藏》为"姪"，《大正藏》为"劮"。"劮"通"逸"，意为娱乐。"姪"现为"侄"，意为非直系下一代，故此处应为"侄"。
② "令"，底本为"令"，校本《北藏》、《龙藏》、《频伽藏》、《卍续藏》为"令"，《大正藏》为"今"。据文义，此处应为"令"，"今"为"令"之讹误。
③ "待"，底本为"待"，校本《北藏》、《龙藏》、《频伽藏》、《卍续藏》为"待"，《大正藏》为"侍"。据文义，此处应为"待"，"侍"为"待"之讹误。

可漏子：状请　某处堂头和尚禅师　具位　谨封

施主请升座斋僧

　　施主到门，知客①接见，引上方丈献茶汤，送安下处。若官贵大施主，当鸣钟集众门迎。送安下处定，施主却请知事商议，同上方丈，炷香拜请升座。至日，铺设法座，座前设施主位。挂上堂牌报众。鸣鼓集众，知客同施主上方丈请住持，须备手炉、灯幡、铙钹如仪。迎至座前，登座趺座。施主座前设拜，知客揖引入位听法，但受礼坐则慢法也。下座，拜谢。若斋僧，须与知事议定斋料用费。维那具僧行数目，䞋资随数均俵。僧堂内，设施主位，与住持分手。斋毕，知事陪施主，僧堂前少立，待首座领众出堂致谢。次，住持、知事到客位谢。或有寄钱斋僧，住持责付知事，须当尽数营办供䞋，慎勿互用，当思因果历然。

　　《人天宝鉴》云，湖南云盖山智禅师，夜坐丈室，忽闻焦灼气枷锁声。即而视之，乃有荷火枷者，火犹起灭不停，枷尾倚于门阃。智惊问曰："汝为谁，苦至斯极耶？"荷枷者对曰："前住当山守颙也。不合互将檀越供僧物造僧堂，故受此苦。"智曰："作何方便可免？"颙曰："望为估直僧堂，填设僧供，可免尔。"智以己②赀，如其言为偿之。一夕，梦颙谢曰："赖师力，获免地狱苦，生人天中，三生后复得为僧。"今门阃烧痕犹存，然颙公以供僧物作僧堂，皆僧受

---

① "客"，底本为"客"，校本《北藏》、《龙藏》、《频伽藏》、《卍续藏》为"客"，《大正藏》为"容"。据文义，此处应为"客"，"容"为"客"讹误。

② "己"，底本为"巳"，校本《北藏》、《龙藏》为"巳"，《卍续藏》为"已"，《频伽藏》、《大正藏》为"己"。据文义，应为"己"，"巳"与"已"为讹误。

用,尚受互用之报若此。今丛林拨无因果,非唯互用,甚至窃常住为己有者,宜何如哉？

受嗣法人煎点

若法嗣到寺煎点,令带行知事到库司会计,营办合用钱物送纳。隔宿,先到侍司咨禀通覆。诣方丈,插香展拜,免则触礼请云：“来晨就云堂聊具菲供,伏望慈悲,特垂降重。”令客头请两序、单寮、诸寮,挂煎点牌。

至日,僧堂住持位严设敷陈,及桌袱、衬币之具。火板鸣,大众赴堂,煎点人随住持入堂。揖坐,转身圣僧前烧香。叉手,往住持前问讯,转圣僧后出。住持引手揖煎点人坐,位居知客板头。行者喝云：“请大众下钵。”行食遍,煎点人起烧香,下䞋。问讯住持,及行众䞋,厨司①方鸣斋板,就行饭。饭讫,众收钵,退住持桌。煎点人烧香,往住持前问讯。从圣僧后出,炉前问讯。鸣钟,行茶遍,往住持前劝茶。复从圣僧后出,进住持前,展坐具云：“此日②薄礼屑渎,特③辱降重,下情不胜感激之至。”二展寒温,触礼三拜,送住持出。煎点人复归堂,烧香,上下间问讯,以谢光伴。复中问讯,鸣钟收盏。次,诣方丈谢降重,住持随到客位致谢。

---

① "司",底本为"司",校本《北藏》、《龙藏》、《频伽藏》《大正藏》为"司",《卍续藏》为"方"。据文义,此处应为"司","方"为"司"之讹误。
② "日",底本为"日",校本《北藏》、《龙藏》、《频伽藏》、《卍续藏》、《大正藏》为"日",据《大正藏》本底注,《宫本》为"月"。据文义,此处应为"日","月"为"日"之讹误。
③ "特",底本为"特",校本《北藏》、《龙藏》、《频伽藏》、《卍续藏》、《大正藏》为"特"。据《大正藏》本底注,《宫本》为"时"。据文义,此处应为"特","时"为"特"之讹误。

若诸山煎点，候斋办，请住持同赴堂。揖住持坐，住持当免行礼，揖煎点人归位。待①行食遍，起烧香，往住持前问讯，下觑，俵众人觑。烧光②伴香，归位伴食。茶礼讲否，随宜斟酌。

嗣法师遗书至

专使持书到寺礼仪详见下遗书篇，方丈开书，两序先慰住持。法堂中间设祭，座前拈香，有法语。举哀，三拜。上汤，复三拜。进食，下觑，鸣鼓，讲特为礼，三拜。上茶，鸣鼓三下，退座，收坐具。

维那举《楞严咒》，回向与嗣法师忌同。两序、四寮、江湖、乡人、法眷、小师、办事，皆有祭。住持居灵几之左如有诸山及座下、西堂、法眷与师为行辈者上祭则住持同专使答拜，以下则不答拜。祭毕，讽《大悲咒》，回向云："上来讽经功德，奉为某寺某号大和尚，增崇品位，十方三世一切佛云云。"首座领众，慰住持云："法门不幸，令师和尚迁化，后学失依，不胜悲悼，尚冀堪忍，力行此道。"

敕修百丈清规卷第二终

---

① "待"，底本为"待"，校本《北藏》、《龙藏》、《卍续藏》为"待"，《频伽藏》、《大正藏》为"持"。据文义，此处应为"待"，"持"为"待"之讹误。
② "光"，底本为"光"，校本《北藏》、《龙藏》、《频伽藏》、《卍续藏》为"光"，《大正藏》为"火"。据文义，此处应为"光"，"火"为"光"之讹误。

敕修百丈清规卷第三

大智寿圣禅寺住持臣僧德辉奉敕重编
大龙翔集庆寺住持臣僧大䜣奉敕校正

请新住持

发专使

凡十方寺院住持虚席，必闻于所司。伺公命下，库司会两序、勤旧茶，议发专使。修书头首、知事、勤①旧、蒙堂、前资、僧众，制疏山门、诸山、江湖，茶汤榜专使署名，请书记为之。如缺书记，择能文字者分为之，用绢素写榜。所请专使，或上首知事，或勤旧，或西堂首座，或以次头首充之。若非知事充专使，亦须以下知事一人同去，掌财议事。具须知一册，该写本寺应有田产物业，及迎接仪从。一切毕备，山门管待专使一行人从。至起程日，诣诸寮相别。鸣僧堂钟，集众门送。三门下钉挂帐设，向里设位。讲茶汤礼，请两序、勤旧光伴。如上首知事去，则下首知事行礼。如头首、勤旧去，则上首知事行礼。揖坐，烧香，揖香归位，相伴吃茶。再起烧香，揖香归位，相伴吃汤。收盏，专使起谢上轿。

---

① "勤"，底本为"勤"，校本《北藏》、《龙藏》、《频伽藏》、《大正藏》为"勤"，《卍续藏》为"动"。据文义，此处应为"勤"，"动"为"勤"之讹误。

当代住持受请

专使到彼寺，先见知客。同到库司，接送安下。次，见头首及诸寮。诣侍司，详禀来历。侍者通覆住持，候可否。如允请，然后令铺设桌袱，安疏帖。报两序至，入请住持出，专使问讯请趺①坐。住持中立，专使插香，大展三拜，进前云："某蒙山门使令，攀屈尊严，得奉慈颜，下情不胜感激之至。"又三拜，词云："即日时令，谨时共惟新命堂头大和尚，尊候起居万福。"复三拜，收坐具。住持各答一拜，词云："叨膺请命，有玷宗风，且屈远来，不胜多感。"专使呈疏帖书问，住持接置几上，开书疏看过，侍者揖坐专使于住持对面坐，西堂权趋下一位，以让远客。

吃茶毕，同两序送客位。堂司行者鸣僧堂钟，大众诣方丈作贺。库司备香，首座、知事各插香。初展词云："法门多幸，伏审荣迁，欢动丛林，下情不胜喜跃之至。"再展云："即日时令，谨时共惟新命某处堂上大和尚，尊候起居万福。"触礼三拜，住持答一拜，词云："自揆疏谬，偶膺应此选，过蒙称贺，不胜多愧。"众散，知客引专使巡寮毕，次第呈纳本寺须知、仪从什物。当晚，特为汤药石，至夜汤果，皆请两序、勤旧光伴，库司排办。

受请升座

受请已，次日升座。侍者分付行者，预于法座下右边，排列

---

① "趺"，底本为"跌"，校本《北藏》为"趺"，《龙藏》、《频伽藏》、《卍续藏》、《大正藏》为"趺"。"趺坐"意为结跏趺坐，"跌坐"意为跌倒坐下，据文义，此处应为"趺"，"跌"为"趺"之讹误。

疏帖设位。专使预禀维那，请宣疏帖人。侍者覆住持，鸣鼓如常上堂式。住持出，至位立，进香桌。专使烧香，呈疏帖。每呈一疏，则专使烧香递上，住持逐一拈，各有法语。宣毕，专使仍炷香，两展三拜。或触礼或免，在住持意。退桌，住持登座，提纲叙谢，结座。

专使特为新命煎点

专使先与新命议定斋嚫，轻重合宜。两序、勤旧、乡人、法眷、办事贴嚫，斋料等费，专使亲送纳库司置办。至日，专使诣方丈，插香拜请，初展云："今辰午刻，就云堂特为煎点，伏望慈悲降重，下情不胜战汗①之至。"再展云："即日时令，谨时共惟新命堂头大和尚，尊候起居万福。"触礼三拜，住持答一拜。两序、单寮系方丈客头，同专使行者，一一诣寮禀请。挂煎点牌报众，于僧堂内铺设主席，西堂板头排专使位，茶汤榜张于堂外两侧。

至斋时，专使僧堂前伺候。住持入堂，问讯。归位，揖坐。归中问讯，揖众坐。圣僧前烧香，次上下间，次堂外烧香，仍归堂内。住持前、上下间及外堂问讯，仍归中问讯。行食遍，烧香，下住持嚫。次，行大众嚫。毕，归位伴斋。俟折水出，鸣鼓。专使再起烧香，行礼同前。行茶遍瓶出，如前问讯。收住持盏，专使行礼，初展云："某聊备蔬饭，伏蒙慈悲降重，下情不胜感激之至。"二展，叙寒温，触礼三拜，送住持出。再归堂烧香，大展三

---

① "汗"，底本为"汙"，校本《北藏》、《频伽藏》、《卍续藏》为"汗"，《龙藏》为"汙"，《大正藏》为"污"。据《大正藏》本底注，《宫本》为"汗"。据文义，此处应为"汗"，"汙"与"污"为"汗"之讹误。

拜。巡堂一匝,并堂外。复归内堂,中间问讯。收盏,鸣鼓三下,退座。专使随上方丈致谢,次诣库司谢办斋。再诣方丈请住持,至晚药石,至夜汤果,皆请两序、勤旧光伴。

山门管待新命并专使

库司会议管待,供赆如仪。上首知事隔日诣新命前,插香拜请。次诣客位,禀请专使。令库司客头请两序、勤旧光伴。弊赆当如礼,不可轻蔑。词语、行礼并与特为礼同。寝堂中敷住持高座,专使附位于右,两序如常列左右,勤旧对面位,侍者、知事下位。远接仆从管待外,当支犒劳。所至住持多因迁①赴他山,僧行怀其宿愤,动致唇吻,传之官员士庶。因一人无知,而使一寺蒙其恶名。老成耆宿、外护邻峰,当戒敕之。然为住持者,凡事留遗爱可也。

新命辞众上堂茶汤

至起离日,专使诣诸寮别。新命上堂,致谢两序、勤旧、大众。下座,鸣鼓三下,向法座立,普与大众触礼三拜,从西廊出。鸣大钟诸法器,大众门送。行仆门外排立,山门首预钉挂帐设,中敷高座向内。首座向外摄居主位,西堂、勤旧分手光伴,东西序两边朝坐。上首知事行礼,揖坐,揖香,归位点茶。收盏,再起烧香,揖香。归位,点汤。汤罢,起谢上轿。两序、勤旧备轿远送,住持当力免之。鸣大钟,住持轿远方止。

---

① "迁",底本为"迁",校本《北藏》、《龙藏》、《卍续藏》为"迁",《频伽藏》、《大正藏》为"还"。据文义,此处用"迁"较妥。

西堂头首受请

专使到寺,先见知客。同到侍司,引见方丈,插香展拜。相看茶罢,送客位。次诣诸寮人事毕,禀侍者,同诣方丈,咨禀云:"某寺今请某人住持。"住持报两序、勤旧,同往受请人寮中,敷陈疏帖书问。专使插香,行礼与请当代同。如不允,众为劝请。受请后,住持请新命及两序、勤旧茶,送新命归客位,次第受贺,巡寮人事。晚,请新命、专使特为汤,药石、汤果两序光伴。

受请人升座 名德西堂前堂首座方举行此

专使当隔宿怀香诣方丈,触礼三拜,词云:"拜请和尚,来日为新命和尚引座。"次日粥罢,法座右边排列椅桌,桌上安疏帖,座左亦设住持椅子。鸣鼓集众,住持出。升座,与五参礼同。令请客侍者请新命跌坐,褒美新命为法而出,劝请举扬,慰众渴仰。举话有无不拘 松源为掩室引座,笑庵为松源引座,皆不举话。石桥为简堂①引座,息庵为复庵引座,皆举话。下座,住持归座左,向外而立。专使同知客、侍者往新命前问讯毕,新命出住持前问讯,次与两序、大众问讯。

若新命是嗣法弟子,住持付法衣,有法语。披衣了,进前请住持跌坐,大展三拜,不收坐具,进词云:"早蒙陶铸,仰愧先宗,来

---

① "简堂",底本为"简堂",《北藏》、《龙藏》、《卍续藏》为"简堂",《频伽藏》、《大正藏》为"简常"。据底本尾注,《嘉兴藏》作"简常"。简堂即宋僧行机,故此处应为"堂","常"为"堂"之讹误。

请既勤，难逃公命，下情无任惶惧之至。"又三拜，进词云："即日时令，谨时共惟堂上本师大和尚，尊候起居多福。"又三拜，收坐具，进前问讯。住持答云："斯道所寄，一彩①九鼎，不悆当仁，惟冀保任。"却归座右立，专使度疏帖，各有法语。

若非法嗣，即出座前，与住持问讯。次，与两序大众问讯，径归座右抬衣，抬疏帖，有法语。专使先禀维那，请宣疏帖人。宣毕，指座有法语。登座垂语，问答提纲叙谢，结座。下座，到住持前两展三礼，初展词云："叨膺请命，有玷宗风，仰蒙玉成，下情不胜感激之至。"住持答云："喜庆人天之请，荣增佛日之光，下情不胜欣抃之至。"再展云："即日时令，谨时共惟堂头和尚，尊候起居多福。"触礼三拜，或讲或免，随住持意。次，与两序大众问讯，知客侍者引巡寮致谢。如嗣法者，下座先至住持前，大展三拜，退与大众问讯，然后巡谢同前。如以次头首、西堂，临时又在，住持斟酌讲行。

专使特为受请人煎②点

专使诣新③命前，议定方丈引座䞋资，众䞋，宣疏帖人及两序、勤旧、江湖、乡人、法眷等贴䞋。至日粥罢，专使怀香诣方丈，触礼拜请云："今晨午刻，就云堂备蔬饭，特为新命和尚。伏望慈悲，俯垂降重。"复诣新命前拜请，同前礼。方丈客头同专使行者请诸寮，

---

① "彩"，底本为"彩"，校本《北藏》、《龙藏》、《频伽藏》、《卍续藏》、《大正藏》为"彩"，据《大正藏》本底注，《宫本》为"丝"。据文义，此处应为"彩"，"丝"为"彩"之讹误。
② "煎"，底本为"煎"，校本《北藏》、《龙藏》、《频伽藏》、《大正藏》为"煎"，《卍续藏》为"前"。据文义，此处应为"煎"，"前"为"煎"之讹误。
③ "新"，底本为"新"，校本《北藏》、《龙藏》、《频伽藏》、《卍续藏》为"新"，《大正藏》为"亲"。"亲"通"新"，现选通用字"新"。

各挂煎点牌。于僧堂内住持对面设新命位，堂外知客板头设专使位，其茶汤榜张于堂外两傍。至斋时，覆新命到僧堂前，俟住持同入堂，问讯。专使随入堂，先揖住持归位，次揖新命归位。烧香行礼并同前，下食，行嚫。茶毕，先收①新命盏，专使进前，两展三礼，送新命出后门。专使入住持前，两展三礼，送住持出前门。复归堂炷香，大展三拜。巡堂一匝并外堂，归中问讯。收盏，鸣鼓三下，退座。当晚汤果、药石光伴同前。

山门管待受请人并专使

就寝堂敷设住持主位，新命对面中位，左设专使位，两序、勤旧光伴左右位，下嚫、行礼同前。

受请人辞众升座茶汤

受请人令侍者同专使预诣方丈，禀借法座，上堂辞众。座不敷设，左设住持位。鸣鼓集众，住持出，归位。受请人径往住持前问讯，次与大众和南。升座举扬毕，下座先辞住持，触礼三拜。次向法座立，辞众，普同触礼三拜。门首向里，中设特位讲茶汤，两序、勤旧光伴。上首知事行礼，与当代同，鸣大钟送。以次西堂头首，则无辞众上堂。临行，先同专使上方丈，插香，触礼三拜禀辞。次，巡寮辞别，山门首茶汤礼同前。

---

① "收"，底本为"收"，校本《北藏》、《龙藏》、《频伽藏》、《大正藏》为"收"，《卍续藏》为"放"。据文义，此处应为"收"，"放"与文义不符。

入　院

　　古人腰包顶笠，到山门首下笠，入门炷香，有法语。就僧堂前解包，屏处濯足，取衣披搭，入堂炷香，圣僧前大展三拜，参随人同拜。挂搭已，到佛殿拈香，有法语，大展三拜。次，土地堂、祖堂炷香，各有法语。入方丈据室，有法语。次第开堂祝圣。

　　今时新命到来，当看安下处近远。近则首座领众往迎，远则两序、勤旧而已。专使预当计禀住持，必先发批，免众远迎。若安下处近，当办汤果，两序、勤旧光伴。择日入院，库司一一排办。隔宿，挂接住持牌报众。至时，鸣大钟诸法器，大众门迎，由远至近，两行排立，行仆立大众外。

　　新命到门，炷香举法语。至佛殿炷香，举法语，大展三拜。鸣僧堂钟，大众先归钵位立定，新命入堂炷香，参随人同展三拜。维那当面问讯，引巡堂一匝，参随人先出，两序送新命归钵位，触礼三拜。次，至土地①堂、祖堂炷香，各有法语。入方丈据室，侍者进前炷香，问讯侧立。候举法语毕，行者进桌、笔、砚，知事具状式见后，备盘袱，捧呈寺印。新命看封，付知事开封。新命视篆讫，就状上先签押，次题日子，使印于上。知事收状，衣钵侍者收印退桌。

　　住持起身，知事全班进列，上首插香，两展三礼。初展词

---

① "地"，底本为"地"，校本《北藏》、《龙藏》、《频伽藏》、《大正藏》为"地"，《卍续藏》为"他"。据文义，此处应为"地"，"他"为"地"之讹误。

云："慈蒙和尚光据法筵，下情不胜喜跃之至。"再展词云："即日时令，谨时共惟新命堂头大和尚，尊候起居多福。"触礼三拜。诸山及头首、勤旧进前插香香不受。草贺毕，客头行者喝云："请诸山、两班、勤旧，就座献汤。"汤罢，请官客、诸山点心。若前代住持别迁未赴，或退居东堂，未据室前，讲交代礼。新命受草贺了，鸣僧堂钟，领众躬送前代归寮，对触礼一拜。次，首座、大众作贺，行仆皆当参拜。

呈寺印状

当寺库司比丘

某甲，寺印一颗，

右谨　申纳　新命堂头大和尚①，伏候慈旨。

年　月　日　具位状

山门请新命斋

上首知事候据室后，人事稍毕，备盘袱、炉烛，具状式见后，怀香诣方丈请斋，两展三礼，初展云："午刻就云堂备蔬饭祗迎，伏望尊慈，特垂降重，下情不胜战汗之至。"再展叙寒温，触礼三拜，住持答一拜。知事呈状，方丈客头收。库司客头铺设僧堂内住持位，行礼与特为管待同。

---

① "尚"，底本为"尚"，校本《北藏》、《龙藏》、《频伽藏》、《卍续藏》为"尚"，《大正藏》为"当"。据文义，此处应为"尚"，"当"为"尚"之讹误。

斋 状

　　当寺库司比丘某甲，
　　右某甲取午刻，就
　　云堂备蔬饭祇①迎，伏望尊慈，特垂降重。
　　年　月　日　具位　某甲状
　　可漏子：状请　新命云云尊座前　具位　谨封

开堂祝寿

古之开堂朝命下，或差官敦请，或部使者或郡县遣币礼，请就某寺。或本寺官给钱料，设斋开堂。各官自有请疏，及茶汤等榜，见诸名公文集。近来开堂，多是各寺自备。

至时，入院侍者分付行者，铺设法座。报众，挂上堂牌，具写官员、诸山名目，预呈住持。于座左设位，铺桌袱、炉烛，排列疏帖。预先和会维那宣公文，首座宣山门疏。以次头首，或诸山、江湖、名胜宣其余疏，及预请诸山一人白椎。座前对面，排官员位。

侍者覆方丈，鸣鼓众集。侍者同专使入请住持出，铙钹、幡花、挑灯迎引至法堂位前立。如受请时未拈衣，当举法语。披衣毕，专使进前插香行礼，初展云："即日伏蒙和尚光据法筵，下情不胜

---

① "祇"，底本为"祗"，校本《北藏》、《龙藏》、《频伽藏》为"祇"《卍续藏》为"祇"，《大正藏》为"祗"，"祗"为恭敬义，"祗"为谷物之义，"祇"为地神义，故此处应为"祇"。

感①激之至。"再展叙寒温毕，触礼三拜，住持答一拜。先呈公文，举法语毕，接付维那宣白。次，山门、诸山、江湖疏，一一递上，有法语，分送宣读。

若见任官请开堂有疏，亲自捧递，有法语。宣毕，指法座，有法语，登座拈香祝圣。次，拈帝师、省院、台宪、郡县、文武官僚香。侍者逐一度香，惟法嗣香住持怀中拈出，自插炉中。敛衣趺坐，侍者烧香，下座问讯。两序出班问讯毕，侍者再登座，烧香问讯。礼与旦望上堂同。诸山住持送入院者，亦出问讯。住持当令侍者请官员坐，诸山上首出白椎。鸣椎一下云："法筵龙象众，当观第一义。"住持垂语问答，提纲叙谢官员、诸山云："此日开堂，端为祝圣，不敢多词叙陈。"专使、两序、勤旧略提过，详在小参时叙陈。

结座，白椎人复鸣椎一下白云："谛观法王法，法王法如是。"下座，先受官员作贺毕，知事接送客位。客头行者即进炉烛，一字排列座前。专使插香，两展三礼毕，堂司行者喝云："诸山人事。"次喝云："西堂人事。"展礼，喝云："知事人事。"两展三礼，又喝云："首座、大众人事。"勤旧、蒙堂、前资诸寮齐插香，同大众两展三礼毕，庄库、庵塔、法眷、乡人、暂到展贺。毕，据座，侍者、小师插香，大展三拜。次，执局行者插香礼拜。次，参头领众行者插香礼拜。次，直厅、轿番、庄甲、作头、老郎、人仆参拜。毕，住持即往客位，致谢官员、诸山。次第巡寮，诸寮当陈香几、炉烛、坐位。各具威仪，于寮外伺住持至，寮主先于门前下

---

① "感"，底本为"感"，校本《北藏》、《龙藏》、《频伽藏》、《大正藏》为"感"，《卍续藏》为"威"。据文义，此处应为"感"，"威"属"感"之讹误。

首立。迎入，请跌坐插香，住持答香。略叙寒温，致谢送出。蒙堂前资众寮，皆列门外下首，同迎同送。

山门特为新命茶汤

茶汤榜预张僧堂前上下间，库司仍具请状式见后。备盘袱、炉烛，诣方丈插香拜请。免则触礼禀云："斋退，就云堂点茶特为，伏望慈悲降重。"禀讫，呈状。随令客头请两序、勤旧、大众光伴，挂点茶汤牌报众。僧堂内铺设住持位近时，有斋时闻长板鸣，知事入堂，炷香展拜，巡堂一匝请茶。然特为住持陈贺，《古规》亦无巡堂请大众之礼，免之为当。斋退，鸣鼓集众，知事揖住持入堂，归位揖坐。烧香一炷，住持前揖香，从圣僧后转归中问讯立。行茶遍瓶出，往住持前揖茶，退身。圣僧后右出，炷香，展三拜起。引全班至住持前，两展三礼，送出。复归堂烧香，上下间问讯。收盏，退座。汤与茶礼同，但无送住持出堂。汤罢，就座药石。

状　式

　　当寺库司比丘　某，　右某启，取今晨斋退晚刻，就云堂点茶汤，用伸陈贺之仪。伏望尊慈，特垂　降重。

年　月　日　具　位状

可漏子：同斋状式。

当晚小参

斋罢，侍者覆住持云："今晚小参。"令客头报众，挂小参牌，具写专使、两序、勤旧、蒙堂、前资诸寮、庄库、庵塔、暂到、入院侍者、禅客参随，或有相送官客、诸山留宿者，逐一条列，预用呈禀。昏钟鸣，侍者覆方丈。鸣板后鸣鼓一通，众集，两序归位立定。住持出登座，垂语问答提纲毕，叙谢。行者秉烛，侍者呈目子，庶得详尽。下座，客头行者喝云：" 方丈和尚请诸山和尚、两班、西堂、勤旧、蒙堂、侍者、禅客，即今就寝①堂献汤。" 知事送官客归客位，汤果。

为建寺檀越升座

知事须隔宿覆住持。次早，侍者令客头挂上堂牌报众，库司差人严设祠堂。供养粥罢，特为上堂，陈白事意毕，说法。下座，集众诣祠堂炷香，点茶汤上供，维那举经回向。

管待专使

知事预禀住持，议专使、宣疏帖人贶资轻重。方丈备贴贶，须令合节。至日，寝堂钉挂，铺设位次，请两序、勤旧光伴，设特为位。请客侍者躬请，其余人则方丈客头禀请，礼与常特为同。

留请两序

两序伺管待专使毕，约诣方丈，咨禀告退。住持未可遽从。

---

① "寝"，底本为"寝"，校本《北藏》、《龙藏》、《卍续藏》为"寝"，《频伽藏》、《大正藏》为"请"。据底本尾注，《嘉兴藏》为"请"。据文义，此处应为"寝"，"请"属讹误。

侍者令客头行者备汤,具盘袱、炉烛。住持带侍者诣库司诸寮勉留。客头①先报,迎住持入,分手坐。侍者烧香点汤,尽礼劝留。若职过满,亦须宽耐,候住持稍暇,再禀辞退。

报谢出入

凡官员、檀越、诸山相送入院者,礼应报谢。郡县官府,亦合参见。如居山林远出,令行者传语库司、首座、维那和②会。出久,则知事探伺归期,令堂司挂接和③尚牌报众,鸣钟门迎。住持先令传语免之,即往佛殿、土地堂烧香。首座领众,至方丈问讯。众退,留两序、勤旧,献汤而散。侍者、方丈执局行者插香礼拜。次,参头领众行者礼拜。毕,住持须巡寮报礼。若在城附郭,朝暮④出入无时,不必讲行。或密⑤回方丈,两序、勤旧皆当诣方丈,问起居。无准和尚住径山日,化缘多出入,每阙斋粥时,径归僧堂。伴众食毕,方丈客头候圣僧侍者鸣下堂椎,大众将下地,喝云:"大众少立,方丈和尚巡堂。"住持烧香,巡堂一匝出堂,又喝云:"和尚传语,大众不烦访及。"两序、勤旧亦当诣方丈问讯。

---

① "头",底本为"頭",校本《北藏》、《龙藏》、《频伽藏》、《卍续藏》为"頭",《大正藏》为"额"。据文义,此处应为"頭","额"为"頭"之形讹,"頭"今作"头"。
② "和",底本为"知",校本《北藏》、《龙藏》、《频伽藏》、《大正藏》为"知",《卍续藏》为"和",据文义,此处应为"和","知"为"和"之讹误。
③ "和",底本为"和",校本《北藏》、《龙藏》、《卍续藏》为"和",《频伽藏》、《大正藏》为"呼"。据文义,此处应为"和","呼"为"和"之讹误。
④ "暮",底本和诸校本均为"莫",此处"莫"通"暮",现选用通用字"暮",下同。
⑤ "密",底本为"密",校本《北藏》、《龙藏》、《卍续藏》为"密",《频伽藏》、《大正藏》为"蜜"。"密"意为隐蔽,符合此处文义,而"蜜"则无此义,故此处应为"密"。

交割砧基什物

入院后，须会两序勤旧茶，详细询问山门事务。砧基、契书、什物，逐一点对交割。计算财谷，簿书分明。关防作币，务在详审。

受两序勤旧煎点

至日，首座、知事、勤旧诣方丈，插香拜请住持。次，请侍者、小师铺设，住持寝堂中位，两序、勤旧位如常坐。侍者带行小师问讯住持毕，两序、勤旧末坐。至时，首座请住持出，揖坐行礼。若免，只烧香，进前问讯，下䞋。首座、知事、勤旧为首，三人问讯归位坐。食毕，首座起身烧香。如免礼，则就坐吃茶。诸山道旧及办事法眷、小师等，请寝堂煎点。礼同，但煎点人设位高下，临时斟酌。

退　院

住持如年老有疾，或心力疲倦，或缘不顺，自宜知退。常住钱物须要簿书分明。方丈什物点对交割。具单目，一样两本，住持、两序、勤旧签押，用寺记印，住持、库司各收一本为照。公请一人看守方丈。至退日，上堂叙谢辞众。下座，捶鼓三下而退。若留本寺，居东堂。相继①住持者，须当尽礼温存。宋理宗

① “继”，底本为“继”，校本《北藏》、《龙藏》、《卍续藏》为“继”，《频伽藏》、《大正藏》为“断”。据文义，此处应为“继”，“断”为“继”之讹误。

以灵隐寺菜园为阎妃建寺。住山痴绝冲公即日退院，躬荷包笠往游庐山。遣使留之，不回。高风千古，孰能继之！

迁 化

示疾觉沉重，预请两序、勤旧点对，封收衣钵行李，就留方丈。差公谨行仆看守，以俟估唱。或有标拨俵散物件，须要平允。毋令恩怨不均，致后争竞。若衣钵微薄，务从俭简。遗戒小师，不得披麻恸哭。请首座主丧，一切佛事并免，但举《无常偈》，同①亡僧津送。毋费常住，毋劳大众。若住持有功山门，寺众念其遗爱，或衣钵稍丰，当如仪讲行丧礼。有官员、檀越、诸山、法眷遗书，即当遣送。

遗 嘱

某寺住持某，世缘报谢，风烛不②停。所有随身衣钵，檀信施利，非常住物，烦两序抄劄，端请某人，主行丧事。余俵众僧，看经行丧。毋致繁多，侵用常住，幸察此意，伏希　悉及。年　月　日，住山某押。

---

① "同"，底本为"云"，校本《北藏》、《龙藏》、《频伽藏》、《大正藏》为"云"，《卍续藏》为"同"。据《大正藏》本底注，《宫本》为"同"。因"亡僧津送"为本文献"大众章第七"中对一般僧人的送亡之礼，故此处应为"同"。

② "不"，底本为"不"，校本《北藏》、《频伽藏》、《卍续藏》、《大正藏》为"不"，《龙藏》为"石"。据文义，此处应为"不"，"石"为"不"之讹误。

遗书之式

尊　宿

早①忝　游从，奈②合离之有数；继承推挽，遂黾勉于微缘。电露俄③空，云山益渺。敢祈　保护以　寿，斯文拜祷不备。

邻　封

住山无补，每依　邻壁之光；梦境元空，幸谢世缘之幻。莫谐　面别，惟切心驰。冀　佛日以流辉，俾宗风而益振。伏惟珍重。

法　眷

叨滥住山，有愧　同门之友；因循抱疾，将为毕世④之人。敬奉手书，聊伸　面别。光昭

先师之令德，道在　吾属之力行。无任倾勤，伏惟　珍重。

---

① "早"，底本为"旱"，校本《北藏》、《龙藏》、《频伽藏》、《卍续藏》为"早"，《大正藏》为"旱"。据文义，此处应为"早"，"旱"为"早"之形讹。

② "奈"，底本为"奈"，校本《北藏》、《龙藏》为"奈"，《频伽藏》、《卍续藏》、《大正藏》为"柰"。此处"柰"同"奈"，现选通用字"奈"。

③ "俄"，底本为"我"，校本《北藏》、《龙藏》、《频伽藏》、《大正藏》为"我"，《卍续藏》为"俄"。"我空"即自性空，"俄空"即瞬间成空。用二词文义皆通，但"电露俄空"与"云山益渺"对仗，且更符文义，故选"俄空"。

④ "毕世"，底本为"毕世"，校本《北藏》、《频伽藏》、《卍续藏》、《大正藏》为"毕世"，《龙藏》为"异世"。用"毕世"与"异世"皆可，依底本及其他校本，选"毕世"。

可漏子

书拜：

某人称呼　某寺比丘　某　谨封

入　龛

初示寂，侍者即令客头行者下僧堂报众。鸣椎一下白云："堂头和尚传语大众，风火相逼，不及面违①。"又鸣椎一下，次报诸寮。堂司行者鸣僧堂钟集众，上方丈吊慰罢，首座同两序、勤旧商议，发讣状_{式见后}，报诸山。发书请人主丧，须诸山名德，邻封老成，或法眷尊长，或只本寺首座。如有遗命，遵行举请。

小师、侍者亲随人，安排洗浴，着衣净发入龛，遗偈贴龛左。维那领小师炷香，请首座入龛佛事。安排寝堂，置龛炉烛、几筵供养。至时，鸣僧堂钟集众举佛事已，维那出，念诵云："切以冥权妙密，示化迹于人天；至性圆明，契玄机于佛祖。恭②惟堂头和尚，皦然智月，光收万顷之波；允矣悲心，式副十方之感。瞻颜无地，披志有归，是集真徒，赞扬圣号。为如上缘，念清净法身毗卢遮那佛③云云。"举《大悲咒》，回向云："上来念诵讽经功德，奉为堂头和尚，无生报地，妙极庄严，十方三世云云。"再举《楞严咒》，回向云："讽经功德，奉为堂头和尚，增崇品位，十方三世云云。"当夜集众，念诵云："白大众，堂头和尚已归真寂，众失所

---

① "违"，底本为"违"，校本《北藏》、《龙藏》为"违"，《频伽藏》、《卍续藏》、《大正藏》为"达"。据底本尾注，《嘉兴藏》为"达"。"违"为告别之义，"达"为表达之义。据文义，此处用"面违"更妥当，故选之。

② "恭"，底本为"共"，校本《北藏》、《龙藏》为"共"，《频伽藏》、《卍续藏》、《大正藏》为"恭"。此处"共"通"恭"，义为恭敬、庄严，现选通用字"恭"。

③ "毗卢遮那佛"，底本与校本《北藏》、《龙藏》、《频伽藏》、《大正藏》为"毗卢遮那佛"，校本《卍续藏》误为"卢遮那那佛"，现依底本。

依，但念无常，慎勿放逸。为如上缘，念清净法身毗卢遮那云云。"回向同前。二时，上粥饭。三时，上茶汤。大众讽经，见职维那回向同前。

　　近时，风俗薄恶，僧辈求充庄库执事不得。或盗窃常住，住持依公摈罚。恶徒不责己①过，惟怀愤恨。一闻迁化，若快其志，恶言骂詈，甚至椎击棺龛，抢②夺衣物，逞其凶横。主丧耆宿、诸山檀越、官贵士庶、参学交游，当为外护。人谁无死，况是座下参徒，犯者必摈逐惩治。主丧执事，若能预申③戒饬④，早令悛格，化恶于未萌，尤全外观之美。

状　式

　　某寺丧司比丘　某，　右某山门不幸，堂头和尚今月某日，遽尔归真，谨以讣闻，谨状。

　　年　月　日　某寺丧司比丘　某　状

　　可漏子：讣告　某处堂头和尚禅师　具位　谨封

请主丧

　　主丧人至，鸣大钟集众门迎。至龛前炷香，首座、大众问

---

① "己"，底本为"巳"，校本《北藏》、《龙藏》为"巳"，《卍续藏》为"已"，《频伽藏》、《大正藏》为"己"。据文义，此处应为"己"，"已"与"巳"为"己"之讹误。
② "抢"，底本为"抢"，校本《北藏》、《龙藏》、《卍续藏》为"抢"，《频伽藏》、《大正藏》为"枪"。据文义，此处应为"抢"，"枪"为"抢"之讹误。
③ "申"，底本为"甲"，校本《北藏》、《频伽藏》、《大正藏》为"甲"，《龙藏》、《卍续藏》为"申"。据文义，此处应为"申"，用"甲"则文义不通。
④ "饬"，底本为"饬"，校本《北藏》、《龙藏》、《卍续藏》为"饬"，《频伽藏》、《大正藏》为"饰"。"饬"为告诫、命令之义，据文义，此处应为"饬"，"饰"为"饬"之形讹。

讯。众散，两序、勤旧送客位，插香展礼。主丧人居主位，首座分手座定，躬起烧香，复位献茶。小师即列前插香，大展三拜。方丈执局及参头领众行者，相次插香礼拜。后方丈仆从参拜。罢，献汤，送两序出。库司备点心，两序光伴，次第巡寮。凡主丧者，须老成名德，如圆悟为开福宁和尚主丧，接月庵果公以嗣其法，可为标格。

请丧司职事

主丧人巡寮罢，两序、勤旧、小师随到客位，呈衣钵簿、遗墨等物。会茶议请丧司职事_{书记、维那、知客、侍真侍者}，并一切佛事_{资次见后}，以次议请。除举哀、小参二佛事，系主丧人为之。分孝服_{轻重见后}如无布绢，随宜折钱俵之。主丧人须与首座计会所遗衣钵多少，默作三分：一分准丧司孝服、讽经、灯烛之费；一分归常住陪贴供养；一分俵大众看经并佛事板帐等用。

主丧人须存公正，不可徇私。带行僧行，不得干①预执役。每日讽经、俵䞋、奠茶汤不拘。两序、勤旧各请一人掌财，庶绝浮议。圣僧侍者把帐，丧司公差、库子、客头、茶头一行人管办事，请见职维那同议。见职知客接外客，丧司合干②人仆，排单揭示。

---

① "干"，底本为"千"，校本《北藏》为"千"，《龙藏》、《频伽藏》、《卍续藏》、《大正藏》为"干"。据底本尾注，《嘉兴藏》为"干"。据文义，此处应为"干预"而非"千预"，故此选"干"。
② "干"，底本为"干"，校本《北藏》为"干"，《龙藏》、《频伽藏》、《卍续藏》、《大正藏》为"干"。据底本尾注，《嘉兴藏》为"干"。"干"此处义为表单位的量词，"千"为"干"之讹误。

孝 服

侍者、小师麻布裰、两序苎布裰，主丧及法眷尊长生布①裰，勤旧、办事、乡人、法眷、诸山生绢腰帛，檀越生绢巾腰帛，方丈行者麻布巾裰，众行者苎布巾，方丈人仆、作头麻布巾衫，甲干、庄客、诸仆麻布巾。

佛 事

入龛、移龛、锁龛、法堂挂真举哀奠茶汤、对灵小参奠茶汤、起龛、山门首真亭挂真奠茶汤、秉炬、安骨、提衣、起骨入塔、入祖堂、全身入塔、撒土如衣钵丰厚，每日奠茶汤，添转龛、转骨等佛事。

移 龛

入龛三日，掩龛。铺设法堂上间，挂帏幕，设床座、椸架。动用器具陈列，如事生之礼。中间法座上挂真安位牌，广列祭筵，用生绢帏幕，以备上祭。下间置龛，用麻布帏幕，前列几案、炉瓶、素花，香烛不绝。二时上茶汤粥饭供养，讽经，仍备挑②灯、铙钹、花幡。鸣僧堂钟集众，请移龛佛事。罢，移龛下法堂，请锁龛佛事。

---

① "布"，底本为"布"，校本《北藏》、《龙藏》、《频伽藏》、《卍续藏》、《大正藏》为"布"，据《大正藏》本底注，《宫本》为"绢"。此处应为"布"，"绢"属讹误。
② "挑"，底本为"桃"，校本《北藏》、《大正藏》为"桃"，《龙藏》、《频伽藏》、《卍续藏》为"挑"。据《大正藏》本底注，《宫本》为"挑"。此处应选"挑"。

挂真举哀奠茶汤

移龛,就法堂锁龛已,请挂真佛事。毕,如有亲书遗言,侍者捧呈主丧人及首座、大众云:"堂头和尚临终遗言,呈似首座、大众。"主丧人躬接,递与首座,以所书香炉上熏,授维那读过,丧司行者贴法堂中间上手幕上。主丧白云:"堂头和尚归寂,理合举哀。"举佛事罢,举哀三声,大众同哭,小师列幕下哀泣。

举奠茶汤佛事,小师列真前礼拜,归幕下。主丧炷香礼真,两序、勤旧、大众以次炷香礼真,小师真左答拜。主丧人幕下吊慰,小师随礼主丧人三拜。次,慰两序、大众云:"法门不幸,堂头和尚遽戢化权,敢冀大众力为,维持后事。"首座答云:"尚赖和尚,力赐主张。"两序、大众慰小师云:"山门不幸,和尚归真,且①望节哀,以终大事。"小师夜守龛帏。丧司列排祭次见后,贴法堂下间幕上。凡祭文,皆丧司书记为之。每日或两次、三次上祭无拘,盖檀越、诸山来有先后随时。若法眷门人上祭到门,知客接已,即报丧司,随送孝服,然后上祭。所有赙仪用余,当归常住,补犒诸山人从支费。丧司集两序、勤旧将抄劄衣钵,议从遗嘱留送外,估定新旧、短长、价值高下,庶免唱衣临时纷纭。

---

① "且",底本为"旦",校本《北藏》、《龙藏》、《频伽藏》、《大正藏》为"旦",《卍续藏》为"且"。据文义,此处应为"且","旦"为"且"之形讹。

对灵小参奠茶汤念诵致祭

丧司维那同小师怀香诣客位，拜请①主丧人大夜对灵小参。预设座，候昏钟鸣②，鸣鼓集众，两序座下问讯如常式。主丧人用带行侍者③烧香，无则圣僧侍者代之。小参下座④，小师罗拜致谢。首座领众，龛前上香，立定，请奠茶汤⑤佛事。毕，山门维那念诵云："白大众，堂头和尚入般涅槃。是日已过，命亦随减，如少水鱼，斯有何乐？众等当勤精进，如救头然，但念无常，慎勿放逸。恭裒⑥大众，肃诣龛帏，诵持万德洪名，奉为增崇品位，仰凭大众，念清净法身毗卢遮那佛云云。"

---

① "拜请"，底本为"请"，校本《北藏》、《频伽藏》、《大正藏》为"请"，校本《龙藏》、《卍续藏》为"拜请"。据《大正藏》本底注，《宫本》为"拜请"。另据底本尾注，《嘉兴藏》为"拜请"。据文义，此处应为"拜请"，底本与校本《北藏》、《频伽藏》、《大正藏》"请"字前面脱漏"拜"字。

② "钟鸣"，底本为"钟"，校本《北藏》、《大正藏》为"钟"，校本《龙藏》、《频伽藏》、《卍续藏》为"钟鸣"。据《大正藏》本底注，《宫本》为"钟鸣"。另据底本尾注，《嘉兴藏》为"钟鸣"。据文义，此处应为"钟鸣"，底本与校本《北藏》、《大正藏》在"钟"字后脱漏"鸣"字。

③ "带行侍者"，底本为"行侍者"，校本《北藏》为"行侍者"，校本《龙藏》、《频伽藏》、《卍续藏》、《大正藏》为"带行侍者"。另据底本尾注，《嘉兴藏》为"带行侍者"。据文义，此处应为"带行侍者"，底本与校本《北藏》脱漏"带"字。

④ "下座"，底本为"下"，校本《北藏》为"下"，校本《龙藏》、《频伽藏》、《卍续藏》、《大正藏》为"下座"。底本尾注，《嘉兴藏》为"下座"。据文义，此处应为"下座"，底本与校本《北藏》脱漏"座"字。

⑤ "请奠茶汤"，底本为"奠茶汤"，校本《北藏》为"奠茶汤"，校本《龙藏》、《频伽藏》、《卍续藏》、《大正藏》为"请奠茶汤"。据底本尾注，《嘉兴藏》为"请奠茶汤"。据文义，此处应为"请奠茶汤"，底本与校本《北藏》脱漏"请"字。以上五个注中涉及"拜、鸣、带、座、请"等五个字，在校本《北藏》的原文版面中可以看到，该五字为同一横行，该横行空缺无字，故行文每到此处，便缺一字。底本《中华藏》以《北藏》为底本，故亦缺此横行，且保留原空位。综合以上情况来看，校本《北藏》本有该五字，但版面受损而致空缺。《中华藏》据《北藏》原本版面，未予填补。校本《频伽藏》、《大正藏》则依其他校本补齐个别字。现依校本《龙藏》、《卍续藏》以及《嘉兴藏》全部补齐。

⑥ "裒"，底本为"衷"，校本《北藏》为"衷"，《龙藏》为"裹"，《频伽藏》、《大正藏》为"裏"，《卍续藏》为"裒"，据文义，此处应为"裒"。

举《大悲咒》毕，回向云："上来念诵讽经功德，奉为新示寂堂头和尚，伏愿不忘愿力，再现昙花，棹慈航于生死逝波，接群迷于菩提彼岸。再劳大众，念十方三世一切诸佛云云。"毕，山门知客举《楞严咒》："上来讽经功德，奉为新示①寂堂头和尚，大夜之次，增崇品位，十方三世一切云云。"次第一一上祭，末举《大悲咒》回向同前。行仆参拜、讽经毕，丧司行者喝云："请首座②、大众就座汤果。"众散，小师、方丈行仆终夜守灵。

祭次：知事、头首、主丧、西堂、勤旧、蒙堂、江湖、前资、老宿、众寮、办事、旧侍者、乡人、法眷、诸庵塔、小师、师孙、方丈行者、六局行者、行堂、方丈人仆、轿番、老郎、庄甲、火客、修造局诸色作头。

出丧挂真奠茶汤

库司、丧司相关提调丧仪香亭、真亭、幢幡、呗乐、龛前伞椅、汤炉、挑灯、竹篦、挂杖；拂子、香盒、法衣等物。小师随龛后，鸣大钟诸法器送丧。起龛，念诵云："金棺自③举，绕拘尸之大城；幢箾④摇空，赴荼毗之盛礼。仰凭大众，称念洪名，用表攀违，上资觉路。念清净法身毗卢遮那佛云云。"若全身入塔，则云："赴难提之盛礼。"丧司维

---

① "示"，底本为"云"，校本《北藏》为"云"，校本《龙藏》、《频伽藏》、《卍续藏》、《大正藏》为"示"。据底本尾注，《嘉兴藏》为"示"。据文义，此处应为"示"，"云"属"示"之讹误。
② "首座"，底本与诸校本均为"首坐"。按语义应为"首座"。
③ "自"，底本为"自"，校本《北藏》、《频伽藏》、《卍续藏》、《大正藏》为"自"，《龙藏》为"目"。据文义，此处应为"自"，"目"为"自"之讹误。
④ "箾"，底本为"箾"，校本《北藏》、《龙藏》、《卍续藏》、《大正藏》为"箾"，《频伽藏》为"施"。据《大正藏》本底注，《宫本》为"施"。据文义，此处应为"箾"，"施"为"箾"之讹误。

那进烧香，引小师拜请起龛佛事。

龛至山门首，请奠亭挂真，奠茶汤，俱有佛事。两序、大众门列。俟龛出已，山门维那向内合掌中立，举《往生咒》，或四圣号，大众齐念。主丧领众，两两分出，左右俵散雪柳。齐步并行，毋得挨肩交语，各怀悲感。都寺押丧，丧司维那、知客、圣僧侍者俵行丧䞋。

茶 毗

丧至涅槃台，丧司维那俟都寺上香茶了，进前烧香，引小师拜请秉炬佛事。山门维那念诵云："是日则有新示寂堂头和尚，化缘既毕，遽返真常。灵棺遍绕于拘尸，性火自焚于此日。仰凭大众资助觉灵，南无西方极乐世界，大慈大悲阿弥陀佛。"十念，众和毕，"上来称扬圣号，恭赞①化仪。体格先宗，峻机不容于佛祖；用开后学，悲心仍摄于人天。收幻化之百骸，入火光之三昧。茶倾三②奠，香蓻一炉，顶戴奉行和南圣众。"举《大悲咒》，回向云："上来念诵讽经功德，奉为堂头和尚茶毗之次③，增崇品位，十方三世一切云云。"山门知客举《楞严咒》，回向同前。次，乡人举经，大众同讽。毕，首座领众，归寺赴斋。小师、乡人、法眷守化收骨。斋罢，鸣僧堂钟集众，仍备仪从，迎骨回寝堂安奉。请安骨佛事，挂真供养、讽经，二时上粥饭，三时上茶汤。或十日半月，大众讽经，灵骨入塔则止。

---

① "赞"，底本为"赞"，校本《北藏》、《卍续藏》、《大正藏》为"赞"，《龙藏》、《频伽藏》为"替"。据文义，此处应为"赞"，"替"为"赞"之讹误。
② "三"，底本为"三"，校本《北藏》、《频伽藏》、《卍续藏》、《大正藏》为"三"，《龙藏》为"一"。据文义，此处应为"三"，"一"属讹误。
③ "之次"，底本为"之次"，校本《北藏》、《龙藏》、《卍续藏》为"之次"，《频伽藏》、《大正藏》为"之"。缺"次"字，则文义不通，故应为"之次"。

全身入塔

龛至塔所，都寺上香茶毕，丧司维那进烧香，引小师拜请入塔佛事。毕，山门维那念诵云："切以双趺示相，绍灵鹫之遗规；只履显宗，表少林之垂范。全机隐显法始终，仰凭大众资助觉灵，南无西方极乐世界，大慈大悲阿弥陀佛。"十念毕，"上来称扬十念，资助往生。惟愿慧镜无边，慈云广布，四生界内，示不生不灭之因；六趣道中，说无我无人之法。茶倾三奠，香爇一炉，顶戴奉行和南圣众"。其举经讽诵次第，并与涅槃台同，但①回向则云："入塔之次。"候掩壙一切毕备，然后请撒土佛事。

迎真回寝堂供养，主丧炷香礼真。次，诸山、两序、大众、小师礼真。毕，小师插香，大展三拜谢主丧。次，两序、大众谢主丧。词云："山门不幸，先堂头和尚示寂，极荷主盟后事。"主丧答云："仰荷匡扶，得无旷败。"主丧同丧司一行人，巡寮致谢。次，小师巡寮拜谢。山门维那送见职侍者、侍真侍者归众寮。每日三时上茶汤，集众讽经，俟迎牌位入祖堂则止。或待新住持至，方入祖堂，有佛事。

唱 衣

至期，僧堂前或法堂上下间，设大众坐位。中间向里横②安长桌，置笔砚、大磬其上，鸣僧堂钟集众。首座与主丧分手，两序、大众次第而坐，丧司维那、知客、圣僧侍者向主丧位坐。维

---

① "但"，底本为"伹"，校本《北藏》、《龙藏》、《频伽藏》、《大正藏》为"但"，《卍续藏》为"伹"。"伹"为笨拙之义，与文义不符，此处应为"但"。

② "横"，底本为"横"，校本《北藏》、《龙藏》、《频伽藏》、《卍续藏》为"横"，《大正藏》为"里"。据文义，此处应为"横"，"里"属讹误。

那念诵云：" 留衣表信，乃列祖之垂规，以法破悭，禀先达之遗范。今兹估唱，用表无常，仰凭大众念清净法身毗卢遮那佛云云。"毕，开笼出衣钵，依号排席上。

请提衣佛事毕，维那鸣磬一下，白云："夫①唱衣之法，盖禀常规，新旧短长，自宜照顾，磬声断后，不得翻悔，谨白。"若法衣多，添留遗嘱，次第呈衣，维那拈唱。丧司合干人，贵在公心②主行。维那定价打磬，行者瞻顾前后，唱定名字，知客写名上单，侍者依名发标。唱衣毕，结定钞数，主丧签单，交钞取衣。不得徇私减价，主丧力主其事。

今多作阄③拈，甚息喧争。其法用小片纸以千字文次第书字号。每一号作三段写于上，仍用印记关防。量众多少，与丧司合干④人封定。至期，呈过主丧、两序。首座开封，知客分俵，堂司行者捧盘随侍者，侍者剪取其半置盘内。毕，以盘置首座侧，安水盆于下，抖匀。维那拈衣唱价讫，首座临时呼一童行，信手拈盘中半阄，递与首座。开看字号分晓，说与堂司行者，喝某字号。众人各开所执半阄，字号同者即应。如不愿唱此号衣物，则不应。三唱不应，首座以半阄投水盆中，再令撮起半阄，复唱

---

① "夫"，底本为"扶"，校本《北藏》、《频伽藏》、《大正藏》为"扶"，《龙藏》、《卍续藏》为"夫"。据《大正藏》本底注，《宫本》为"夫"。据文义，此处应为"夫"。"扶"为"夫"之讹误。
② "心"，底本为"心"，校本《北藏》、《龙藏》、《卍续藏》、《大正藏》为"心"，《频伽藏》为"下"。据文义，此处应为"心"，"下"属讹误。
③ "阄"，底本为"门"，校本《北藏》为"门"，《龙藏》、《频伽藏》、《卍续藏》、《大正藏》为"阄"。据底本尾注，《嘉兴藏》为"阄"。据文义，此处应为"阄"，"门"与文义不符。
④ "干"，底本为"干"，校本《北藏》、《龙藏》、《频伽藏》、《大正藏》为"干"，《卍续藏》为"千"。此处应为"干"，"千"为"干"之讹误。

起。应者,堂司行者往收半号,到首座处对同,报与维那,称云某物唱与某人,鸣磬一下。知客上单,侍者发标,供头行者递与唱得人,衣物仍旧入笼。次第唱毕,维那鸣磬一下,回向云:"上来唱衣念诵功德,奉为示寂堂头和尚增崇品位,十方三世云云。"众散,各自照价持标取衣。三日后不取者,依价出卖,造单帐。唱衣古法见《大众章》。

单　式

堂①头和尚示寂,谨具衣物估唱钞数收支于后:

一收钞若干系某件唱到。

一收钞若干系某项收到。

一支钞若干系某项用度。

一支钞若干系某项支使。逐一列写。

以②上共收钞若干,

共支钞若干。

除支外,见管钞若干准斋七追修僧行经资用,

右③具如前。

　年　月　日　丧司行者　某　具

呈　把帐执事人、两序、典丧,各书名签押。

---

① "堂",底本为"堂",校本《北藏》、《龙藏》、《频伽藏》为"堂",《卍续藏》、《大正藏》为"尚"。据《大正藏》本底注,《宫本》为"堂"。据文义,此处应为"堂","尚"属"堂"之讹误。

② "以",底本为"巳",校本《北藏》、《龙藏》、《卍续藏》为"巳",《频伽藏》、《大正藏》为"已"。此处"已"同"以",现改作通用字"以"。

③ "右",底本无"右"字,校本《北藏》与底本同,《龙藏》、《频伽藏》、《卍续藏》、《大正藏》有"右"字。据底本尾注,《嘉兴藏》有"右"字。据文义及本文献行文格式,此处应作"右具",故依校本补齐。

灵骨入塔

至期，隔宿准备仪从。正日，鸣钟众集。都寺上香毕，请起骨佛事。送至塔所，请入塔佛事。其举经、讽诵、回向，并与全身入塔语同。迎真归寝堂供养，及谢主丧人等礼并同。

下遗书

丧事毕，主丧请侍者、办事人充专使，分路驰送诸山、法眷、檀越、官员遗书。唯尊宿相见下语，须择能事人充专使。至彼寺，首到客司相见，知客引见，侍司预备盘①袱盛书物。侍者诣方丈，通覆住持。当即相接，令请两序同开书。专使进前问讯云："请和尚跌坐。"若住持垂语，须下语。插香展礼住持，免则触礼，如常相看。

烧香吃茶罢，待两序至，专使起，炉前谢茶。再插大香一片，展礼禀云："某处和尚某月某日归寂，遗书、遗物令某驰送。"即呈书物。住持云："法门衰落，不胜哀感②。"两序进问讯，首座分手就坐，专使住持对面退一位坐。茶罢起身，住持白云："法门不幸，某处和尚归寂，不胜哀感。"行者③备书剪，托书物。侍者度书与住持，接就炉上熏，付侍者送与维那。行者度剪，开缄宣读已，侍者揖专

---

① "盘"，底本为"柈"，校本《北藏》、《龙藏》、《频伽藏》、《卍续藏》为"柈"，《大正藏》为"袢"。据文义，此处应为"柈"，现用通用字"盘"，"袢"为"柈"之讹误。
② "感"，底本为"感"，校本《北藏》、《龙藏》、《频伽藏》、《大正藏》为"感"，《卍续藏》为"威"。据文义，此处应为"感"，"威"为"感"之讹误。
③ "行者"，底本为"待者"，校本《北藏》为"待者"，《龙藏》、《频伽藏》、《大正藏》为"侍者"，《卍续藏》为"行"。据底本尾注，《嘉兴藏》为"侍"。据后文"行者度剪"句可知，此处应为"行者"，"侍者"与"待者"属讹误。

使上住持对面位坐西堂权趱向下位坐，让客。

侍者烧香、点汤，送专使归安下处。先住持问讯，次侍者、两序问讯，知客引巡寮。先库司，次头首寮，单寮，蒙堂，四寮。侍者禀请特为汤，汤罢药石，至晚汤果。大方遗书至，两序光伴。以次两序上首、维那、侍者光伴。请书记作祭文，方丈祭文或住持自作。江湖、法眷、办事皆当备香致祭，侍者一一提点。

次早，方丈请茶，法堂下间设灵几排祭。侍者覆上堂，行者报众，挂上堂牌①。座下备桌袱盛书物，座左排住持位。鸣鼓众集，住持出法座下位前立。鼓绝，进香桌。知客引专使住持前，行礼插香，初展云："辄持遗墨，仰渎②尊慈，下情不胜惶恐之至。"再展云："即日时令，谨时恭③惟堂头和尚，尊候起居多福。"触礼三拜，呈遗书。住持接书炉上熏，付侍者递维那宣读。专使问讯住持毕，归知客班后立，住持升座。下座，诣灵几前炷④香，点汤上祭，点茶展拜，专使座右还拜。维那出班，揖住持烧香，侍者捧香盒。两序上香毕，住持、两序展拜，维那宣祭文。住持复展拜，专使答拜。举《楞严咒》，回向云："上来讽经功德，奉为某处和尚，增崇品位，十方三世云云。"两序、四寮、江湖、办事、乡人皆致祭，专使

---

① "牌"，底本为"牌"，校本《北藏》、《龙藏》、《频伽藏》、《大正藏》为"牌"，《卍续藏》为"牌"。据文义，此处应为"牌"，"牌"为"牌"之讹误。

② "渎"，底本为"渎"，校本《北藏》、《龙藏》、《频伽藏》、《卍续藏》为"渎"，《大正藏》为"万"。据文义，此处应为"渎"，"万"与文义不符。

③ "恭"，底本为"共"，校本《北藏》、《龙藏》为"共"，《频伽藏》、《卍续藏》、《大正藏》为"恭"，据《大正藏》本底注，《宫本》为"共"。此处"共"通"恭"，现选通字"恭"。

④ "炷"，底本为"住"，校本《北藏》、《频伽藏》、《大正藏》为"住"，《龙藏》、《卍续藏》为"炷"。据文义，此处应为"炷"，"住"为"炷"之讹误。

答拜。以下法眷、小师、办事，专使不答拜。毕，举《大悲咒》，回向。专使出灵前，两展三礼，谢住持，免则触礼。次，巡寮致谢。然后，山门管待专使，请两序光伴。

若前住持，本寺一并入祖堂。讽经了，就便迎牌到祖堂。住持拈香安牌，有法语。安已，专使即拜谢住持。若当代入祖堂，寝堂安骨讽经三日，待新住持入祖堂。或无遗书、遗物与当代住持，其徒自为入祖堂者。初到寺见侍者，引见住持，插香展拜相看，烧香吃茶。起身禀意毕，送安下处。次到头首、库司、单寮、蒙堂诸处相看。拟日办供俵䞋，法堂致祭讽经。牌入祖堂，住持有法语，礼与前同。

管待主丧及丧司执事人

山门当备供䞋，高下一一如仪，仍请两序、勤旧光伴。首座摄居主席，就方丈坐排照牌，都寺行礼，与常特为同。茶毕，鸣钟集众，门送主丧人。

议举住持

两序、勤旧就库司会茶，议请补处住持，仍请江湖、名胜、大众公同选举。须择宗眼明白、德劭①年高、行止廉洁、堪服众望者，又当合诸山舆论。然后列名签状，保申所司请之。若住持

---

① "劭"，底本为"初"，校本《北藏》为"初"，《龙藏》、《频伽藏》、《卍续藏》、《大正藏》为"劭"。据底本尾注，《嘉兴藏》为"劭"。据文义，此处应为"劭"，"初"与文义不符。

得人，法道尊重，寺门有光。为勤旧、知事者，不可以乡人、法眷阿①党传会，不择才德，惟从贿赂，致有树党徇私，互相搀夺。寺院废荡②，职此之由，切宜慎之，切宜慎之！

　　明教大师曰：教谓住持者，何谓也？住持也者，谓藉人持其法，使之永住而不泯也。夫戒、定、慧者，持法之具也。僧园物务者，持法之资也。法也者，大圣之道也。资与具，待其人而后举。善其具不善其资，不可也。善其资而不善其具，不可也。皆善，则可以持而住之也。昔灵山住持，大迦叶统之。竹林住持，以身子尸之。故圣人之教盛，圣人之法长存。圣人既隐，其世数相失，茫然久乎？吾人侥幸，乃以住持名之。势之利之，天下相习，沓焉纷然，几乎成风成俗也。圣人不复出，其孰为之正？外卫者不视不择，欲吾圣人之风不衰，圣人之法益昌，不可得也。悲夫，吾何望也？

住持章终

敕修百丈清规卷第三终

---

① "阿"，底本为"呵"，校本《北藏》为"呵"，《龙藏》、《频伽藏》、《卍续藏》、《大正藏》为"阿"。据底本尾注，《嘉兴藏》为"阿"。据文义，此处应为"阿"，"呵"为"阿"之讹误。
② "荡"，底本为"汤"，校本《北藏》、《龙藏》为"汤"，《频伽藏》、《卍续藏》、《大正藏》为"荡"。据底本尾注，《嘉兴藏》为"荡"。据文义，此处应为"荡"，"汤"与文义不符。

敕修百丈清规卷第四

大智寿圣禅寺住持臣僧德辉奉敕重编
大龙翔集庆寺住持臣僧大䜣奉敕校正

两序章第六

两序之设,为众办事,而因以提纲唱道,黼黻宗猷。至若司帑,庾历庶务,世出世法,无不闲习。然后据位称师,临众驭物,则全体备用,所谓成己①而成人者也。古犹东西易位而交职之,不以班资崇卑为嫌②。今歧③而二之,非也。甚而党斗,强弱异势,至不相容者有矣。惟主者申祖训以戒之。欲其无争,必慎择所任,使各当其职,人无间言可也。

---

① "己",底本为"巳",校本《北藏》、《龙藏》为"巳",《卍续藏》为"已",《频伽藏》、《大正藏》为"己"。据文义,此处应为"己","巳"与"已"为"己"之讹误。
② "嫌",底本为"谦",校本《北藏》、《龙藏》、《频伽藏》、《卍续藏》、《大正藏》为"谦",据《大正藏》本底注,《宫本》为"嫌"。此处"谦"通"嫌",嫌弃之义,现采用本义字"嫌"。
③ "歧",底本为"岐",校本《北藏》、《龙藏》、《频伽藏》、《卍续藏》、《大正藏》为"岐",《频伽藏》为"歧"。此处"岐"同"歧",为分歧、分岔之义,现选常用字"歧"。

西序头首

前堂首座

表率丛林，人天眼目。分座说法，开凿后昆。坐禅领众，谨守条章。斋粥精粗，勉谕执事。僧行失仪，依规示罚。老病亡殁，垂恤送终。凡众之事，皆得举行。如衣有领，如网有纲也。虽大方尊宿，若住持能以礼致之，亦请充此职，谓之退位为人。如文殊为七佛师，犹助释迦扬化，为众上首。吾宗睦州于黄檗，云门于灵树，光昭前烈，诒训后来。名位之重，可轻任耶？

《祖庭事苑》云："首座，即古之上座，梵语悉替那，此云上座。一耆年，二贵族，三先受戒及证道果。"今禅门所谓首座者，必择其己①事已②办、众所服从、德业兼修者充之。

后堂首座

位居后板，辅赞宗风，轨则庄端，为众模范。盖以众多，故分前后。斋粥二时过堂及坐禅，则后门出入。如缺前堂，住持别日上堂白众，请转前板，插单、唱食。其坐禅、坐参，只众寮前第三下板即入堂，不必鸣首座寮前板。余行事，悉与前堂同。

---

① "己"，底本为"已"，校本《北藏》、《龙藏》为"已"，《卍续藏》为"已"，校本《频伽藏》、《大正藏》为"己"。据文义，此处应为"己"。"巳"与"已"为"己"之讹误。

② "已"，底本为"巳"，校本《北藏》、《龙藏》、《卍续藏》为"已"，《频伽藏》、《大正藏》为"已"。据文义，此处应为"已"，"巳"为"已"之讹误。

书　记

即《古规》之书状也，职掌文翰。凡山门榜、疏、书问，祈祷词语，悉属之。盖古之名宿，多奉朝廷征召。及名山大刹，凡奉圣旨敕黄住持者，即具谢表。示寂，有遗表。或所赐所问，俱奉表进。而住持专柄大法，无事文字。取元戎幕府署记室参军之名，于禅林特请书记①以职之。犹存书状，列于侍者，使司方丈②私下书问，曰内记云。而名之著者，自黄龙南公始。又，东山演祖以是职命佛眼远公，欲以名激之，使兼通外典，助其法海波澜。而先大慧，亦尝充之。凡居斯职者，宜以三大老为则可也。

知　藏

职掌经藏，兼通义学。凡看经者初入经堂，先白堂主，同到藏司相看，送归按位，对触礼一拜，此《古规》也。今各僧看经，多就众寮，而藏殿无设几③案者。然充其名，当尽其职，函帙目录，常加点对。缺者补完，蒸润者焙拭，残断者粘缀。若大众披阅，则藏主置簿。照堂司所排经单列名，逐函交付。看毕，照簿交收入藏，庶无散失。

推原吾宗，既曰教外别传，犹命僧专司其藏者，何也？以佛

---

① "记"，底本为"纪"，校本《北藏》、《频伽藏》、《卍续藏》、《大正藏》为"纪"，《龙藏》为"记"。此处"纪"通"记"，现选常用字"记"。
② "方丈"，底本为"方文"，校本《北藏》、《频伽藏》、《卍续藏》、《大正藏》为"方文"，《龙藏》为"方丈"，据文义，应为"方丈"，"文"为"丈"之讹误。
③ "几"，底本为"几"，校本《北藏》、《龙藏》、《频伽藏》、《卍续藏》、《大正藏》为"几"，据《大正藏》本底注，《宫本》为"凡"。据文义，此处应为"几"，"凡"为"几"之讹误。

之所言所行为教律，而僧有不遵佛之言行乎？特吾之所证所得，不溺于文字，而超乎言行之表，以见夫自性之妙焉。又祖之意欲吾徒遍探诸部与外之百氏，期以折冲外侮，应变无穷，所谓不即不离者是也。后以众多，列东西藏。

知　客

职典宾客，凡官员、檀越、尊宿、诸方名德之士相过者，香茶迎待。随令行者通报方丈，然后引上相见。仍照管，安下去处。如以次人客，只就客司①相款②。或欲诣方丈③、库司、诸寮相访，令行者引往。其旦过寮，床帐什物、灯油柴炭，常令齐整，新到须加温存。维那在假，则摄其行事。僧堂前检点行益，客僧粥饭。遇亡僧，同侍者把帐。暂到死，主其丧。雪窦在大阳，禅月在石霜，皆典此职，毋忽。

知　浴

凡遇开浴，斋前挂开浴牌。寒月五日一浴，暑天每日淋汗。铺设浴室，挂手巾、出面盆、拖鞋、脚布。参头差行者直浴。斋罢，浴头覆维那、首座、住持毕，鸣鼓三下。浴圣桶内，皆着少汤，烧香礼拜，想请圣浴。次第巡廊，鸣板三下，遍鸣鼓。第一

---

① "司"，底本为"司"，校本《北藏》、《频伽藏》、《卍续藏》、《大正藏》为"司"，《龙藏》为"同"。据文义，应为"司"，"同"为"司"之讹误。
② "款"，底本为"欸"，校本《北藏》、《龙藏》为"欸"，《频伽藏》、《卍续藏》、《大正藏》为"款"。"欸"、"款"之异体字，现选常用字"款"。
③ "方丈"，底本为"方仗"，校本《北藏》为"方仗"，《龙藏》、《频伽藏》、《卍续藏》、《大正藏》为"方丈"。据底本尾注，《嘉兴藏》为"方丈"。此处应为"方丈"，"仗"为"丈"之讹误。

通，僧众入浴。第二通，末头首入浴。第三通，行者入浴。此时，住持方入，以屏风遮隔而浴。第四通，人力入浴。监作行者、知事居末浴，就弹压之，并点视，令息灶中火及炭煤，水洒干净。有余柴，搬于远处。

其入浴资次，当刊揭浴室外今时谓住持殿头首后浴，知事殿行者后浴，非也。如住持有故，欲同头首先浴，则不用设屏障，不入小阁内，只头首板头解衣。室内挂小板，旁钉小牌①，书云："鸣板一声添汤，二声添水，三声则止，以此为节。"如施主设浴，则课经、回向，能妙触宣明，成佛子住，则功不浪施矣。

知　殿

掌诸殿堂香灯，时时拂拭尘埃，严洁几案。或遇风起，须息炉内香火，及结起幡脚，防顾使勿近灯烛。施主香钱不得互用。佛诞日浴佛，煎汤供大众。四斋日开殿门，以便往来瞻礼。

侍　者烧香书状②请客

侍者之职，最为近密。观道德于前后，听教诲于朝夕，亲炙参扣，期法道底于大成，而礼节常宜恭谨。庆喜之侍瞿昙，香林之侍云门，佛祖重寄，其可忽诸？凡住持上堂、小参、普说、开室、念诵、放参、节腊特为、通覆相看挂搭③、烧香行礼、记录

---

① "牌"，底本为"牌"，校本《北藏》、《龙藏》、《频伽藏》、《大正藏》为"牌"，《卍续藏》为"脾"。据文义，此处应为"牌"，"脾"为"牌"之讹误。

② "状"，底本为"状"，校本《北藏》、《频伽藏》、《卍续藏》、《大正藏》为"状"，《龙藏》为"伏"。据文义，此处应为"状"，"伏"为"状"之讹误。

③ "搭"，底本为"搭"，校本《北藏》、《龙藏》、《频伽藏》、《卍续藏》为"搭"，《大正藏》为"塔"。据文义，此处应为"搭"，"塔"为"搭"之讹误。

法语，烧香侍者职之。凡住持往复书问、制作文字，先具草呈。如阙书记，山门一应文翰，书状侍者职①之。凡住持应接宾客、管待尊宿、节腊特为、具状行礼，请客侍者职之。或维那、知客俱不赴众，或在假，其行事三侍者皆当摄之_{或云书状不当干涉余事，无据}。若住持久出，则归众行立，暂出则不离班位。

衣钵侍者_{不立班}

先辈多以丛林老成之士为之，盖能纳忠救过，罗致人才，内外庶事，通变圆融，庶几上下雍肃。如密庵有如侍者而得松源世其家，东叟得升首座而家法益严。今诸方往往任后生晚辈，甚致②败德误事，可不慎欤！

汤药侍者_{立班}

朝暮供奉方丈汤药，左右应接。佐助衣钵侍者，抚恤近事行仆。或暂缺侍者，客至通覆，烧香。或缺人回向，皆宜摄行。须择年壮谨愿者充之。

圣僧侍者_{不立班在众后行道堂外粥饭}

贵有道心，斋粥二时上供，鸣下堂椎。朝夕交点被位，中夜剔灯。同维那交收亡僧唱衣钱，住持迁化把帐。头首秉拂则为烧香，或代鸣椎、念佛。职满，在本山当预侍者名。退耕、断桥二

---

① "职"，底本为"职"，校本《北藏》、《龙藏》、《频伽藏》、《大正藏》为"职"，《卍续藏》为"识"。据文义，此处应为"职"，"识"为"职"之讹误。
② "致"，底本为"致"，校本《北藏》、《龙藏》、《频伽藏》、《卍续藏》、《大正藏》为"致"，据《大正藏》本底注，《宫本》为"至"。据文义，此处应为"致"。

老在众时，常充此职，以能结众缘，而励志于道也。

东序知事

都监寺

《古规》惟设监院，后因寺广众多，添都寺以总庶务。早暮勤事香火，应接官员、施主。会计簿书，出纳钱谷，常令岁计有余。尊主爱众，凡事必会议禀住持方行。训诲行仆，不妄鞭捶。设当惩戒摈罚，亦须禀议，量情示警，毋纵威暴，激变起讼。差设庄库职务，必须公平，毋用私党，致怨上下。

昔丛林盛时，多请西堂、首座、书记，以充此职，而都监寺亦充首座、书记。否则必腊高历事、廉能公谨、素为众服者充之。既无取于公，而道福殊胜，上下美留，虽连年不易，或数请再充，又何伤焉？故所在单寮、勤旧不满五六人。副寺以下非历三次，不归前资。监寺非三次，不归蒙堂。都寺非三次，不得居单寮。再请出充者，公界封钥元房，以避嫌疑。斋粥二时必赴堂，则行仆行益，自然整肃。如杨岐之辅慈明，石窗之辅宏智，可为法则。

《僧史》曰：知事三纲者，若网罟之巨绳，提之则百目正矣。梵语摩摩帝，此云寺主，即今之监寺也。又《大集经》云：僧物难掌，我听二种人掌三宝物：一阿罗汉，二须陀洹。更复二种：一能持净戒、识知业报者，二畏后世罪、有诸惭愧者。

维 那

纲维众僧，曲尽调摄。堂僧挂搭，辨度牒真伪。众有争竞、遗失，为辨析和会。戒腊资次、床历图帐，凡僧事内外，无不掌之。举唱回向，以声音为佛事。病僧、亡僧，尤当究心。每日二时赴堂，堂前钟鸣离位。

入堂，圣僧前左手上香，退两步半问讯，合掌而入，椎边立，先看逐日回向①神示名位。钟鼓绝，鸣椎一下。众展钵已，再鸣椎一下。合掌默回向当日神示，左手按砧，举云："仰凭大众，念清净法身毗卢遮那佛圆满报身十号云云。"右手鸣椎，高不过五寸，声绝方下椎，急缓合度。俟首座唱食至第三句将毕，转身退至立僧板头立。俟行食遍，进前鸣椎一下。合掌至圣僧前问讯，出堂归钵位。若施主斋僧行䞋，遍食椎后，从圣僧后转左边，朝首座问讯，复鸣椎一下而出，为请施财也。或有他缘，或暂假出入，将戒腊簿、假簿、堂司须知簿亲送过客司，令摄之。

《寄归传》云：维那，华梵兼举也。维是纲维，华言也。那是梵语羯磨陀那，删去三字从略，此云悦众也。又，《十诵律》云：以僧房②中无人知时，打揵巨寒切椎音地③。又，无人涂治扫洒讲堂、食处，无人相续铺床，众乱时无人

---

① "回向"，底本为"回看"，校本《北藏》、《龙藏》、《频伽藏》、《大正藏》为"回看"，校本《卍续藏》为"回向"。据《大正藏》本底注，《宫本》为"回向"。据文义，此处应为"回向"，"回看"与文义不符。
② "房"，底本为"房"，校本《北藏》、《龙藏》、《频伽藏》、《卍续藏》、《大正藏》为"房"，据《大正藏》本底注，《宫本》为"坊"。此处"僧坊"为"僧房"之别名，现据底本与诸校本选用"房"字。
③ "地"，底本为"地"，校本《北藏》、《频伽藏》、《卍续藏》、《大正藏》为"地"，《龙藏》为"槌"。据底本选"地"。

弹压等，佛令立维那。又《声论》翻为次第，谓知僧事之次第也。

副　寺

《古规》曰库头，今诸寺称柜头，北方称财帛，其实皆此一职。盖副贰都监寺，分劳也。掌常住金谷、钱帛、米麦出入，随时上历，收管支用。令库子每日具收支若干，签定飞单呈方丈，谓之日单。或十日一次结算，谓之旬单。一月一结，一年通结，有无见管，谓之曰黄总簿。

外有米面五味各簿，皆当考算。凡常住财物，虽毫末①，并是十方众僧有分。如非寺门外护官员、檀越、宾客，迎送庆吊合行人事，并不可假名支破侵渔。其上下库子，须择有心力、能书算、守己廉谨者为之。病僧合用供给之物，即时应付。如仓库疏漏、雀鼠侵耗米麦、蒸润一切物色、顿放守护有不如法者，并须及时照管处置。

典　座

职掌大众斋粥，一切供养，务在精洁。物料调和，检束局务。护惜常住，不得暴殄。训众行者循守规矩，行益、普请不得怠慢。抚恤园夫，栽种及时，均俵同利。二时就厨下粥饭，食不异众。粥饭上桶，先望僧堂焚香设拜，然后发过堂。

---

① "末"，底本为"末"，校本《北藏》、《龙藏》、《频伽藏》、《卍续藏》为"末"，《大正藏》为"木"。据《大正藏》本底注，《宫本》为"末"。据文义，此处应为"末"，"木"属"末"之讹误。

直 岁

职掌一切作务。凡殿堂寮舍之损漏者,常加整葺。动用什物,常阅其数。役作人力,稽其工程,黜其游堕。毋纵浮食,蠹财害公。田园庄舍,碾磨碓坊,头匹舟车,火烛盗贼,巡护防警。差拨使令,赏罚惟当,并宜公勤,劳逸必均。如大修造,则添人同掌之。

列职杂务

寮 元

掌众寮之经文、什物、茶汤、柴炭,请给供需、洒扫浣濯、净发椸巾之类。每日粥罢,令茶头行者门外候众至,鸣板三下。大众归寮,寮长分手,寮主、副寮对面左右位。副寮出,烧香归位,茶头喝云:"不审。"大众和南。遇旦望点汤,鸣板集众,烧香、行汤如常礼。

寮主副寮

凡安众处,寮元照戒次自下而上请充之。写定名字,预贴牌上,十日一替,佐寮元办事。旦暮僧众归堂,巡视经案。或有遗忘什物者,眼同收拾付还。及交点本寮什物,提调香灯茶汤。毋容外人止宿及寄卖物件。犹预定望寮一名,使以次挨补副寮。若寮主遇满,从维那请交代。副寮遇满,从寮元请交代。

延寿堂主

　　看视病僧，汤药、油烛、炭火、粥食、五味常备供须。公界倘缺，若自己丰裕，结缘应付，或劝化施主措办。床席、衣被狼籍秽污，为其洗浣，毋生憎嫌。八福田中，直病为第一也。

净　头

　　扫地装香，换筹洗厕，烧汤添水，须是及时。稍有狼籍，随即净治。手巾净桶，点检添换。凡供此职，皆是自发道心。将交替时，堂司预出小榜云："下次净头缺人，如有结缘，请留芳名。"愿结缘者，收榜白堂司，然后覆住持请充之。

化　主

　　凡安众处，常住租入有限，必籍化主。劝化檀越，随力施与，添助供众。其或恒产足用，不必多往干求取厌也。

园　主

　　不惮勤苦，以身率先。栽种菜蔬，及时灌溉。供给堂厨，毋使缺乏。

磨　主

　　兼主碓坊米面，供众极有关系。须择有道心人，谙晓舂磨等事者充之。

水 头

五更烧汤，供大众沫①盥，手巾面盆，灯烛牙药，毋令缺少。冬月，烘焙手巾，须早起铺排，勿致临时动众念。

炭 头

预备柴炭，以御寒事。或化施主，或出公界，须令足用。

庄 主

视田界至，修理庄舍，提督农务，抚安庄佃。些少事故，随时消弭，事关大体，申寺定夺。近时丛林，凋弊百出，而庄中尤甚。略举其三：诸方通害，初争庄职，安能遍及？构怨住持，上下不睦，一也。一充其职，离寺相远，靡所不为。致争起讼，供众钱粮，尽皆耗费，复积逋负，以累于后。因而纪纲②不振，庄佃生侮，租课不还，其弊二也。纵使老成能事充之，而州县应酬，吏胥管干、乡都职役、邻里富豪，皆合追陪。既启其端，稍有不及，便生衅隙。虽不明支，而巧立除破，公私无益。故庄中之费，或半于寺，其弊三也。只如大家业产，巨富不闻，分遣子弟，遍居庄所。盖耕种有佃，提督则有甲干。收租之时，自有监收僧行。此外纵有输纳、修圩、俵粮等项，只临时分委勤旧、知事，限期使办，事毕旋归。非唯省费，有补常住而消祸未萌，公

---

① "沫"，底本与诸校本均为"頮"，意为洗脸，"頮"与"沫"同，现改为常用字"沫"。
② "纲"，底本为"网"，校本《北藏》为"网"，《龙藏》、《频伽藏》、《卍续藏》、《大正藏》为"纲"。据底本尾注，《嘉兴藏》为"纲"。据文义应为"纪纲不整"，"网"为"纲"讹误。

私攸济。今诸方之废,如逃亡家。住持、勤旧能恤念寺门,欲撙费救弊,汰除滥冗,请自此始。其初例有当重难而应充庄职者,别议酬补之。

诸庄监收

《古规》初无庄主监收,近代方立此名。此名一立,其弊百出。为住持,私任匪人者有之,因利曲徇者有之。为勤旧、执事人连年占充者有之,托势求充者有之,树党分充者有之,角力争充者有之。蠹公害私,不可枚举,虽欲匡救,末①如之何!倘得廉正勤旧辅佐,住持公选区用,或对众阄拈充之②。充此职者,当克己③为念,奉众为心。毋苛取佃户,毋亏损常住,则自他俱利矣。

请立僧首座

其事严重,不可轻举。如大方西堂、名德首座,行解素为众所推服者,委曲陈情。如有允意,特为上堂言:"此间多众,宜得当人相与建立法幢,开大炉鞴。山中幸有某人,知见高明,慧命所寄。"少刻,下座同两序、大众拜请:"为众开室,伏望慈

---

① "末",底本为"末",校本《北藏》、《龙藏》、《频伽藏》、《卍续藏》、《大正藏》为"末",据底本尾注,《嘉兴藏》为"未"。此处"末"与"未"皆可用,现依底本及诸校本选"末"。
② "阄拈充之",底本为"阄拈之充",校本《北藏》、《龙藏》、《频伽藏》、《大正藏》与底本同,《卍续藏》为"阄拈充之"。据《大正藏》本底注,《宫本》为"阄拈充之"。根据前后文义,以"阄拈充之"更妥。
③ "己",底本为"已",校本《北藏》、《卍续藏》为"已",《龙藏》为"巳",《大正藏》、《频伽藏》为"己"。此处应为"己","已"与"巳"为"己"之讹误。

悲，特垂开允。"下座，方丈行者以盘袱盛入室、普说二牌，即于座下同大众拜请，词云："大众倾心，久思示诲，伏望慈悲，特赐开允。"受请人随诣方丈炷香，触礼拜谢，词云："某甲幸获依栖，贵图藏拙，既蒙见举，不敢有违。"答云："佛法寄重，仰乞①垂情。"谢已，堂司行者鸣僧堂钟，大众同送归寮。住持对触礼一拜送出，次与大众问讯。

　　维那诣寮，议请侍者一人。挂普说牌，预铺设照堂、禅椅、拂子、拄杖②、炉烛。鸣鼓一通，众集立定。立僧归位，维那出班烧香，同大众再下拜伸请。立僧跌座，两序问讯，住持问讯。立僧普说竟，维那同大众再下拜伸谢。立僧即怀香诣方丈致谢，两展三礼，词云："既蒙使令，勉颜承当，慈悲包荒，不胜愧悚。"仍往库司、诸寮舍问讯。方丈备草饭，请特为汤、药石。至晚汤果，两序光伴，立僧侍者预席。次日，住持请僧堂特③为茶。请客侍者具茶榜式见后，诣寮插香拜请，礼与特为新首座同。立僧当特为首座、大众茶，与前堂特为后堂、大众礼同。别日，方丈管待，请两序光伴。

---

① "乞"，底本为"丐"，校本《北藏》、《龙藏》为"丐"，《频伽藏》、《卍续藏》、《大正藏》为"乞"。据底本尾注，《嘉兴藏》为"乞"。据《大正藏》底本注，《宫本》为"可"。此处"丐"与"乞"同为请求、求愿之义，皆可用。现常用"乞"，故选"乞"。"可"为"丐"之形讹。
② "拄杖"，底本为"主丈"，校本《北藏》、《频伽藏》、《卍续藏》、《大正藏》为"主丈"，《龙藏》为"拄杖"。此处选"拄杖"。
③ "特"，底本为"特"，《北藏》、《频伽藏》、《卍续藏》、《大正藏》为"特"，《龙藏》为"持"。据文义，此处应为"特"，"持"为"特"之形讹。

请名德首座

住持须预禀露，如有允意，方丈先请茶，两序光伴。即鸣鼓升座，更不报众。住持委曲致恳，下座与大众同伸拜请。鸣钟，送归寮，茶汤管待，礼与前同。进退不混，两序无交代也。

榜　式

　　堂头和尚今晨斋退，就云堂点茶，特为新命
　　首座，聊旌陈　贺之仪。仍请
　　诸知事、大众，同垂　光伴。

　　　　　　　　　　今　月　日　侍司　某敬白

两序进退

头首务择才德相当者为之，而近之庸流，责①以饮食延接为事，使守贫抱道之士愈甘退藏。丛林何由歆艳？住持当革其弊可也。知事，《古规》只列监院、维那、典座、直岁、库头五员而已②。职满，鸣椎白众告退，归堂随众。初无单寮榻位，故丛林

---

① "责"，底本为"青"，校本《北藏》为"青"，《龙藏》、《频伽藏》、《卍续藏》、《大正藏》为"责"。据底本尾注，《嘉兴藏》为"责"。据文义，此处应为"责"，"青"为"责"之讹误。
② "已"，底本为"已"，校本《北藏》、《龙藏》、《频伽藏》、《大正藏》为"已"，《卍续藏》为"巳"。据文义应为"已"。

鼎盛。近来诸方，大小勤旧动至百数，仆役倍之，而僧堂阒①无一人。泰定间，脱欢丞相领行宣政院，分上、中、下三等寺院，额定岁请知事员数，正为此也，宜遵行之。

凡职事将满，预诣方丈禀退。如择进退日定，住持令行者报两序知。当晚昏钟鸣，旧知事一班，诣方丈插香告禀，触礼一拜，纳库记钥匙而退。就中或有再留者，住持随送到库司，侍者烧香、点汤勉留。次早，五更钟鸣，头首一班怀香诣方丈，触礼一拜告退。或有留者，亦同前礼，点汤留之。住持以择定人名目子，并西堂、勤旧，令客头行者请粥罢会茶。其旧知事一班，候僧堂行粥遍，从后门入。上首鸣椎②一下云："白大众，某等昨蒙堂头和尚慈旨，令归库司③。今来心力疲倦，告退归堂随众，谨白。"再鸣椎一下，从圣僧左出住持前，两展三礼。初展云："某等昨蒙甄录，自愧匪才，下情无任，愧悚④之至。"再展叙寒温毕，触礼三拜。退身从圣僧右出，圣僧前大展三拜，转身从首座板起，巡堂一匝，中间问讯而退。

粥罢，行者守请新人至寝堂。献茶毕，住持躬起烧香一炷，归位白云："前两序告退，此务不可缺人，拜请某人充知事，某人充头首。"逐一标名，白讫。住持出，就炉前立。侍者揖请新人，至住持前对触

---

① "阒"，底本与诸校本均为"闃"，"闃"为"闑"之异体字，幽静之义，闑现为"阒"。
② "椎"，底本为"椎"，校本《北藏》、《龙藏》、《频伽藏》、《大正藏》为"椎"，《卍续藏》为"惟"。据文义，此处应为"椎"，"惟"为"椎"之讹误。
③ "库司"，底本为"库司"，校本《北藏》、《龙藏》、《频伽藏》、《卍续藏》为"库司"，《大正藏》为"库"。据文义，此处应为"库司"，《大正藏》脱漏"库"字。
④ "悚"，底本为"悚"，校本《北藏》、《龙藏》为"悚"，《大正藏》、《频伽藏》、《卍续藏》为"怀"。据《大正藏》本底注，"宫本"为"悚"。"愧怀"与"愧悚"皆可用，但据前后文义，"愧悚"更妥帖，且古本皆为"愧悚"，故选之。

礼一拜。新知事同进前,两展三礼,初展云:"某等乍入丛林,诸事生疏,过蒙使令,下情不胜恐惧之至。"再展云:"即日时令,谨时恭惟①堂头和尚,尊候起居多福。"触礼三拜,住持答一拜。新头首进前,两展三礼,致词②同前。转位,献汤《咸淳规》揖坐,揖香,揖汤③,至今诸方行之。或谓当晚有特为,此可免,讲不讲在住④持意。汤罢谢礼,或展或免。

供头鸣僧堂钟,大众归钵位立定。住持入堂,先送前堂首座,以次头首,随归钵位,各触礼一拜。次送后堂,对触礼一拜。新知事一班,预立于西堂板头。住持归位,维那往住持前问讯侧立如维那已退,则知客侍者代行礼。住持付目子与之,当面问讯,从圣僧后转,鸣椎一下云:"白大⑤众,前知事告退,此务不可缺人,适奉堂头和尚慈旨,请某人某职。某人充某职⑥,谨白。"复鸣椎一下,侍者即

---

① "恭惟",底本为"共惟",校本《北藏》、《龙藏》为"共惟",《频伽藏》、《卍续藏》、《大正藏》为"恭惟"。据《大正藏》本底注,《宫本》为"共帏"。根据本文献用语习惯,此处应为"恭惟"。
② "词",底本为"词",校本《北藏》、《龙藏》、《频伽藏》、《卍续藏》为"词",《大正藏》为"诃"。此处应为"词",选"诃"则文义不通。
③ "汤",底本为"汤",校本《北藏》、《龙藏》、《频伽藏》、《大正藏》为"汤",《卍续藏》为"头"。据文义,此处应为"汤","头"属讹误。
④ "住",底本为"住",校本《北藏》、《龙藏》、《频伽藏》、《卍续藏》为"住",《大正藏》为"往"。据《大正藏》本底注,《宫本》为"住"。据文义,此处应为"住","往"为"住"之讹误。
⑤ "大",底本为"大",校本《北藏》、《频伽藏》、《卍续藏》、《大正藏》为"大",《龙藏》为"天"。据文义,此处应为"大","天"为"大"之讹误。
⑥ "某人充某职",底本为"某人充某职职",校本《北藏》、《龙藏》为"某人充某职职",《频伽藏》、《大正藏》为"某人允某职职",《卍续藏》为"某人充某职"。据《大正藏》本底注,《宫本》为"某人充某职"。根据前后文义,此处应为"某人充某职",其他为错讹。

揖请新知事一班，往住持前①触礼一拜。维那白云："请知事讫。"又鸣椎一下，知事一班两展三礼致词并与前同。

知事转圣僧后右出，圣僧前排立，大展三拜。维那引巡堂一匝，归中问讯，横退过西堂板头立。堂司行者喝云："大众礼贺新知事。"普同触礼一拜毕，又喝云："新知事礼谢大众。"普同触礼一拜毕，又喝云："大众送新知事归库司。"供头行者鸣僧堂钟，住持送入，对触礼一拜，送住持出。与旧人交代，互转身对触礼一拜，送旧人出。侍者先贺，次头首领众贺。毕，行者喝云："大众送新首座归寮。"再鸣钟送贺毕，喝云："大众送新维那归堂司。"又鸣钟送贺毕，逐一喝云："两班勤旧送新后堂首座、书记、藏主、知客归寮。"送贺交代礼并同前，又各喝云："大众送旧首座、都寺归寮。"亦鸣钟送贺毕，各喝云："两班勤旧送以次旧头首、知事，归蒙堂前资。"礼亦如前，送住持出。寮主先相接，交互转身对触礼一拜，不送出。

然后，受贺俱毕，新旧人各怀香，即诣方丈拜谢，新人香系库司备。谢毕，新旧人同巡寮，方丈请半斋、点心。斋时，草饭仍请西堂勤旧光伴。列职杂务待请两序了②，别日诣堂司告退，次第择人交替。

---

① "往住持前"，底本为"住住持前"，校本《北藏》、《频伽藏》、《大正藏》为"住持持前"，《龙藏》为"往住持前"，《卍续藏》为"至住持前"。根据前后文义，"往住持前"更妥。
② "了"，底本为"了"，校本《北藏》、《龙藏》、《频伽藏》、《大正藏》为"了"，《卍续藏》为"汤"。据《大正藏》本底注，《宫本》为"汤"。据文义，此处应为"了"，"汤"属讹误。

挂钵时请知事

有处住持不先和会，默择人定。预分付堂司行者于僧堂早粥罢挂钵时，喝云："大众少立，请新知事。"维那入圣僧前烧香，巡堂一匝，至住持前问讯，侧立。住持付所请人名目子。接讫，当面问讯，从圣僧后转，鸣椎一下云："白大众，适奉堂头和尚慈旨，请某人充某知事。"逐一白讫，侍者揖请新人至住持前受职，与前礼同，曰①方丈会茶。请头首礼，并同前。

侍者进退

请两序毕，旧侍者随住持上方丈，咨禀云："某等久侍和尚，今欲告退随众办道，伏望慈悲。"插香，大展三拜而退。住持批下堂司请新侍者。维那令行者照批请，仍请寮元劝请，同就堂司茶。揖入，烧香、点茶毕，起身再烧香，白②云："适奉堂头和尚慈旨，令请某甲上座充某侍者。"逐一白讫，揖受请人进前普触礼一拜。转位，维那行礼，揖坐、揖香，归位坐。献汤毕，引上方丈，住持出，维那进前禀云："适奉慈旨，令请某人充某侍者，今引炷香礼拜。"住持据坐，新侍者插香，大展三拜。毕，维那送归寮，对触礼一拜，侍

---

① "曰"，底本为"曰"，校本《北藏》、《龙藏》、《频伽藏》、《大正藏》为"曰"，《卍续藏》为"回"。据义应为"曰"，"回"为"曰"之讹误。
② "白"，底本为"入"，校本《北藏》、《龙藏》、《频伽藏》、《大正藏》均为"入"，《卍续藏》为"白"。据《大正藏》本底注，《宫本》为"白"。据文义，此处用"白"似更妥。

者送出，却与旧人交代，头首礼同。《咸淳规》载，亦有住持自送侍者归寮，侍者当触礼一拜，送出。《至大规》载，若名德之士，住持躬送入寮，对触礼一拜。维那攸贺而已，勿视为常。方丈行者、直厅轿番拜贺。

堂司行者引新旧侍者同巡寮毕，新侍者再上方丈，炷香拜谢。旧侍者早晚伺同新侍者方丈问讯，三日后，住持批下堂司，送归众寮。与维那交互对触礼一拜，送维那出，次与寮元问讯。毕，仍上方丈，炷香拜谢。圣僧侍者系维那择人，和会充职后，引上方丈礼拜。随例，茶汤点心管待。

寮舍交割什物

寮舍什物，常住置办不易，往往职事人视为传舍。临进退时，乡人各自搬移，荡然一空，使新入寮者茫无所措，未免具数到库司，需索不至，因此上下唇吻不安。设若应副，重费常住。库司当置总簿，具写诸寮什物，住持①、知事签定。仍分置小簿付诸寮，两相对同。新旧相沿交割，损者公界修补，缺者本寮陪偿。将进退数日前，副寺带行者赍②簿到各寮，预先点对分晓。责在本寮人仆，毋得走失，违者陪偿。或有增添数目，随即对同③附簿，庶可稽考也。

---

① "住持"，底本为"住知"，校本《北藏》为"住知"，《龙藏》、《频伽藏》、《卍续藏》、《大正藏》为"住持"。据文义应为"住持"。
② "赍"，底本为"赍"，校本《北藏》、《卍续藏》为"赍"，《龙藏》、《频伽藏》、《大正藏》为"赉"。"赍"有带着之义，"赉"只有赐予、赠送之义，故此处应为"赍"。
③ "对同"，底本为"同"，校本《北藏》、《龙藏》、《频伽藏》、《大正藏》为"同"，《卍续藏》为"对同"。据《大正藏》本底注，《宫本》为"对同"。此处选用"对同"使文义更准确，故选之。

方丈特为新旧两序汤

请客侍者令客头行者备盘袱、炉烛，诣新旧前堂首座处，炷香，触礼一拜，禀云："堂头和尚请参前就寝堂，特①为献汤。"次，新旧都寺前炷香，无拜，词语同前。以次新旧两序，令客头请，并请勤旧光伴。钉挂寝堂，铺设坐位。光伴分手，新头首一出，新知事二出，旧头首三出，旧知事四出。余勤旧预光伴者列主伴两边，西序居左，东序居右，烧香侍者预排照牌。至时，鸣鼓客集，同请客侍者行礼小座汤礼同。至晚，汤果。次日粥罢，请新旧人茶。库司亦请茶，然不及赴。赴方丈茶罢，却往致谢。半斋，库司点心。仍提调，送旧人粥饭三日。

堂司特为新旧侍者茶汤

草饭罢，维那令堂司行者请新旧侍者并圣僧侍者，参前就寮献汤。堂司设位排照牌，请寮元光伴。鸣寮前板，接入揖坐礼与库司同。当在方丈特为汤之先，庶不相妨行礼。候方丈特为新首座茶罢，则堂司亦请新旧侍者特为茶。次日，当专致谢。

---

① "特"，底本为"持"，校本《北藏》、《龙藏》、《频伽藏》、《卍续藏》为"特"，《大正藏》为"持"。据文义，此处应为"特"，"持"为"特"之讹误。

库司特为新旧两序汤药石

草饭罢，令客头行者备盘袱、炉烛，上首知事诣新旧首座、旧都寺处炷香，词云："今晚方丈汤罢，就库司特为献汤，伏望降重。"客头随后请云："汤罢就坐药石。"及请新旧大小职事，仍请西堂、勤旧光伴。设位排照牌，位分四出，新头首一出，旧头首二出，旧知事三①出，庄库四出。新知事亦依班排位，独维那就座光伴，勤旧如方丈排位。候方丈汤罢，库司鸣②板，各依照牌立定。都寺巡座，揖坐毕，烧香，揖香。依坐位出头巡，问讯归中，烧光伴③香，归位坐，进汤。汤罢，起身出诣炉前谢汤毕，抽衣就坐药石。

堂司送旧首座都寺钵位

维那于两序进退三日后，未开静时，分付堂司行者引人力挑④灯，请旧首座、都寺就堂司献汤。维那接入，炷香。吃汤毕，

---

① "三"，底本为"二"，校本《北藏》为"二"，《龙藏》、《频伽藏》、《卍续藏》、《大正藏》为"三"。结合前后文义，此处应为"三"，"二"属讹误。
② "鸣"，底本为"鸣"，校本《北藏》、《龙藏》、《频伽藏》、《卍续藏》为"鸣"，《大正藏》为"鸣"。据《大正藏》本底注，《宫本》为"鸣"。此处应为"鸣"，"鸣"为"鸣"之讹误。
③ "伴"，底本为"桦"，校本《北藏》、《大正藏》、《频伽藏》为"桦"，《龙藏》、《卍续藏》为"伴"。据《大正藏》本底注，《宫本》为"伴"。据文义，此处应为"伴"，"桦"为"伴"之讹误，现据校本改。
④ "挑"，底本为"挑"，校本《北藏》、《龙藏》为"挑"，《频伽藏》、《卍续藏》、《大正藏》为"排"。据《大正藏》本底注，《宫本》为"挑"。据文义，此处应为"挑"。

白云："清职既满，山门礼合延送钵位。"引至僧堂，从后门入，先送首座，次送都寺，归各板头，各触礼一拜，当日，挂钵赴堂。

方丈管待新旧两序

住持特为上堂，一一标名。叙谢毕，新旧人就座下拜谢。请客侍者令客头行者备盘袱、炉烛、香盒，诣新旧首座、都寺前炷香，陈请云："方丈和尚，午刻请就寝堂管待。"客头请以次新旧人，并勤旧光伴，寝堂设位排照牌。客集，报住持出接，各入座依照牌立定，烧香侍者与请客侍者巡揖。坐毕，烧香，进桌。侍者一班列住持前问讯，入位行汤。下食毕，至行饭时，烧香侍者离位烧香，下𬪩。饭毕，退桌。鸣鼓讲茶礼与特为汤礼同。鸣鼓三下退座，新旧人两展三礼拜谢。

方丈特为新首座茶

管待了，次早，烧香侍者覆住持，令客头行者备盘袱、炉烛、香盒，请客侍者写茶榜式见前，名德首座同。诣首座寮炷香，触礼一拜，禀云："堂头和尚斋退，就云堂特为点茶，伏望降重。"客头报众，挂点茶牌，仍请知事、大众光伴，排照牌。侍者行礼并与四节特为礼同，惟四板头不安香几①，无巡堂请茶。礼毕，先收首座、住持盏。首

---

① "几"，底本为"几"，校本《北藏》、《龙藏》、《频伽藏》、《卍续藏》为"几"。《大正藏》为"儿"。据《大正藏》本底注，《宫本》为"几"。此处应为"几"，"儿"属"几"之讹误。

座直趋住持前行礼，初展云："此日特蒙煎点，礼意过勤，下情不胜愧感之至。"再展叙寒温毕，触礼三拜。首座从圣僧后，右出堂前，住持相送。复位执盏，侍者烧光伴香。毕，收盏，鸣鼓三下退座。首座仍于法堂下间，候住持谢茶。

新首座特为后堂大众茶_{无后堂则以次头首}

方丈特为茶了，次早，新首座怀香诣方丈，拜请云："斋退，特为后堂首座、大众就云堂点茶，伏望①慈悲降重。"具状式见后，备盘袱炉烛，诣后堂首座寮，炷香拜请，云："今晨斋退，就云堂点茶特为，伏望降重。"呈纳状讫，受特为人②令本寮茶头递付供头，贴僧堂前下间，封皮粘状前。次令堂司行者报众，挂点茶牌。长板鸣，僧堂内巡请茶_{鸣鼓集众}，行礼并与常特为礼同。

状　式

前堂首座比丘　某，　右某今晨斋退，就云堂点茶一盏③，特为　后堂首座、大众。仍请

---

① "望"，底本为"望"，校本《北藏》、《龙藏》、《频伽藏》、《大正藏》为"望"，《卍续藏》为"期"。此处"望"与"期"俱可，依底本与多数校本选"望"。
② "受特为人"，底本为"特为人"，校本《北藏》、《龙藏》、《频伽藏》、《大正藏》为"特为人"，《卍续藏》为"受特为人"，据《大正藏》本底注，《宫本》为"受为人"。据文义，此处应为"受特为人"，"特为人"与"受为人"均属脱漏字所致。
③ "盏"，底本为"中"，校本《北藏》、《龙藏》、《卍续藏》为"中"，《频伽藏》、《大正藏》为"钟"。据底本尾注，《嘉兴藏》为"钟"。据《大正藏》本底注，《宫本》为"中"。"中"与"钟"在此皆指饮茶器具，现皆作"盏"。下同。

諸　知事，同垂光降。

　　今　月　日　具位　某　状

可漏子：状请　后堂首堂、大众　具位　某谨封

住持垂访头首点茶

茶汤礼毕，住持斋罢，往诸头首寮点茶，从容温存，点检缺乏，随令库司措办。

两序交代茶

伺方丈特为新首座茶毕，次第新职事具威仪，怀香躬诣各受代人处，插香，对触礼一拜，请云："斋退拜屈尊重就寮献茶。"随令茶头请两序各一人，东西序勤旧各一人光伴西序请茶，则知事分手坐，于同列头首中，请肩下一人光伴。如肩上人赴，坐位相妨。东序请茶，则头首分手坐。如维那位居东序，请茶时，肩下副寺一人赴。寮中向内设特为位，主席分手位，左右光伴人位。

斋退，鸣寮前板，接受特为人，次接光伴人。入位揖坐，烧香揖香，烧光伴香，入座下茶。茶毕，受代人起，将原①请香插炉中，触礼拜谢而退。次日，令堂司行者请交代点心，名胜一人光伴。前堂首座，则请西堂、勤旧各一人光伴。若库司一班，请

---

① "原"，底本为 "元"，校本《北藏》、《频伽藏》、《卍续藏》、《大正藏》为 "元"，《龙藏》为 "光"。据文义，此处应为 "原"， "光" 为 "元" 之讹误。"元" 在此处同 "原"，现选通常用字 "原"。

西堂、勤旧、头首光伴。库司钉挂，向里设特为位，左①右排光伴位。头首与主席分手，同序随班位。次日点心，坐位同前，西序止于知客，东序止于维那。凡侍者交代茶与点心，当请维那光伴设位、行礼皆同。近时点心，因而请客，请乡曲，非礼也。

入寮出寮茶

　　入蒙堂者白寮主，挂②点茶牌③。牌左小纸贴云："某拜请合寮尊众，斋退就上寮。"斋罢，备香烛普同问讯，揖寮主居主位，点茶人居宾位。略坐，起身烧香问讯，复坐点茶。收盏，寮主起炉前相谢。

　　自蒙堂出充头首者，点交代茶毕，别日令茶头报寮主挂点茶牌。斋退，鸣寮中小板，点茶人门外右立，揖众入。炉前问讯，寮主主位，点茶人分手位。略坐，起身烧香问讯。复坐，献茶了，寮主与众起身，炉前致谢，送点茶人出。

　　自众寮出充头首者，令茶头预报寮主，挂点茶牌。斋退，鸣板，先到众寮门外右立，揖众入位。立定，问讯揖坐。进中间、上下间④烧香，复中间、上下间问讯，仍中央问讯。寮元揖点茶

---

① "左"，底本为"左"，校本《北藏》、《频伽藏》、《卍续藏》、《大正藏》为"左"，《龙藏》为"在"。据文义，此处应为"左"，"在"为"左"之讹误。

② "挂"，底本为"挂"，校本《北藏》、《龙藏》、《卍续藏》、《大正藏》为"挂"，《频伽藏》为"客"。据《大正藏》本底注，《宫本》为"客"。此处应为"挂"，"客"与文义不符。

③ "牌"，底本为"牌"，校本《北藏》、《龙藏》、《频伽藏》、《大正藏》为"牌"，《卍续藏》为"脾"。此处应为"牌"，"脾"属"牌"之讹误。

④ "间"，底本为"间"，校本《北藏》、《龙藏》、《卍续藏》为"间"，《频伽藏》、《大正藏》为"问"。据前后文义，此处应为"间"，"问"为"间"之讹误。

人，对面位坐。行茶毕，寮元出炉前致谢，送出。入众寮者点茶礼与出寮茶同，但寮元、寮长分宾主位，自不可入位坐。

头首就僧堂点茶

伺点出寮茶毕，具茶榜式见后，令茶头贴僧堂前下间。具威仪，诣①方丈请茶，诸寮挂点茶牌报请。预令供头烧汤出盏，库司备茶烛。斋毕，就坐点茶。头首入堂炷香，行茶与旦望礼同。

榜　式

某寮舍湫隘，不敢坐　邀。今晨斋退，就云堂点茶一盏，伏望众慈，同垂　降重②。
　　　　　今　月　日③　具位　某拜请
　　　　　本山办事禅师　江湖名胜禅师
　　　　　乡曲道旧禅师　合堂尊众禅师

两序出班上香

凡出班上香，行香鸣钹。维那出炉前，向外偏立，揖住持上

---

① "诣"，底本为"请"，校本《北藏》、《龙藏》、《频伽藏》、《大正藏》为"请"，《卍续藏》为"诣"。据《大正藏》本底注，《宫本》为"诣"。据文义，此处应为"诣"，"请"为"诣"之讹误。
② "同垂降重"，底本为"同垂重"，校本《北藏》与底本同，《龙藏》、《频伽藏》、《卍续藏》、《大正藏》为"同垂降重"。据底本尾注，《嘉兴藏》为"同垂降重"。根据本文献中其他榜式行文习惯，应为"同垂降重"。"同降重"脱漏"垂"字。
③ "今月日"底本为"今月"，校本《北藏》与底本同，《龙藏》、《频伽藏》、《卍续藏》、《大正藏》为"今月日"。据底本尾注，《嘉兴藏》为"今月日"。根据本文献其他榜式，应为"今月日"，现据校本补。

香侍者捧合。次揖两序，相朝而出，转身问讯住持谓之借香，然后上香若圣节、佛祖、嗣法师忌，无借香问讯。有立班西堂，当先上香。或谓首座已出世当先上香者非，盖必与都寺同出班故也。

两①序章终

敕修百丈清规卷第四终

---

① "两"，底本为"西"，校本《频伽藏》为"两"，《北藏》、《龙藏》、《卍续藏》、《大正藏》为"西"。据《大正藏》本底注，《宫本》为"两"。据文义，此处应为"两"，"西"为"两"之讹误。

敕修百丈清规卷第五

大智寿圣禅寺住持臣僧德辉奉敕重编
大龙翔集庆寺住持臣僧大䜣奉敕校正

大众章第七①

归虚之水，邓林之木②，以聚者众也。今夫大方，居众千百，倒廪而炊，赭山而爨，亦其所聚也。而四方之来如归，若己所固有者，果何为哉？盖佛以人之流转三界，出没生死，惟明道悟性，以超于妙觉。则群生异类，咸资其善，而训其徒，以肖己为然。故人人待其徒犹待其师，虽摩肩接踵而至，惟恐奉之不及，

---

① "第七"，底本为"七"，校本《北藏》、《龙藏》、《频伽藏》、《大正藏》为"七"，《卍续藏》为"第七"。据《大正藏》本底注，《宫本》为"第七"。据本文献其他各章标题，均有"第"，故此处应为"第七"。又，从"大众章七"到其下的"归虚之水……果何为哉"一百七十四字，底本与校本《北藏》、《龙藏》、《频伽藏》、《大正藏》等属于卷第四，而校本《卍续藏》则属于卷第五。从本文献的编辑体例来看，各卷的划分基本上保持了各章的完整性。而从底本与其他诸校本的分卷情况来看，卷第四末尾分割了"大众章"的章标题和正文一百七十四字，使其与卷第五的主体内容分割开来，这种分卷方式不尽合理，而校本《卍续藏》将章标题和这一百七十四字划分到卷第五的分卷方式，使"大众章"标题和内容同属一卷，则更为合理。因此，现依校本《卍续藏》的编辑体例，将上述标题与正文一百七十四字分在卷第五。

② "木"，底本为"木"，校本《北藏》、《频伽藏》、《卍续藏》、《大正藏》为"木"，《龙藏》为"未"。据文义，此处应为"木"，"未"为"木"之讹误。

不以其众而少怠也。不然，则有以尺地斗粟而相讼者多矣。岂其独愚，甘委其赀以广吾居，辍其飧以食吾徒。吾徒之食于斯，居于斯，果何为哉，果何为哉！

沙弥得度

凡行者初受度牒，以盘袱托呈本师、两序各处，插香礼三拜。选日，设供①剃头按《律》，选处设座，令于露地香水洒之，周匝七尺，四角悬幡。今时多大殿，须向佛或相对设座。若法堂中，须设像、花②、香、烛如仪。今僧堂中为众多，便床坐也。先禀维那，和会戒师并作梵阇梨、引请阇梨。选日既定，则隔宿剃头，顶心留发名曰周罗。梵语周罗，此云小结也。设戒师座几③，与住持分手，几上安香烛、手炉、戒尺。设作梵阇梨座几于圣僧右，与戒师对。几上安磬，圣僧案前置袈裟、直裰、度牒于上。

自行堂鸣钹，引剃头人出，土地堂、祖堂、佛殿各处炷香，礼三拜，序立僧堂前。鸣钟集众，头首、住持俱入堂讫，戒师、二阇梨始入堂，大展三拜，各归位。大众齐坐定，引请阇梨至戒师前，大展三拜，胡跪合掌。戒师问云："僧集否？"答云："已集。"

---

① "供"，底本为"幡"，校本《北藏》、《龙藏》、《频伽藏》、《大正藏》为"幡"，《卍续藏》为"供"。据《大正藏》本底注，《宫本》为"供"。因此处除了设幡外，还要设置香烛等供仪，故此处用"设供"较"设幡"更妥当，故选"供"。
② "像、花"，底本为"像、花"，校本《北藏》、《龙藏》、《频伽藏》、《卍续藏》、《大正藏》为"像、花"。据《大正藏》本底注，《宫本》为"像、幡"。据文义，幡一般设于露地，故此处依底本与诸校本选"像、花"。
③ "几"，底本为"凡"，校本《北藏》、《卍续藏》为"凡"，《龙藏》、《频伽藏》、《大正藏》为"几"。据《大正藏》本底注，《宫本》为"凡"。据文义，此处应为"几"，"凡"与文义不符。

问云："和合否？"答云："和合。"戒师云："僧今和合，何所作为？"答云："为行者剃头受戒。"戒师云："可尔。"引请收坐具起，鸣手磬，引剃头人入堂，圣僧前三拜。次，戒师前三拜了，就跪。作梵阇梨鸣大磬，作梵云："神仙五通人，作者于咒术，为彼惭愧者，摄诸不惭愧。如来立禁戒，半月半月说，以说戒利益，稽首礼诸佛。"《云何梵》："云何于此经，究竟到彼岸？愿佛开微密，广为众生说。"作梵讫，复白云："为剃头受戒者说。"

戒师起座，大众俱立。戒师秉炉白云："戒香、定香、慧香、解脱香、解脱知见香，光明云台遍法界，供养十方无量佛、十方无量法、十方无量僧，见闻普熏证寂灭，一切众生亦如是。即将今晨剃头受戒，开启功德，先愿皇帝万岁，臣统千秋，天下太平，法轮常转。伽蓝土地，增益威光，护法护人，无诸难事。十方施主，福慧庄严，合道场人，身心安乐。师长父母，道业超隆，剃头沙弥，修行无障。三途八难，咸脱苦轮，九有四生，俱登觉岸。仰凭大众念清净法身毗卢遮那佛云云。"十号毕，大众复坐。

引请秉炉，教沙弥云："请师言句，汝合自陈。汝若不能，随我声道，凡称某甲处，当称自己①名。"复唱念云："大德一心念，我某甲今请大德为剃头受戒阿阇梨，愿大德为我作剃头受戒阿阇梨。我依大德故，得剃②头受戒，慈愍故。"剃头人礼一拜。再称慈愍故，礼二拜。三称慈愍故，礼三拜，就胡跪合掌。

---

① "己"，底本为"巳"，校本《北藏》、《龙藏》为"巳"，《卍续藏》为"已"，《频伽藏》、《大正藏》均为"己"。据文义应为"己"，"巳"与"已"为"己"之讹误。

② "剃"，底本为"剃"，校本《北藏》、《龙藏》、《频伽藏》、《卍续藏》、《大正藏》为"剃"，据《大正藏》本底注，《宫本》为"刹"。据文义，此处应为"剃"，"刹"为"剃"之讹误。

戒师云："善男子。"沙弥应："喏。"戒师云："心源湛寂，法海渊深，迷之者永劫沉沦，悟之者当处解脱。欲传妙道，无越出家。放旷喻如虚空，清净同于皎月。修行缘具，道果非遥。始从克念之功，毕证无为之地。所以大觉世尊舍金轮之宝位，子夜逾城；脱珍御之龙衣，青山断发。容鹊巢于顶上，挂蛛网于眉间，修寂灭而证真常，断尘劳而成正觉。三世诸佛，不说在家成道；历代祖师，阿谁行染度人。所以佛佛授手，祖祖相传，不染世缘，方成法器。故得天魔拱手，外道归心，上酬四重之恩，下济群生之苦。所以云：流转三界中，恩爱不能舍，弃恩入无为，真是报恩者。出家之后，礼越常情，不拜君王，不拜父母。汝今可离此座，想念国王水土①之恩，父母生成之德，专精拜辞，后不拜也。"沙弥就礼一拜。引请鸣手磬，引出堂外，望北三拜谢恩，复三拜谢父母恩。即更僧衣，引入圣僧前三拜，转戒师前一拜，胡跪合掌。

戒师用净瓶灌顶，以指滴水于顶上，执②刀剃头。仍举偈，众同诵云："善哉大丈夫，能了世无常，弃俗趣泥洹，希有难思议。"三诵讫，沙弥退礼一拜。引请领沙弥至本师前，胡跪合掌。本师执刀云："最后一结谓之周罗，唯师一人乃能断之，我今为汝除去，汝今许否？"答云："可尔。"有垂示法语，仍举落发偈云："毁形守志节，割爱辞所亲，出家弘圣道，誓度一切人。"三举大众同声和，沙弥就礼三拜，仍胡跪合掌。本师持袈裟，亦有垂示法语，付袈裟置沙弥顶上。复举偈

---

① "土"，底本为"士"，校本《北藏》、《龙藏》、《卍续藏》为"土"，《频伽藏》、《大正藏》为"上"。据文义，此处应为"土"，"上"为"土"之形讹。
② "执"，底本为"执"，校本《北藏》、《龙藏》、《频伽藏》、《卍续藏》为"执"，《大正藏》为"势"。据文义应为"执"，"势"为讹字。

云：" 大哉解脱服，无相福田衣，披奉如来戒，广度诸众生。" 三举，众亦同声和。毕，沙弥披袈裟，礼本师三拜，礼圣僧三拜，礼戒师三拜，胡跪合掌。

戒师云：" 善男子，法如大海渐入渐深，汝既出家，当先受三皈①五戒，方得近事大僧；次受沙弥十戒，乃可同僧利养。事在专诚，不得慢易。我今为汝召请三宝，证明佛事。" 秉炉云："一心奉请无边佛宝、海藏经文、十②地三贤、五果四向，同垂感降，共作证明。" 三请讫，乃云："善男子，欲求皈戒，先当忏涤愆瑕，如人浣衣然后加色，汝今至诚随我忏悔。" 举云："我昔所造诸恶业，皆由无始贪、嗔、痴，从身、口、意之所生，一切我今皆忏悔。" 三举，众三和，沙弥三拜，胡跪合掌。

戒师云："善男子，法既净治身、口、意业，今当皈依佛、法、僧宝。" 乃举唱云："皈依佛，皈依法，皈依僧。皈依佛，无上尊。皈依法，离欲尊。皈依僧，众中尊。皈依佛竟，皈依法竟，皈依僧竟。如来至真等正觉，是我大师，我今皈依。从今以往，称佛为师，更不皈依邪魔外道，慈愍故。" 沙弥随声念，众皆和。自皈依佛起，至慈愍故，通诵三遍。如慈愍故，次则再叠之，三则三叠之。每诵一遍，沙弥随礼一拜，二遍二拜，三遍三拜，就胡跪合掌。

---

① "皈"，底本为 "皈"，校本《北藏》、《龙藏》为 "皈"，《频伽藏》、《卍续藏》、《大正藏》为 "归"。在此处 "皈" 同 "归"，指依怙之义，但 "归" 为多义字，"皈" 为宗教专用字，故选 "皈" 能更准确表达该义，后面表示皈依之义的 "归" 与 "皈" 皆选用 "皈"，不再注明。

② "十"，底本为 "土"，校本《北藏》、《龙藏》为 "土"，《频伽藏》、《卍续藏》、《大正藏》为 "十"。据底本尾注，《嘉兴藏》为 "十"。据前后文义，此处应为 "十地三贤"，"土" 为 "十" 之讹误。

戒师云："善男子，汝既舍邪皈正，戒已周圆。若欲识相护持，应受五戒。

    不杀生

    不偷盗

尽形寿 不淫欲

    不妄语

    不饮酒

是五戒相，汝能持不？"答云："能持。""上来五支净戒，一一不得犯，汝能持不？"答云："能持。""是事如是持。"沙弥三拜，胡跪合掌。

戒师云："善男子，五戒为入道之初因，出三途之元首。次受沙弥十戒，形备法仪，此称勤策，依师而住，受利同僧。是为应法沙弥，应当顶受。

    不杀生

    不偷盗

    不淫欲

    不妄语

尽形寿① 不饮酒

    不坐卧高广大床

    不花鬘璎珞香油涂身

    不歌舞作倡故往观听

---

① "尽形寿"，底本为"尽形寿"，校本《北藏》、《龙藏》为"尽形寿"，《频伽藏》、《卍续藏》、《大正藏》为"尽寿"。据《大正藏》本底注，《宫本》为"尽形寿"。据佛教用语规则，此处应为"尽形寿"，"尽寿"脱漏"形"字。

不捉金银钱宝

不非时食

是沙弥戒相，汝能持不？"答云："能持。""上来十支净戒，一一不得犯，汝能持不？"答云："能持。""是事如是持。"沙弥三拜，胡跪合掌。

"善男子，汝今受戒之后，当须顶戴奉持，不得违犯所持戒律。供养三宝，勤种福田。于和尚阿阇梨，一如法教。于上、中、下座，心常恭敬，精进行道，报父母恩。衣取蔽形，不以文彩。食取支命，不得嗜味。花香脂粉，无以近身。好色邪声，一无视听。徐言持正，勿宣人短，倘有争者，两说和合。男女有别，草木无伤。非贤不友，非圣不宗。法服应器，常与人俱。非时不食，非法不言。精勤思义，温故知新，坐则禅思，起则讽诵，闭三恶道，开涅槃门。于比丘法中，增长正业菩提心而不退，般若智以长明，广化众生，祈成正觉。用心如此，真佛弟子！"沙弥礼三拜，胡跪合掌。

戒师起身秉炉，回向云："上来剃头受戒功德，奉祝护法天龙、伽蓝真宰，各展威灵，安僧护法。堂头和尚，常为苦海之津梁；执事高人，永作法门之柱石。合堂清众，同乘般若之舟；剃头沙弥，共至菩提之岸。四恩总报，三有齐资，法界有情，同圆种智。十方三世一切诸佛，诸尊菩萨摩诃萨，摩诃般若波罗蜜①。"戒师仍就坐。作梵阇梨鸣磬云:"处世界如虚空,如莲花不着②水,心清净超于彼,稽首礼无上尊。

　　　　佛　　得菩提　　　道心常不退
　　皈依　法　　萨般③若　　得大总持门
　　　　僧　　息诤论　　　同入和合海

上来剃头受戒功德,无限殊胜良因,散周沙界,和南圣众。"引请阇梨候作梵阇梨举处世界如虚空时,即鸣手磬,引沙弥礼戒师三拜,转身礼圣僧三拜。毕,问讯,出堂外下手立。戒师、二阇梨圣僧前大展三拜而出。

　　堂司行者鸣堂前钟三下,住持出堂。大众下床,首座领众,随诣方丈礼贺。如众多,住持当就法堂上受贺。客头行者仍预排列香烛、炉瓶、罘罳④、椅子,伺候先戒师、二阇梨行礼。初展云:"蒙差授戒,勉强祗承,人事荒疏,有淹尊重,下情不胜惶恐之至。"住持答云:"沙弥剃头,有劳神用。"再展叙寒温毕,触礼三拜,住持答一拜。次,首座、大众进前插香,或展,或触礼,或免。次,侍者、小师插香,大展三拜,不收坐具,进云:"沙弥得度,举众同欢,仰对尊严,下情不胜欣跃之至。"又三拜,进叙寒温。退三拜,收坐具。

---

① "蜜",底本为"蜜",校本《北藏》、《龙藏》、《频伽藏》、《卍续藏》、《大正藏》为"蜜",据《大正藏》本底注,《宫本》为"密"。此处"菠萝蜜"属音译词,"蜜"与"密"均只表音而无义,故依底本和诸校本选"蜜"。
② "着",底本为"着",校本《北藏》、《龙藏》为"着",《卍续藏》、《频伽藏》、《大正藏》为"著"。依据前文校记,选"着"。
③ "般",底本为"般",校本《北藏》、《龙藏》、《频伽藏》、《卍续藏》、《大正藏》为"般",据《大正藏》本底注,《宫本》为"婆"。此处"萨般"属音译词,"婆"与"般"均只表音而无义,故依底本与诸校本选"般"。
④ "罘罳",底本为"罘罳",校本《北藏》、《龙藏》、《频伽藏》、《卍续藏》、《大正藏》为"罘罳",据《大正藏》本底注,《宫本》为"罜罳"。此处"罘罳"为不可分词,指屏障。"罜"为"罘"之形讹。

次，沙弥插香，大展三拜，不收坐具，进云："某等叨圆顶相，幸挂田衣，不受尘劳，永①离爱网，下情不胜欣感之至。"又三拜，进云："即日时令，谨时恭惟堂头本师大和尚，尊候起居多福。"退三拜，收坐具。住持巡寮报礼，沙弥一一诣寮礼谢。祇②就沙弥寮安下，俟他时登坛受戒。谢戒词云："某等获登戒品，滥厕僧伦，仰荷庇庥，特此拜谢。"答云："宿承佛记，僧戒圆成，坚忍受持，力扶宗教。"

新戒参堂

得度受沙弥戒已，覆住持于何日参堂，次禀首座、维那。至期，早粥遍食椎后，新戒参头领众入堂，圣僧前列问讯插香，大展三拜，不收坐具，进云："某等获厕僧伦，攀附清众，此日参堂，下情不胜战汗③之至。"又三拜进云："即日时令，谨时恭惟堂头本师大和尚、首座尊众大禅师，尊候起居多福。"退三拜，收坐具，转身住持前列问讯。从首座板起，巡堂至外堂，复归内堂中间，问讯而出。然后归堂插单，随众禅诵。

---

① "永"，底本为"永"，校本《北藏》、《龙藏》、《频伽藏》、《卍续藏》、《大正藏》为"永"，据《大正藏》本底注，《宫本》为"承"。据文义，此处应为"永"，"承"属"永"之讹误。
② "祇"，底本为"秖"，校本《北藏》、《龙藏》、《频伽藏》为"秖"，《大正藏》为"秖"，《卍续藏》为"秖"。"秖"古同"祇"，"秖"又同"祇"，为仅仅、只是之义。此处"秖"为"祇"的通假字，"秖"为"祇"之异体字，故现选用通行字"祇"。
③ "汗"，底本为"汗"，校本《北藏》、《频伽藏》、《卍续藏》、《大正藏》为"汗"，《龙藏》为"汙"。据文义，此处应为"汗"，"汙"为"汗"之讹误。

登坛受戒

三世诸佛,皆曰出家成道。历代祖师,传佛心印,尽是沙门。盖以严净毗尼,方能弘范三界。然则参禅问道,戒律为先。若不离过防非,何以成佛作祖?受戒之法,应备三衣钵具,并新净衣物。如无新者,浣染令净。入坛受戒,一心专注,慎勿异缘。像佛形仪,具佛戒律,得佛受用,此非小事,岂可轻心?若偕借衣钵,虽登坛受戒,并不得戒。若不曾受,一生为无戒之人,滥厕空门,虚消信施。既受声闻戒,应受菩萨戒,此入法之渐也。

护 戒

受戒之后,常应守护,宁有法死,不无法生。如小乘《四分律》云:四波罗夷、十三僧伽婆尸沙、二不定、三十尼萨耆、九十波逸提、四波罗提提舍尼、一百众学、七灭诤。大乘《梵网经》十重四十八轻,并须读诵通利,善知持犯开遮。但依金口圣言,莫擅随于庸辈。如不应食谓酒荤腥也。葱、韭、蒜、薤、囡荽曰荤,诸肉味曰腥,并不应食,不非时食如非粥饭二时,皆非时食,并宜服禁。财色之祸,甚于毒蛇,尤当远离。慈念众生,犹如赤子,语言真实,心口相应。读诵大乘,资发行愿,尸罗清净,佛法现前。皮之不存，毛将安附①！故经云，精进持净戒，犹如护明珠。

办道具

将入丛林，先办道具。《中阿含经》云：所蓄物可资身者，即是增长善法之具。《菩萨戒经》云：资生顺道之具。

三 衣

盖法衣有三也，一僧伽黎即大衣也，二郁多罗僧即七条也，三安陀会即五条也。此是三衣也，若呼七条、偏衫、裙为三衣者，非也。又三品大衣上品二十五条、二十三条、二十一条，中品十九条、十七条、十五条，下品十三条、十一条、九条。田衣缘起，《僧祇②律》云：佛住帝释石窟前，见稻田畦畔分明，语阿难云："过去诸佛衣相如是，从今依此作衣相。"《增辉记》云："田畦贮水，生长嘉苗，以养形命。法衣之田，润以四利之水，增其三善之苗，以养身法③慧命也。"

坐 具

梵云尼师坛，此云随坐衣。《根本毗奈耶》云：尼师但那，唐言坐具。《五分律》云：为护身，护衣，护僧床褥故，蓄坐具。

---

① "附"，底本为"付"，校本《北藏》、《龙藏》、《卍续藏》、《大正藏》为"付"，《频伽藏》为"附"。据《大正藏》本底注，《宫本》为"傅"。"傅"与"付"均通"附"，现采用本义字"附"。

② "祇"，底本为"祇"，校本《北藏》、《龙藏》为"祇"，《频伽藏》、《卍续藏》、《大正藏》为"祇"。此处应为"祇"。

③ "身法"，底本为"身法"，校本《北藏》、《频伽藏》、《卍续藏》、《大正藏》为"身法"，《龙藏》为"法身"。据文义，此处用"身法"较"法身"更为妥帖，故选用"身法"。

《僧衹》云：律应量作长佛二搩①手，广一搩手半佛一搩手，长二尺四寸，此合长四尺八寸，广三尺六寸。

偏　衫

古僧衣律制，只有僧衹支②此云覆膊衣，亦掩腋衣，此长覆左膊及右腋，盖衬三衣故，即天竺之仪也。竺道祖《魏录》云：魏宫人见僧袒一肘，不以为善，乃作偏袒，缝于僧衹支上相从，因名偏衫今开脊接领者是，盖魏遗制也。

裙

《西域记》云：泥缚些罗些桑个切，唐言裙。诸律旧译或云涅槃僧，或云泥洹僧，或译为内衣，或云圌衣圌，音船，即贮米圆器，似圌而无盖，取圆仪故云。

直　裰

相传前辈见僧有偏衫而无裙，有裙而无偏衫，遂合二衣为直裰。然普化索木直裰，大阳传③革履布裰，古亦有矣。

---

① "搩"，底本为"磔"，校本《北藏》、《频伽藏》、《卍续藏》、《大正藏》为"磔"，《龙藏》为"搩"。"磔"为一种酷刑，"搩"为用手所量长度，故在此应为"搩"。"磔"为"搩"之讹误。下同。
② "僧衹支"，底本为"僧祇支"，校本《北藏》、《频伽藏》、《卍续藏》、《大正藏》为"僧衹支"，《龙藏》为"僧祇支"。宋普润法云《翻译名义集》中云："僧衹支，正名僧迦支，此云覆腋衣。"故此应为"衹"。下同。
③ "传"，底本为"傳"，校本《北藏》、《龙藏》、《频伽藏》、《卍续藏》、《大正藏》为"傳"。据《大正藏》本底注，《宫本》为"傅"。据文义，此处应为"傅"，"傅"属"傳"之讹误。"傳"现作"传"。

钵

梵云钵多罗，此云应量器，今略云钵，又呼云钵盂，即华梵兼名。《佛本行集经》云：北天竺有二商主，一名帝利富婆，二名跋利迦。奉世尊麨①酪密揣，世尊思惟："往昔诸佛，悉皆受持钵器，我今当以何器受商主食？"时四天王疾共持四金钵奉上，世尊不受，以出家人不合蓄此。彼四天王更将四银钵、玻璃钵、琉璃钵、赤珠钵、玛瑙钵、砗磲钵奉上，悉皆不受。时北方毗沙门天王告三天王言："我念往昔，青色诸天，将四石器来奉我等，可用受食。"时别有一天子，名毗卢遮那，白言："仁等慎勿于此石器受食，但供养如来。当有如来号释迦牟尼出世，宜将此四石钵奉彼如来。"时四天王共将四石钵奉佛，世尊念："四天王以信净心奉我四钵，若我于一人边受，余各有恨，我今总受四钵，持作一钵。"次第相重，安置左手，右手按下，合成一钵，外有四唇。而说偈言："我昔功德诸果满，以发哀愍清净心，是故今四大天王，清净牢固施我钵。"

锡杖

梵云隙弃罗，此云锡杖。《锡杖经》云：佛告比丘，应受持锡杖，过去、未来、现在诸佛皆执故。又名智杖，又名德杖，彰显智行功德本故。迦叶白佛："何名锡杖？"佛言："锡者，轻也，依倚是杖，除烦恼出三界故。锡，明也，得智明故。锡，醒也，

---

① "麨"，底本为"麨"，校本《北藏》、《龙藏》、《频伽藏》、《卍续藏》为"麨"，《大正藏》为"糗"。"麨"和"糗"意思相同，故据底本选"麨"。

醒悟苦空三界，结究故。锡，疏也，谓持者与五欲疏断故。"二股六环，是迦叶佛制。四股十二环，是释迦佛制。

拄　杖

《十诵律》云：佛听蓄杖，其攒用铁，为坚牢故。斯盖行李之善助也。又《毗奈耶》云：佛听蓄拄杖，有二因缘，一为老瘦无力，二为病苦婴身故。

拂　子

《律》云，比丘患草虫，听作拂子。《僧祇》云：佛听作线拂、列氎拂、芒拂、树皮拂。若牦①牛尾、马尾，并金银装柄者，皆不可执。

数　珠

《牟尼曼陀罗经》云：梵语钵塞莫，梁云数珠，系念修业之具也。《木槵子经》云：昔有国王名波流黎，白佛言："我国边小，我常不安，法藏深广，不得遍行，愿示法要。"佛言："若欲灭烦恼，当贯木槵子一百八个，常自随身，志心称南无佛陀、南无达摩、南无僧伽名，乃过一子，如是渐次，乃过至千万。能满二十万遍，身心不乱，舍命得生炎摩天。若满百万遍，当除百八结业，获常乐果。"王言："我当奉行。"

---

① "牦"，底本为"描"，校本《北藏》、《频伽藏》、《卍续藏》、《大正藏》为"描"，《龙藏》为"描"，"描"今作"牦"。据文义，此处应为"牦"，"描"属讹误。

净　瓶

梵语捃雉迦，此云瓶，常贮水随身，以用净手。《寄归传》云：军迟有二，若瓷瓦者，是净用；若铜铁者，是触用。

滤水囊

《增辉记》云：为器虽小，其功甚大，为护生命故。中华僧鲜有受持，准律标示。《根本百一羯磨》云：水罗有五种，一方罗用绢三尺或二尺，随时大小，作绢须细密不透虫者。若用疏绢薄纱纻布者，无护生之意。二法瓶阴阳瓶也。三军迟以绢系口，以绳悬沉于水，待满引出。四酌水罗，五衣角罗言衣角者，非袈裟角也。但取密绢一方揲手，或系瓶口，或安钵盂中，滤水用也。慈觉大师赜公集经律凡三十一偈。文多不录，末谓世云：滤罗难安多众，宗赜崇宁元年，于洪济院厨前井边，安大水槛，上近槛唇，别安小槛，穿角傍出，下安滤罗。倾水之时，全无迸溢，亦无①大众沾足。浴院后架，仿此僧行，东司亦皆滤水，出家之本道也。后住长芦，诸井滤水二十余处。常住若不滤水，罪叛主执之人，普冀勉而行之。

戒　刀

《僧史略》云：戒刀皆是道具，表断一切恶故。

---

① "无"，底本与诸校本均为"五"，依文义此处应为"无"，现据文义改。

装 包

古者戴笠，笠内安经文、茶具之类。衣被束前后包，插祠部筒、戒刀。今则顶包、装包之法，用青布袱二条，先以一条收拾衣被之属，仍用油单裹于外，复用一条重包于外，四角结定，用小锁锁之，仍系包钩于上。度牒有袋悬胸前，袈裟以帕子缚定，入腰包系于前，下裳鞋袜有袋系于后。右手携挂杖，途中云水相逢，彼此叉手朝揖而过。如游山到处将及门，下包捧入旦过，安歇处解包取鞋袜，濯足更衣，搭袈裟与知客相看。

游方参请

禀辞师长，慕有道尊宿处，依栖求挂搭准《律》云：比丘有法有食处应住，有法无食处亦应住，无法有食处不应住。《古规》：首到客司相看，次往堂司挂搭。送单位、经案定，然后到侍司通覆，诣方丈礼拜。今时游方挂搭，初到旦①过，推熟于丛林能事者一人为参头，领众至客司。具威仪，列门首右，白云："暂到相看。"知客接入，词云："即日恭惟知宾尊长禅师，尊候起居多福。久钦道誉②，复③奉瞻

---

① "旦"，底本为"且"，校本《北藏》、《龙藏》、《频伽藏》、《大正藏》为"旦"，《卍续藏》为"且"。据文义此处应为"旦"，"且"为"旦"之讹误。
② "道誉"，底本为"此誉"，校本《北藏》、《龙藏》、《频伽藏》、《大正藏》为"此誉"，《卍续藏》为"道誉"。据《大正藏》本底注，《宫本》为"道誉"。据文义，用"道誉"较"此誉"更为妥当，故选"道誉"。
③ "复"，底本为"复"，校本《北藏》、《龙藏》、《频伽藏》、《大正藏》为"复"，《卍续藏》为"获"。据文义，"复"与"获"均可，现依底本及多数校本选"复"。

际,下情不胜感激之至。"答云:"山门多幸,特荷远临。"揖坐,烧香吃茶,略询来历。即起谢茶,归旦过。知客寻往回礼,参头接入,普同问讯,知客词云:"移刻恭惟诸位尊长禅师,尊候起居多福。适承降重,特此拜谢,下情不胜感激之至。"答云:"礼合拜看,何勤降重!"参头自送出门。

若欲礼拜住持,则放参后诣侍司相看,如前礼。起身禀云:"某等特来礼拜和尚,敢劳侍者通覆。"侍者揖再坐,详询来由,或乡人、法眷、办事分明。侍者云:"且回安下处,容某通覆。"即上方丈咨覆。如允,次早钟鸣,侍者令客头报相看。如未暇,侍者挑灯,诣安下处报礼,善言安慰。

相看之礼。粥罢,参头领众诣寝堂,候住持出。侍者接入,参头进前云:"请和尚趺坐。"转身,左手插香,退身同众初展云:"某等久闻道风,此日获奉尊颜,下情不胜喜跃之至。"再展云:"即日时令,谨时恭惟堂头大和尚,尊候起居多福。"触礼三拜。如入室弟子、法眷,则云:"久承慈荫。"别插香行礼,就座。侍者烧香,吃茶,住持问乡里、名讳及夏在何处。各须实答,不可多语。起身,炉前谢云:"重承降接,特此拜谢。"住持送出,参头云:"和尚尊重。"随至侍司致谢云:"有烦神用,特此拜谢。"归旦过外,下手排立。候住持回礼,同问讯接入,词云:"移刻恭惟堂头大和尚,尊候起居多福。某等适来分合礼拜,过蒙降重,下情①不胜感激之至。"住持云:"安下不便,幸望款留。"众送出。参头转上手,接侍者入,同众问讯云:"移刻恭惟高侍禅师,道体起居多福,礼合诣察拜看,返辱降重,下情不胜感激之至。"侍者

---

① "情",底本为"情",校本《北藏》、《龙藏》、《频伽藏》、《大正藏》为"情",《卍续藏》为"精"。据文义,此处应为"情","精"为"情"之讹误。

云:"山门多幸,特荷远临,报谢稽迟,下情多愧。"今游方者多不入旦过,到处辄寻乡曲头首寮舍安泊,古礼渐至无闻。

　　住持遇名胜相看,就送客位回礼。上座相看,就法堂下间迎伺住持回礼,免烦降重。而五山大方,则不回礼。半斋请点心,当晚特为汤,披衣赴,住持接入,炉前通寒温,就坐。侍者烧香,揖汤。汤罢,起就炉前谢汤,须两展三礼。抽衣,就坐药石。如住持不暇,请头首代相陪时,当自起烧香。住持自伴汤,乃尽礼也。

　　次日,粥罢请茶。参头领众排立寝堂前,候住持至,即趋前问讯云:"经宿恭惟堂头和尚,尊候起居多福。某等重承宠呼,下情不胜感激之至。"入座,侍者烧香,吃茶。起至炉前,两展三礼谢茶,初展云:"某等重承煎点,特此拜谢,下情不胜感激之至。"再展云:"即日时令,谨时恭惟堂头和尚,尊候起居多福。"退身,触礼三拜,住持送出两三步。

　　如求挂搭,参头领众回身,进住持前禀云:"某等生死事大,无常迅速,久闻道风,特来依附,伏望慈悲收录。"禀讫,不伺允否,即普触礼一拜云:"谢和尚挂搭。"当先挂搭参头,其余不拘早晚,不择处所,各知进退,伺候住持求住。方丈近事人,毋得呵禁。如允,仍触礼一拜,就求帖子到侍司附名,云:"适奉方丈慈旨,令①就上寮附名。"侍者次第发榜头下堂司,维那令行者请新到吃茶。毕,出度牒,上床历详具大挂搭归堂,候送归堂。或有故出入,须守堂仪,半月方可请假。古云:"请假游山者,常将半月期,过期重挂搭,

---

① "令",底本为"令",校本《北藏》、《龙藏》、《大正藏》为"令",《频伽藏》、《卍续藏》为"今"。据文义,此处应为"令","今"为"令"之讹误。

依旧守堂仪。"如迫师长、父母疾病丧死者①，不在此限。

凡寝堂中，必设参椅，示尊师道也。新到相看，住持当居中位，令其插香展礼。侧坐受茶，于礼无损，今北方犹行之。近②时，新学沙弥才方入众，便与大方宿德分坐抗礼，视为故常。循习成弊，至于躐③等犯分，以启外侮，师道荡然。能尊师则尊法，尊法则丛林纪纲振矣。若西域诸师，其徒奉之，犹君父之尊，惟恐不及，可为法也。

大相看

大方多众，又尊宿严重，无泛常数见之礼。新到须候人多，各预诣侍司附名，作一起相看。侍者禀定，或九月初，或冬前年节。众推办事名胜，或熟于丛林者为参头。至日，领众至寝堂排立，侍者请住持出，参头进云："请和尚趺坐。"住持垂语，参头下语已，退步同众问讯，插香展礼。次，谢侍者。次早，赴方丈茶，求挂搭。候发榜式见后，下堂司送归堂，并与前同，住持并在谢挂搭时回礼。

---

① "者"，底本为"者"，校本《北藏》、《频伽藏》、《卍续藏》、《大正藏》为"者"，《龙藏》为"著"。据文义应为"者"，"著"为"者"之讹误。
② "近"，底本为"所"，校本《北藏》、《龙藏》、《频伽藏》、《大正藏》为"所"，《卍续藏》为"近"。据《大正藏》本底注，《宫本》为"近"。据文义，此处应为"近"，"所"属"近"之讹误。
③ "躐"，底本为"猎"，校本《北藏》、《龙藏》、《频伽藏》、《卍续藏》、《大正藏》为"猎"。据《大正藏》本底注，《宫本》为"躐"。"躐"为超越之义，"猎"无此义。据文义，此处选用"躐"。

榜　式

奉方丈慈旨，挂搭一僧某甲上座、某甲上座。
今　月　日　侍司　某　报

大挂搭归堂

堂司承侍司报榜，即令行者请新到茶。各怀度牒，参头预备小香盒，准归堂时用。领众诣堂司，对触礼一拜，叙寒温，入座。受茶毕，起禀云："某等适奉方丈慈旨，令依附左右，伏望甄录。"维那答云："多幸喜得，同守寂寥。"参头与众各取度牒，递付维那，仍对触礼一拜。逐一上床历讫，付还，只留参头度牒。行者喝云："请众首座归堂挂搭。"参头领众，前门右手入堂，至圣僧前排立。参头烧香，同众大展三拜，巡堂一匝，自上堂至下堂，仍如前排立问讯。从班尾先移步，退圣僧板头立。维那入堂，烧香上间立。堂司行者用盘袱托度牒，维那付还。参头同众对触礼一拜，参头送维那出斋前后门，斋后前门，参头不出门限。

维那发诸寮报榜式见后，行者引至众寮，鸣内板三下，寮主相接入门，对触礼一拜。叙寒温毕，分手坐，献空盏，便起身于香炉前问讯。谢毕云："某等适奉方丈①慈旨，令归上寮，依栖左右，敢望慈

---

① "方丈"，底本为"维那"，校本《北藏》、《频伽藏》、《卍续藏》、《大正藏》为"维那"，《龙藏》为"方丈"。本文献中皆称"方丈"之意为慈旨，未见有称"维那"之意为慈旨者，且是否允许挂单由方丈决定，非由维那决定。又本段中见寮元时也称"方丈慈旨"而未称"维那慈旨"，故此处应为"方丈"而非"维那"，现依《龙藏》选"方丈"。

悲。"寮主云："兹来多幸，且喜同守寂寥。"即各触礼一拜。新挂搭人转东边，寮主转西边，又触礼一拜。寮主引挂搭人排列，朝观音问讯。引巡案一匝，复朝观音问讯而退，不须送出。行者引见寮元，对触礼一拜云："即日恭惟座①元禅师尊候起居多福，兹蒙方丈慈旨，令某等依附左右，敢望垂慈，下情不胜感激之至。"次诣诸头首寮、库司各触礼一拜。叙寒温毕，送出。今多不相接，止传语，或谓止首座处有拜，皆非法。盖谢挂搭时，两序回礼，通有答拜也。

榜　式

挂搭一僧某甲上座②，某州人氏，某戒
某甲上座、某甲上座③。今　月　日　堂司　某　报
报侍司，曰申尊住持也。前堂首座、侍司、众寮，
必具戒次、州名，余皆不具。

小挂搭归堂

方丈许挂搭，侍司发榜下，堂司请茶，上床历毕，送入众寮。维那居上间，对触礼一拜。转下间，又对触礼一拜，挂搭人词云："兹者多幸重辱温存，下情不胜感激之至。"答云："寮舍不便，幸乞宽处。"参头送维那出，众寮外右立，堂司行者鸣寮内小板三下，寮

---

① "座"，底本为"座"，校本《北藏》、《龙藏》为"座"，《频伽藏》、《卍续藏》、《大正藏》为"坐"。"坐"通"座"，此处选"座"。
② "某甲上座"，底本此处有此四字，校本《北藏》、《龙藏》、《频伽藏》、《卍续藏》、《大正藏》与底本同。据《大正藏》本底注，《宫本》为"某甲上座"。据底本尾注，《嘉兴藏》无此四字，此处应属《嘉兴藏》脱漏字，故依底本及诸校本予以保留。
③ "某甲上座"，底本有此四字，校本《北藏》、《龙藏》与底本同，《频伽藏》、《卍续藏》、《大正藏》无此四字，现依底本予以保留。

主相接，礼并同前。

西堂首座挂搭

如大方名德欲作住计，语次露意。住持度有单寮可处及行坐位次上下安顺，则留之。次日赴茶毕，禀云："某为生死事大，特来依栖。"即触礼一拜。或别日或即时，会两序勤旧茶。住持躬起烧香，复位立白云："某处西堂首座不弃，来此同守寂寥，烦两序、勤旧同送归寮。"受送人即进前云："特来依栖，重荷收录。"住持同两序、勤旧送归寮，对触礼一拜，送住持出。受送人居主位，揖侍者入，问讯送出。揖两序、勤旧入问讯毕，即怀香诣方丈拜谢。堂司行者引诣两序、勤旧处回礼。方丈别日特为管待，讲茶礼。旦望请茶，并与勤旧列。

诸方名胜挂搭

凡欲求挂搭，次日赴茶罢，禀云："某等为生死事大，特来依栖，伏望收录。"普触礼一拜。住持如允，则会①首座、知事、维那茶。毕，住持躬起烧香，白送意如前。受送人进云："某等重蒙收录，只归僧堂随众。"答云："山门礼合延送。"随职名高下，送蒙堂前资，对触礼一拜，送住持出。与寮主问讯，词云："宿生多幸，得依左右。"答云："多生缘熟，且喜同居。"受送人转主位，揖侍者入②，问讯送

---

① "会"，底本为"会"，校本《北藏》、《龙藏》、《卍续藏》、《大正藏》为"会"，《频伽藏》为"望"。据文义，此处应为"会"。
② "入"，底本为"人"，校本《北藏》、《频伽藏》、《大正藏》为"人"，《龙藏》、《卍续藏》为"入"。据《大正藏》本底注，《宫本》为"入"。据文义，此处应为"入"。"人"属"入"之讹误。

出。与两序问讯毕，即怀香诣方丈，拜谢榻位。堂司行者引至库司诸头首寮回礼。或方丈发榜头，烦首座请送，则首座令堂司行者请知事一人，维那、侍者及受送人同至寮。首座烧香献茶，白住持发批山门相送之意。送入门时，首座居主位，代住持触礼一拜。受送人归主位，首座转居客位，与知事、维那同问讯，余礼并同前。

法眷办事挂搭

不拘时，访侍者说来历，通覆住持，插香展礼。若以下法眷曾执侍者，住持皆当受礼。随职名高下，延送同前。

抛香相看

新到或迫缘故来不及时，或止挂搭，不得通覆。不拘处所，才迎见住持，即抛香于前云："暂到礼拜和尚。"触礼一拜，随自收香伺求挂搭。如住持许容，则侍司发榜下，堂司礼同前。若图帐已定，则诣堂司禀添名入图，或人多列戒次后。

谢挂搭

《古规》：挂搭归堂者，即时谢挂搭，后以冬节、岁节、夏前三次谢挂搭。自佛照和尚由育王赴径山，权孤云为入院[①]侍者，

---

① "院"，底本为"院"，校本《北藏》、《龙藏》、《频伽藏》、《大正藏》为"院"，《卍续藏》为"隐"。据文义，此处应为"院"，"隐"属讹误。

时佛照以礼繁并在夏前。近时衲子到处坐席未温，移单东西，多致不谢挂搭。既曰经冬过夏，折中当在冬前、夏前两期报谢。

　　侍者先期取堂司戒腊簿，检看新挂搭①戒腊。在上者，一人为参头，一人为副参旧以诸方侍者为参头，往往以寺门高下争竞不安。原夫侍者皆在众寮挂搭，既曰随众，当依戒腊，依戒佛制也。况诸图帐及众寮戒腊牌，不以名字分高下，一遵佛制，二免争竞，三得众和同居，惟住持力主行之。参头当具小图习仪，三人一引，每引一人为小参头。须详记词语，进退折旋合度，免致临时参差。堂司行者具名数率香钱，写小榜云："新归堂首座各率钱若干买香谢挂搭，堂司行者某取覆。"贴众寮前，收香钱足，交侍者纳方丈，就禀拟定何日谢挂搭。出榜报众云："新归堂兄弟，来日粥罢，诣方丈谢挂搭，今月日侍司某报。"

　　至日，就寝堂或法堂设住持位，排列香几、炉瓶、烛台，侍者付大香一片与参头，交副参收。领众依图位排立，参头随同侍者请住持出，归位立。参头同众齐问讯毕，参头进住持前禀云："请和尚跌坐。"退左足，侧转身于香几右手空处出，行过复位。齐问讯毕，副参袖②中取香捧递，参头接藏怀中，小问讯。叉手进炉前，左手插香，仍从空处过，复位，齐问讯。本引三人一展坐具，住持展手约免之，即收起。参头进前云："某等宿生庆幸，获遂依栖，下情不胜喜跃之至。"仍如前退身香几右手，转归位问讯。再展坐具，住持复如前约免。收坐具，再进前云："即日时令，谨时恭惟堂头和尚尊候起居多福。"仍如前转归位问讯，触礼三拜，住持答一拜。

---

① "搭"，底本为"搭"，校本《北藏》、《龙藏》、《频伽藏》、《大正藏》为"搭"，《卍续藏》为"塔"。据文义，此处应为"搭"，"塔"属讹误。

② "袖"，底本为"袖"，校本《北藏》、《龙藏》、《频伽藏》、《大正藏》为"袖"，《卍续藏》为"初"。据文义，此处应为"袖"，"初"属讹字。

第一引问讯,过左边接班尾。次,第三人趯上,词礼并同。参头立于侍者下肩,伺各各礼毕,副参趯到初立处,参头归原位,领众齐问讯而退。副参领众先行,参头居末,至众寮门外下手立。副参引众从右边入寮内下间旋转,量众多寡,不拘行数。副参趯向前,接联参头肩次。伺住持至,与众俱迎问讯。转入寮内,众当前后相顾成行,进退步趋。参头转身至炉前,对触礼一拜,词云:"移刻恭惟堂头和尚尊候起居多福,某等重荷收录,礼合拜谢,兹蒙降尊,下情不胜感激之至。"众同送出。

　　参头门外转上手立,副参仍引众旋转居上间,出联参头肩次。揖侍者入,词云:"某等多幸,获依左右,兹沐降重,不胜感激之至。"参头一人送侍者出,次揖两序入,对触礼一拜,词云:"即刻恭惟座元都总诸位禅师尊候多福,某等获遂依附,乃承降重,下情不胜感激之至。"参头送两序出,复归上间立。副参引众自观音后转出炉前,仍顾班尾,俱立定,对参头触礼一拜,词云:"某等适间甚劳神用,特此拜谢。"其仪亦当预习。当日侵早,方丈客头、堂司行者各写回礼榜贴①众寮前,方丈榜贴上间②,两序榜贴下间式见后。

---

① "贴",底本为"帖",校本《北藏》、《龙藏》、《频伽藏》、《卍续藏》、《大正藏》为"帖"。据《大正藏》本底注,《宫本》为"贴"。此处"帖"同"贴",现选本义字"贴"。
② "间",底本为"问",校本《北藏》、《频伽藏》、《大正藏》为"问",《龙藏》、《卍续藏》为"间"。据文义应为"间","问"为"间"之讹误。

榜　式①

堂头和尚粥罢回礼

新归堂首座。

今　月　日，客头行者某

承准②。

头首、知事粥罢，回礼

新归堂首座。

今　月　日，堂司行者某③　拜覆。

方丈特为新挂搭茶 库司头首附见

请客侍者照戒腊，双字名写茶状式见后。至日，侵晨洗面时，备桌子、笔砚，列照堂请客，于名下书云："某甲谨拜尊命"。如挂搭诸方名胜，亦依戒写入茶状内。隔日，方丈客头先持状请签名，侍者令客头依戒列名写特为牌。或作四出、六出，首座光伴，诸方名胜必与住持对面位。若有异议，则于名胜内推戒最高者坐之。参头与光伴对面位，盖受送者先谢榻位，此同赴茶耳。

---

① "榜式"，底本有"榜式"二字，校本《北藏》、《龙藏》、《频伽藏》、《卍续藏》、《大正藏》均有"榜式"二字。据《大正藏》本底注，《宫本》无"榜式"二字。此处应有"榜式"二字，《宫本》属脱漏。

② "某承准"，底本为"某承准"，校本《北藏》、《龙藏》、《频伽藏》、《卍续藏》、《大正藏》为"某承准"。据《大正藏》本底注，《宫本》为"承准"。此处应为"某承准"，《宫本》脱漏"某"字。

③ "某"，底本为"某"，校本《北藏》、《龙藏》、《频伽藏》、《卍续藏》、《大正藏》为"某"。据《大正藏》本底注，《宫本》为"其"。据文义，此处应为"某"，"其"为"某"之讹误。

至日，斋罢鸣鼓集众。侍者揖入，住持相接问讯，次与光伴人问①讯，各依照牌归位立定。烧香侍者、请客侍者分左右位头行礼巡，揖坐，揖香，揖茶，烧光伴香。鸣鼓退座，并与四节小座汤礼同。受特为人引众排立谢茶，初展云："某等此日重蒙煎点，特此拜谢，下情不胜感激之至。"再展云："即日时令，谨时恭惟堂头和尚，尊候起居多福。"退身，触礼三拜而退。

次日，库司客头行者依戒单字名具茶状，列众寮前请签名。书云："某甲②敬依来命。"库堂排位，首座光伴。鸣库堂板，上首知事与维那行礼。又次日，首座、众头首具状请签，同前。照堂排位，都寺光伴。鸣照堂板，全班行礼，或四人、六人，分巡问讯。如三人、五人，首座烧香，只居中立。古法三日讲行，今③诸方多并作一日，就方丈借座及鼓，头首、知事空住持一位，互为主伴位次，行礼并同但谢茶，必当齐离位，转身问讯致谢。近习只位头起谢，非礼也。

---

① "问"，底本为"问"，校本《北藏》、《龙藏》、《频伽藏》、《大正藏》为"问"，《卍续藏》为"间"。据文义，此处应为"问"，"间"为"问"之讹误。
② "甲"，底本为"甲"，校本《北藏》、《频伽藏》、《卍续藏》、《大正藏》为"甲"，《龙藏》为"申"。据文义，此处应为"甲"，"申"为"甲"之讹误。
③ "今"，底本为"今"，校本《北藏》、《龙藏》、《频伽藏》、《卍续藏》为"今"，《大正藏》为"令"。据底本尾注，《嘉兴藏》为"令"。据文义，此处"今"与前句之"古"相对应，故应为"今"，"令"为"今"之讹误。

茶状式

新挂搭　某甲上座，列名堂头和尚，今晨
斋退，就寝堂点茶特为，伏希　云集。今
　月　日，侍司某拜请。

库司头首则云：

新挂搭某上座，列名右某等，今晨斋退，就库司
点茶一盏特为，伏望　众慈，同垂降重。

式今　月　日

　　库司比丘某等拜请

　　头首当列名，止于知客，就照堂，余同前。

坐　禅

　　每日粥罢，堂司行者先覆首座。僧堂前、众寮前俱挂坐禅牌
报众，令供头僧堂内装香点灯。先鸣众寮前板一声，大众归堂，
向里坐。次第俱集，覆众头首，鸣板第二声。候入堂少缓，鸣板
第三声。副寮闭众寮门，鸣首座寮前板三声。初声出门，二声约
到半途，三声入堂。首座圣僧前烧香，巡堂，自下间至上间一
匝，就归被位坐。次覆住持，鸣方丈板三声。住持入堂烧香，
巡①堂，自上间至下间一匝，归位坐定。久之，僧众方可次第起
身抽解。又，须看上下肩起止急缓，免见成连单位空缺。或有留

---

① "巡"，底本为"巡"，校本《北藏》、《龙藏》、《频伽藏》、《卍续藏》为"巡"，《大正
藏》为"覆"。据文义，此处应为"巡"，"覆"为讹字。

被在堂不随众者，或有暂来随众、留袈裟在被位于外放逸者，皆当检举惩罚。头首、大众并从出入板往来。唯前堂首座许从住持前出入。堂司行者候斋，次第覆首座放禅。转从圣僧后右出，撑帘下牌，轻撼作声。住持、头首出堂，堂司行者右边侧立，伺候问讯。或山门有迎接、祈祷、普请、看诵、送亡，及众寮净发洗衣，则不坐禅，亦不坐参。

参后，坐禅如常，住持、首座仍巡堂。堂中有直堂牌，刻云："轮①次直堂，周而复始。"住山押，两面刻。照依被位资次，每日五更钟绝后，交下次人终日看守。或有开柜、插单、下钵、抽被者，皆当白直堂人知。至放参钟鸣时，交付圣僧侍者看管。至晚，则众僧皆守被位矣，牌则在次早交过。近时，直堂成群相陪，分俵果核，聚谈戏笑，习以为常，恼乱禅寂。住持首座力戒，违者示罚。

坐禅仪

夫学般若，菩萨起大悲心，发弘誓愿，精修三昧②，誓度众生，不为一身独求解脱。放舍诸缘，休息万念，身心一如，动静无间。量其饮食，调其睡眠，于闲③静处，厚敷坐物，结跏趺坐，或

---

① "轮"，底本为"轮"，校本《北藏》、《龙藏》、《频伽藏》、《卍续藏》为"轮"，《大正藏》为"输"。据《大正藏》本底注，《宫本》为"轮"。据文义，此处应为"轮"，"输"为"轮"之讹误。

② "昧"，底本为"眛"，校本《北藏》为"眛"，《龙藏》、《频伽藏》、《卍续藏》、《大正藏》为"昧"。据底本尾注，《嘉兴藏》为"昧"。"眛"为目不明之义，"三昧"为佛教专用术语，故应为"昧"，"眛"属"昧"之讹误。

③ "闲"，底本为"闲"，校本《北藏》、《龙藏》、《频伽藏》、《大正藏》为"闲"，《卍续藏》为"间"。据文义，此处应为"闲"，"间"为"闲"之讹误。

半跏趺。以左掌安右掌上，两大拇指①相拄。正身端坐，令耳与肩对，鼻与脐对。舌拄上腭，唇齿相着，目须微开，免致昏睡。若得禅定，其力最胜。古习定高僧，坐常开目，法云、圆通禅师呵人闭目坐禅，谓黑山鬼窟，有深旨矣。一切善恶都莫思量，念起即觉，常觉不昧，不昏不散，万年一念，非断非常，此坐禅之要术也。

坐禅乃安乐法门，而人多致疾者，盖不得其要。得其要，则自然四大轻安，精神爽利，法味资神，寂而常照，瘖痖一致，生死一如。但办肯心，必不相赚，然恐道高魔盛，逆顺万端。若能正念现前，一切不能留碍。如《楞严经》、《天台止观》、《圭峰修证仪》具明，魔事皆自心生，非由外有。定、慧力胜，魔障自消矣。若欲出定，徐徐动身，安详而起，不得卒暴。出定之后，常作方便，护持定力。

诸修行中，禅定为最。若不安禅静虑，三界流转，触境茫然。所以道探珠宜静，浪动水取应难，定水澄清，心珠自现。故《圆觉经》云："无碍清净慧，皆依禅定生。"《法华经》云："在于闲处修摄其心，安住不动如须弥山。"是知超凡越圣，必假静缘，坐脱立亡，须凭定力。一生取办，尚恐蹉跎，况乃迁延，将何敌业。幸诸禅友，三复斯文，自利利他，同成正觉。

敕修百丈清规卷第五终

---

① "拇指"，底本为"栂指"，校本《北藏》为"栂指"，《龙藏》、《频伽藏》、《卍续藏》、《大正藏》为"拇指"。据底本尾注，《嘉兴藏》为"拇指"。此处应为"拇指"，"栂"为"拇"之讹误。

敕修百丈清规卷第六

大智寿圣禅寺住持臣僧德辉奉敕重编
大龙翔集庆寺住持臣僧大䜣奉敕校正

坐参

斋罢，堂司行者覆首座，僧堂、众寮前各挂坐参牌。将晡时，僧堂内装香点灯，鸣众寮前板。先一声，大众入堂。二声，以次头首入。三声，首座入。_{不鸣首座寮前板。若大坐参时，却鸣三下。}却覆住持，鸣方丈板，与坐禅同。有处不披袈裟，非法也。堂司行者候晚粥熟，覆首座云："放参。"转圣僧后右出，下牌。鸣堂前钟三下，众就位普同和南，住持、头首次第出堂。众下床，各出半单。前辈住持、头首，亦同归众寮药石。

盖古者每晚必参住持以求开示，故率众齐集坐，待鼓鸣而往参之，名曰坐参。因汾州地寒，昭公罢之，遂有放参之说。

大坐参

今时丛林，有多众处犹特讲晚参，以存古意，谓之大坐参。与常坐参同，但首座入堂，不烧香便归位。待住持入堂坐定，堂司行者鸣首座寮前板三下，大众转身向外坐。首座下地，从后门出。复转从前门入,圣僧前烧香,如常巡堂,归被位坐。少定,若住持晚参,则不鸣堂前钟。方丈客头鸣法鼓三下,住持出堂。首座领众,随至法堂或寝堂。住持据座,侍者、两序、东西堂各出班问讯。开示毕,众散,归寮药石。若不晚参,则堂司行者进首座前问讯云:"堂头和尚今晚放参。"转圣僧后右出,令喝食行者中立问讯,长声喝云:"放参。"鸣堂前钟三下,大众下地,普同和南。首座先出堂,次住持出,头首出。众各出全单,归众寮药石。

若讲行时,须讲一参一免,使后学知之。每日,如有缘故不坐参时,供头行者代首座出半单,与大众同。至晚,众寮前鸣板三下,众出寮归堂。昏钟鸣 如居城市,则候鼓鸣,头首入堂。首座待钟鸣,入烧香巡堂。次,住持入,烧香巡堂。候定钟鸣,住持出堂。次,头首出。如坐再请禅,住持后门入,归位不巡堂。头首随众,或抽解者即归被位。更深,住持出。闻首座开枕响,众方偃息。在道兄弟,不以此拘。

次早,三下板鸣,众起。圣僧侍者牵堂内手巾辘轳,惊酣眠者,起洗面。众归堂已①,首座入,烧香巡堂。次,住持入,烧香巡堂。四鼓鸣,住持出。钟鸣,首座出。以次头首与大众暂从后门出。换衣,换头袖抽解,即归守被位。或首座再入堂,巡被位。钟绝,开静板鸣,众方折被。惟首座被系供头折。众各随意出堂,礼念亦兼修也。

---

① "已",底本为"巳",校本《北藏》、《龙藏》、《卍续藏》为"巳",《频伽藏》、《大正藏》为"已"。据文义应为"已","巳"属讹字。

请　益

凡欲请益者，先禀侍者通覆住持："某甲上座，今①晚欲诣方丈请益。"如允所请，定钟后诣侍司，候方丈秉烛装香，侍者引入，住持前问讯插香，大展九拜，收坐具，进云："某为生死事大，无常迅速，伏望和尚慈悲，方便开示。"肃恭侧立谛听垂诲毕，进前插香，大展九拜，谓之谢因缘，免则触礼。次，诣侍司致谢。

赴斋粥

早晨，闻开静板后，斋时，候巡火板鸣，先归②钵位。入堂时，圣僧前问讯讫，合掌归位。上床时，问讯邻位。先以右手敛左边衣袖，腋下压定，复以左手敛右边衣袖。然后，两手按床，两足拨鞋入床下。先缩左足，次收右足，竦身上床，近里一尺许正坐。敷袈裟盖膝上，不得露内衣，不得垂衣床缘详见日用轨范。都监寺、维那、直岁、侍者等位在外堂上间③。知客、知浴、知殿、化主、堂主等位在外堂下间。

《古规》，每日住持赴堂。早粥时，先于堂外坐。待堂前鸣

---

① "今"，底本为"今"，校本《北藏》、《龙藏》、《卍续藏》为"今"，《频伽藏》、《大正藏》为"金"。据文义，此处应为"今"，"金"属讹字。
② "归"，底本为"归"，校本《北藏》、《龙藏》、《频伽藏》、《大正藏》为"归"，《卍续藏》为"鸣"。据文义，应为"归"，"鸣"为讹误。
③ "间"，底本为"间"，校本《北藏》、《龙藏》、《频伽藏》、《卍续藏》为"间"，《大正藏》为"问"。据文义，此处应为"间"，"问"为"间"之讹误。

钟,即入堂。大众齐①下床,普同问讯,就坐。近时诸方住持,大钟鸣时先入堂坐,至堂前钟鸣方下地②,普同问讯③。只遇五、旦④、望讲行一次,新入众者不知所自。先辈尝议下床问讯者,谓诸寮与大众普同问讯也。以此论之,凡有众处,必当日日早晨下床问讯为允。

赴茶汤

凡住持、两序特为茶汤,礼数勤重,不宜慢易。既受请已,依时候赴。先看照牌,明记位次,免致临时仓遑。如有病患、内迫不及赴者,托同赴人白⑤知。惟住持茶汤,不可免。慢不赴者,不可共住。

普 请

普请之法,盖上下均力也。凡安众处,有必合资众力而办

---

① "齐",底本为"斋",校本《北藏》、《龙藏》、《频伽藏》、《大正藏》为"斋",《卍续藏》为"齐"。据文义应为"齐","斋"为"齐"之形讹。
② "地",底本为"地",校本《北藏》、《龙藏》、《频伽藏》、《卍续藏》、《大正藏》为"地"。据底本尾注,《嘉兴藏》为"也"。据文义,此处应为"地","也"属"地"之讹误。
③ "讯",底本为"讯",校本《北藏》、《龙藏》、《卍续藏》、《大正藏》为"讯",《频伽藏》为"信"。据文义,此处应为"讯"。
④ "旦",底本为"但",校本《北藏》、《龙藏》、《频伽藏》、《大正藏》为"但",《卍续藏》为"旦"。据《大正藏》本底注,《宫本》为"旦"。此处"旦"指每月的初一,常与后面的"望"相应,"但"属"旦"之讹误。
⑤ "白",底本为"白",校本《北藏》、《频伽藏》、《卍续藏》、《大正藏》为"白",《龙藏》为"曰"。据一般行文习惯,此处用"白"更恰当。

者。库司先禀住持,次令行者传①语首座、维那。分付堂司行者报众,挂普请牌,仍用小片纸书贴牌上云:"某时某处。"或闻木鱼,或闻鼓声,各持绊膊搭左臂上,趋普请处宣力。除守寮、直堂、老病外,并宜齐赴。当思古人"一日不作,一日不食"之诫。

日用轨范

《无量寿禅师述序》曰,脱尘离俗,圆顶方袍,大率经历丛林,切要洞明规矩。举措未谙法度,动止不合律仪,纵有善友良朋,讵肯深锥痛劄。循习成弊,改革固难,致令丛席荒凉,转使人心懈怠。屡见寻常②目前过患,遂集百丈,成现③楷模。原始要终,从朝至暮,要免头头败阙,直须一一遵行。然后敢言,究已明心,了生达死。世间法即是出世间法,行脚人可贻未行脚人。庶几不负出家身心,抑亦同报佛祖恩德,谨列于后。

入众之法:睡不在人前,起不落人后。五更钟未鸣,轻轻抬身先起,将枕子安脚下未要拗,恐惊邻单。抖擞精神,将身端坐,不得扇风令人动念。觉困来,将被推脚后,取手巾转身下地。巾搭左手,念偈云:"从朝寅旦直至暮,一切众生自回互,若于脚下丧

---

① "传",底本为"傳",校本《北藏》、《龙藏》、《频伽藏》、《卍续藏》、《大正藏》为"傅"。据《大正藏》本底注,《宫本》为"傳"。此处应为"傳","傅"为"傳"之讹误。"傳"现作"传"。
② "常",底本为"常",校本《北藏》、《龙藏》、《卍续藏》均为"常",《频伽藏》、《大正藏》为"帝"。据文义,此处应为"常","帝"为"常"之讹误。
③ "现",底本为"现",校本《北藏》、《龙藏》、《卍续藏》为"现",《频伽藏》、《大正藏》为"规"。据前后文义,此处应为"现"。

身形，愿汝即令生净土。"轻手揭帘出后架，不得拖鞋咳嗽作声。古云："揭帘须垂后手，出堂切忌拖鞋。"轻手取盆洗面，汤不宜多。右手蘸齿药揩左边，左手蘸揩右边。不可再蘸，恐牙宣口气过人。漱口须低头，吐水以手引下，直腰吐水，恐溅邻桶。不得洗头，有四件自他不利：一污桶，二腻巾，三枯发，四损眼。不得鼻内作声，不得喷水扑面，不得高声呕吐，不得以唾涕污面桶。古云："五更洗面，本为修行，呕吐拖鞋，喧堂聒众。"拭面，不得争扯手巾，不得以巾拭头。用毕，须摊挂或焙火上。

　　在上堂，左足先入。在下堂，右足先入。上被位，眠单收一半坐定。若换直裰，须将新者覆上，抽去旧裰。不得露白，不得扇风。若欲烧香礼拜，宜于钟鸣时，将袈裟藏袖内，出后门外披。平常，亦离被位披袈裟。合掌顶戴，想念偈云："善哉解脱服，无相福田衣，我今顶戴受，世世常得披。唵悉陀耶娑诃。"折袈裟，先折搭手处，后解环。不得以口衔袈裟，不得以颔勾袈裟。折了，亦当问讯而去。如殿堂礼拜，不得占中央，妨住持。人来不得出声念佛，不得行礼拜人头边过，须行后面空处。五更钟鸣，想念偈云：愿此钟声超法界，铁围幽暗悉皆闻，三途离苦罢刀轮，一切众生成正觉。住持并首座坐堂时，不得从前门出入。开小静，方折被拗①枕子。折被之法，先寻两角以手理，伸向前，先折一半，次折身前一半。不得横占邻单，亦不得抖擞作声，不得以被扇风。

　　或归众寮吃汤药，或茶堂经行，次第归钵位，以上肩顺转谓左肩也。若前门，从南颊入。不得行北颊并中央，盖尊住持也。木

---

① "拗"，底本为"扔"，校本《北藏》、《频伽藏》、《卍续藏》、《大正藏》为"扔"，《龙藏》为"拗"。此处"扔"为"拗"的异体字，现选常用字"拗"。

鱼响，不得入堂。或令行者取钵堂外坐，或归众寮打给。入堂归钵位，须低头问讯上、中、下座。若已先坐，上、中、下座来，须合掌。古云："不敬上、中、下座，婆罗门聚会无殊。"

闻木鱼后，长板鸣，下钵。抬身正起立定，然后转身，亦要顺上肩合掌，方取钵。一手解钩，左手提钵，转身令正，蹲身放钵，免将腰背撞人。堂前钟鸣下床，为迎住持入堂，大众普同问讯，不得以手左右摇曳。下床时，须近前问讯，莫令袈裟搭床缘。仍须低细上床，不得顿身。取钵，安座前。闻椎声，想念偈云："佛生迦毗罗，成道摩竭陀，说法波罗柰，入灭拘絺①罗。"

展钵之法：先合掌，想念偈云："如来应量器，我今得敷展，愿共一切众，等三轮空寂。"然后，解袱帕，展净巾覆膝。帕折转三角，莫令出单外。先展钵单，仰左手取钵安单上，以两手大拇指进取鐼子。从小次第展，不得敲磕作声。仍护第四、第五指为触指，不得用钵。拭折令小，并匙箸袋近身横放。入则先匙，出则先箸。手把处为净头，向上肩。钵刷安第二鐼子缝中，出半寸许。盛生饭，不得以匙箸。出生饭，不过七粒，太少为悭食。凡受食，则用出生。或不受食，却不可就桶杓内撮饭出生。维那念佛合掌，手指不得参差，须当胸高低得所，不得以手托口边。古云："参差合掌不当胸，两手交加插鼻中，拖屦揭帘无疑②细，呕声泄气逞英雄。"两手捧钵受食，想念偈云："若受食时，当愿众生，禅悦为食，法喜充满。"或多

---

① "絺"，底本为"絺"，校本《北藏》、《频伽藏》、《卍续藏》、《大正藏》为"絺"，《龙藏》为"遏"。"拘絺罗"为音译词，现依底本及多数校本选"絺"。"絺"现作"絺"。
② "疑"，底本为"疑"，校本《北藏》、《龙藏》、《频伽藏》、《卍续藏》、《大正藏》为"疑"。据《大正藏》本底注，《宫本》为"欷"。据文义，此处应为"疑"，"欷"为"疑"之讹误。

或少，则以右手起止之。闻遍食椎，看上下肩，以面相朝揖食，不得正面以手摇曳两边。揖罢，作五观想念云："一计功多少，量彼来处。二忖己①德行，全缺应供。三防心离过，贪等为宗。四正事良药，为疗形枯。五为成道业故，应受此食。"次，出生，想念偈云："汝等鬼神众，我今施汝供，此食遍十方，一切鬼神供。"

吃食之法：不得将口就食，不得将食就口。取钵、放钵并匙箸不得有声，不得咳嗽，不得搔鼻喷嚏。若自喷嚏，当以衣袖掩鼻。不得抓头，恐风屑落邻单钵中。不得以手挑牙，不得嚼饭啜羹作声，不得钵中央挑饭，不得大搏食，不得张口待食，不得遗落饭食，不得手把散饭食。如有菜滓，安钵后屏处。不得以风扇邻位，如自己怕风，即白维那，于堂外坐。不得以手枕膝上。随量受食，不得请折。不得将头钵盛湿食，不得将羹汁于头钵内淘饭吃，不得挑菜头钵内和饭吃。食时，须看上下肩，不得太缓。未再请，不得刷钵盂，不得吮钵刷作声。食未至，不得生②烦恼。古云："呆呆四顾起悲嗔，念食吞津咳③嗽频，撬粥啜羹包满口，开单展钵响诸邻。"洗钵，以头钵盛水，次第洗鐼子。不得头钵内洗匙箸并鐼子，仍屈第四、第五指。不得盥漱作声，不得吐水钵中，不得先以熟水洗钵。未折钵水，不得先收盖膝巾。不得以膝巾拭汗，不得以余水沥地上。折水，想念偈云："我此洗钵水，如天甘露味，施与鬼

---

① "己"，底本为"已"，校本《北藏》、《龙藏》、《卍续藏》均为"已"，《频伽藏》、《大正藏》为"己"。据文义应为"己"。
② "生"，底本为"坐"，校本《北藏》、《龙藏》、《频伽藏》、《大正藏》为"坐"，《卍续藏》为"生"。据前后文义应为"生烦恼"，"坐烦恼"文义不通，故此处选"生"。
③ "咳"，底本为"咳"，校本《北藏》、《龙藏》、《频伽藏》、《卍续藏》、《大正藏》为"咳"。据《大正藏》本底注，《宫本》为"哆"。据文义，此处应为"咳"，"哆"为"咳"之讹误。

神众，悉令得饱满。唵摩休罗细娑婆诃。"收钵，以两手大指进定，次第而入。复毕，合掌想念食毕偈云："饭食已讫色力充，威震十方三世雄，回因转果不在念，一切众生获神通。"

寮前板鸣，归寮问①讯。不归位，为轻侮大众。入门②归位，如僧堂之法。立定，候寮主烧香毕，问③讯上下。若有茶，就座。不得垂衣，不得聚头笑语，不得只手揖人，不得包藏茶末。古云："登床宴坐，不得垂衣。只手揖人，是何④道理！私藏茶末，取笑傍观。时中邻案道人，切忌交头接耳。"茶罢，或看经，不得长展经谓三⑤面也，不得手托经寮中行，不得垂经带，不得出声，不得背靠板头看经。古云："出声持诵吵喿⑥稠人，背靠板头轻欺大众。"须预先出寮，莫待打坐禅板。

若抽脱，古例披五条即挂络也。以净巾搭左手，解绦系笊竿上。脱五条、直裰令齐整，以手巾系定，作记认。不得笑语，不得在外催促。右手提水入厕，换鞋不得参差。安净⑦桶在前，鸣

---

① "问"，底本为"门"，校本《北藏》为"门"，《龙藏》、《频伽藏》、《卍续藏》、《大正藏》为"问"。据底本尾注，《嘉兴藏》为"问"。据文义，此处应为"问"，"门"为"问"之讹误。
② "门"，底本为"门"，校本《北藏》、《频伽藏》、《卍续藏》、《大正藏》为"门"，《龙藏》为"问"。据文义，此处应为"门"，"问"为"门"之讹误。
③ "问"，底本为"门"，校本《北藏》、《频伽藏》、《大正藏》为"门"，《龙藏》、《卍续藏》为"问"。据文义，此处应为"问"，"门"属讹误。
④ "何"，底本为"何"，校本《北藏》、《龙藏》、《卍续藏》、《大正藏》为"何"，《频伽藏》为"向"。据文义，此处应为"何"，"向"为"何"之讹误。
⑤ "三"，底本为"三"，校本《北藏》、《龙藏》、《频伽藏》、《卍续藏》、《大正藏》为"三"，据《大正藏》本底注，《宫本》为"二"。此处依底本及诸校本选"三"。
⑥ "喿"，底本为"㗅"，校本《北藏》、《龙藏》、《频伽藏》、《卍续藏》、《大正藏》为"㗅"，据《大正藏》本底注，《宫本》为"喿"。"㗅"同"喿"，意为鸟群鸣叫，现选常用字"喿"。
⑦ "净"，底本为"净"，校本《北藏》、《龙藏》、《卍续藏》为"净"，《频伽藏》、《大正藏》为"静"。据《大正藏》本底注，《宫本》为"净"。"静"通"净"，现据底本选"净"。

指三下，惊嗾粪鬼。蹲身令正，不得努气作声，不得涕唾，不得隔壁共人语话。古云："户扃只合轻弹指，人拥那堪乱作声。入厕用筹分触净，出时脱履忌纵横。"不得以水浇两边。左手洗净，护大指第二、第三指。不得多用筹子，古云："浴汤少使，筹子休拈。"有者使了，以水洗之，安厕边空处。人多则妨众，不宜长久。净桶安旧处，以干手安内衣入袴。以干手开门，左手提桶出，不得湿手拏门扇并门颊上。右手挑灰后挑土，不得以湿手拏灰土，不得吐唾和泥。洗手，然后用皂角洗至肘前，须一一念咒。按大藏《缨络经》云：夫登溷者不念此咒，假使以十恒河水，洗至金刚际，亦不能净。凡登殿堂瞻礼，并无利益。奉劝受持，每诵七遍，是故鬼神常相拱护。入厕唵根鲁陀耶娑诃，洗净唵贺曩密栗底娑①诃，净手唵主伽啰耶②娑诃，净身唵室利曳娑醯娑诃③，去秽唵咙折啰曩伽吒娑诃。末，用水盥漱。律中，小遗亦洗净。仍嚼杨枝，归堂坐禅。火板未鸣，不得先归寮。

斋前，不得洗衣。粥前、斋前、放参后，不得开函柜。如有急切，白主事人，寮中白寮主，僧堂白圣僧侍者。斋罢，不得僧堂内聚头说话，不得在僧堂中看经、看册子，不得上下间行道穿堂直过，不得席上穿钱，不得床上垂脚坐。床前一尺为三净头，一展钵，二安袈裟，三头所向。不得床上行，不得跪膝开函柜，

---

① "娑"，底本为"娑"，校本《北藏》、《龙藏》、《频伽藏》、《卍续藏》为"娑"，《大正藏》为"婆"。此处为音译词，现依底本及多数校本选"娑"。
② "耶"，底本为"耶"，校本《北藏》、《龙藏》、《频伽藏》、《卍续藏》、《大正藏》为"耶"，据《大正藏》本底注，《宫本》为"倻"。"耶"与"倻"均为音译词，现依底本与诸校本选"耶"。
③ "诃"，底本为"诃"，校本《北藏》、《龙藏》、《频伽藏》、《卍续藏》、《大正藏》为"诃"，据《大正藏》本底注，《宫本》为"呵"。此处"诃"与"呵"为音译词，依底本及诸校本选"诃"。

不得脚踏床缘下地。

　　草履五条游山，不得经行佛殿、法堂。古云："衩袒登涧，草履游山，莫践法堂，回互者旧。"不得赤脚着僧鞋，不得把手共行，说世谛是非。古云："别了双亲弃本师，访寻知识拟何为？不曾说着宗门事，白首无成过在谁？"不得殿堂倚靠阑干，不得猖狂急走。古云："行须缓步，习马胜之威仪；语要低声，学波离之轨范。"不得佛殿闲行。古云："无事不须登佛殿，等闲莫向塔中行，不因扫地添香水，纵有河沙福也倾。"斋后，浆洗衣服。不得衩袒，不得倾瓶汤泡衣。竹竿、熨斗使了，安元处。洗脚板鸣，不得争夺脚桶。有疮疥，则随后洗，或屏处洗之。各行方便，免动众念。

　　莫待打板，次第归堂。坐参了，各出半单下地。讲大放参，首座寮前板鸣，即时转身向外。须当及时赴堂，板鸣后不得入堂，亦不得堂外立。住持、首座出堂，开单下床问讯。归寮药石，各就案位，不得先起盛食，不得高声呼索粥饭盐醋之类。食罢出寮，不得出三门，不得入小寮，不得衩袒归僧堂并廊下行，不得候打板出寮。昏钟鸣，即合掌默念偈云："闻钟声烦恼轻，智慧长菩提生，离地狱出火坑，愿成佛度众生。"须先归单位坐禅，不得床上抓头，不得床上弄数珠作声，不得与邻单语话。邻单生疏，当以善言诱喻，不得生嫌恶心。打定钟后，不得于前门出入。候首座开枕后，困重者就寝。睡须右胁，不得仰卧，仰为尸睡，覆为淫①睡，多恶梦。以被巾裹袈裟，安枕前。今人多安脚后，于理不便。

---

① "淫"，底本为"淫"，校本《北藏》、《龙藏》、《卍续藏》、《大正藏》为"淫"，《频伽藏》为"浮"。据文义，此处应为"淫"，"浮"为"淫"之讹误。

如开浴，浴具携右手。入下间，门内问讯。归空处，揖左右人毕，先以五条、手巾挂筅竿上。展浴袱，取出浴具放一边。解上衣，未卸直裰，先脱下面裙裳，以脚布围身，方可系浴裙。将裈袴卷折安袱内，次第脱直裰与五条，作一处将手巾系①之。古云："三通鼓响入堂时，触净须分上下衣。"其所脱衣，作一袱覆转，方换拖鞋，不得赤脚入浴。须于②下间空处，待次而浴。不得占头首、老宿坐处谓上间也，不得以汤水溅人身上，不得桶内泡脚，不得室内小遗，不得架脚桶上，不得笑语，不得槽上揩脚，不得戽水，不得起身裰桶浇身上。前后有人，须当遮护，脚布不得离身。有脚不入桶者，不得多用汤。或有疮，或洗灸疮，或使疥药，宜后入浴，不得搀先。不得以两边公界手巾拭头面，公界手巾，系着衣后净手拭之，以披五条也。出浴，揖左右。上床，面壁少坐。先着上衣并直裰，都遮了下地，却着下裳。解浴裙，以脚布折浴裙内，恐湿浴袱。手巾携左手，揖左右出。看设浴施主名字，随意课诵经咒回向。

寒月向火，先坐炉圈上，然后转身正坐，揖上下肩。不得弄香匙、火箸，不得拨火飞灰，不得聚头说话，不得煨点心等物，不得炙鞋焙屩③烘衣裳，不得揽起直裰露袴口，不得吐唾并弹垢腻于火内。

---

① "系"，底本为"繁"，校本《北藏》为"繁"，《龙藏》、《频伽藏》、《卍续藏》、《大正藏》为"系"。据底本尾注，《嘉兴藏》为"系"。据文义，此处应为"系"。"繁"为"系"之讹误。

② "于"，底本为"于"，校本《北藏》、《龙藏》、《卍续藏》、《大正藏》为"于"，《频伽藏》为"放"。据文义应为"于"，"放"属讹误。

③ "屩"，底本为"屩"，校本《北藏》、《龙藏》、《频伽藏》、《卍续藏》、《大正藏》为"屩"，据《大正藏》本底注，《宫本》为"脚"。据文义，此处应为"屩"，"脚"属讹误。

如前所集，一日事件，众中威仪，非敢闻于老成，聊以诱于初学。升堂、入室、小参、讽经、念诵、巡寮、解结、人事、装包、顶笠、送亡、唱衣，应系微细轨则，《清规》既已具载，尊宿各有明文，不再备陈，徒为赘语。

龟镜文

慈觉大师赜公述：

夫两桂垂阴，一华现瑞。自尔丛林之设，要之本为众僧。是以开示众僧，故有长老。表仪众僧，故有首座。荷负众僧，故有监院。调和众僧，故有维那。供养众僧，故有典坐。为众僧作务，故有直岁。为众僧出纳，故有库头。为众僧典翰墨，故有书状。为众僧守护圣教，故有藏主。为众僧迎待檀越，故有知客。为众僧请召，故有侍者。为众僧守护衣钵，故有寮主。为众僧供侍①汤药，故有堂主。为众僧浣濯，故有浴主、水头。为众僧御寒，故有炭头、炉头。为众僧乞丐，故有街坊化主。为众僧执劳，故有园头、磨头、庄主。为众僧涤除，故有净头。为众僧给侍，故有净人。所以行道之缘，十方备足，资身之具，百色现成，万事无忧，一心为道。世间尊贵，物外优闲，清净无为，众僧为最。

---

① "侍"，底本为"待"，校本《北藏》为"待"，《龙藏》、《频伽藏》、《卍续藏》、《大正藏》为"侍"。据《大正藏》本底注，《宫本》为"侍"。据底本尾注，《嘉兴藏》为"侍"。据文义，此处应为"侍"，"待"属"侍"之讹误。

回念多人之力，宁不知恩报恩！晨参暮①请，不舍寸阴，所以报长老也。尊卑有序，举止安详，所以报首座也。外遵法令，内守规绳，所以报监院也。六和共聚，水乳相参，所以报维那也。为成道业，故应受此食，所以报典座也。安处僧房，护惜什物，所以报直岁也。常住之物，一毫无犯，所以报库头也。手不把笔，如救头然，所以报书状也。明窗净案，古教照心，所以报藏主也。韬光晦迹，不事追陪，所以报知客。居必有常，请必先到，所以报侍者也。一瓶一钵，处众如山，所以报寮主也。宁心病苦，粥药随宜，所以报堂主也。轻徐静默，不昧水因，所以报浴主、水头也。缄言拱手，退己②让人，所以报炭头、炉头也。忖己③德行，全缺应供，所以报街坊化主也。计功多少，量彼来处，所以报园头、磨头、庄主也。酌水运筹，知惭识愧，所以报净头也。宽而易从，简而易事，所以报净人也。是以丛林之下，道业惟新。上上之机，一生取办。中流之士，长养圣胎。至如未悟心源，时中亦不虚弃。是真僧宝，为世福田。近为末世之津梁，毕证二严之极果。

　　若或丛林不治，法轮不转，非长老所以为众也。三业不调，四仪不肃，非首座所以率众也。容众之量不宽，爱众之心不厚，非监院所以护众也。修行者不安，败群者不去，非维那所以悦众

---

① "暮"，底本为"莫"，校本《北藏》、《频伽藏》、《卍续藏》、《大正藏》为"莫"，《龙藏》为"暮"。"莫"为"暮"的本字，现用通用字"暮"。
② "己"，底本为"巳"，校本《北藏》为"巳"，《龙藏》、《卍续藏》为"已"，《频伽藏》、《大正藏》为"己"。此处应为"己"，"巳"、"已"均为讹误。
③ "己"，底本为"己"，校本《北藏》、《龙藏》、《卍续藏》为"已"，《频伽藏》、《大正藏》为"己"。此处应为"己"，"已"为"己"之讹误。

也。六味不精，三德不给，非典座所以奉众也。寮舍不修，什物不备，非直岁所以安众也。畜积常住，减克众僧，非库头所以赡①众也。书状不工，文字篾裂，非书状所以饰众也。几案不严，喧烦不息，非藏主所以待众也。憎贫爱富，重俗轻僧，非知客所以赞众也。礼貌不恭，尊卑失序，非侍者所以命众也。打叠不勤，守护不谨，非寮主所以居众也。不闲供侍，恼乱病人，非堂主所以恤众也。汤水不足，寒暖失宜，非浴主、水头所以浣众也。预备不前，众人动念，非炉头、炭头所以向众也。临财不公，宣力不尽，非街坊化主所以供众也。地有遗利，人无全功，非园头、磨头、庄主所以代众也。懒堕并除，诸缘不具，非净头所以事众也。禁之不止，命之不行，非净人所以顺众也。

如其众僧轻师慢法，取性随缘，非所以报长老也。坐卧参差，去就乖角，非所以报首座也。意轻王②法，不顾丛林，非所以报监院也。上下不和，斗诤坚固，非所以报维那也。贪婪美膳，毁訾粗餐，非所以报典座也。居处受用，不思后人，非所以报直岁也。多贪利养，不恤常住，非所以报库头也。事持笔砚，驰骋文章，非所以报书状也。慢易金文，看寻外典，非所以报藏主也。追陪俗士，交结贵人，非所以报知客也。遗忘召请，久坐众僧，非所以报侍者也。以己方人，慢藏诲盗，非所以报寮主也。多嗔少喜，不顺病缘，非所以报堂主也。桶杓作声，用水无

---

① "赡"，底本为"瞻"，校本《北藏》、《龙藏》为"瞻"，《频伽藏》、《卍续藏》、《大正藏》为"赡"。据底本尾注，《嘉兴藏》为"赡"。据文义，此处应为"赡"，"瞻"为"赡"之讹误。
② "王"，底本为"王"，校本《北藏》、《龙藏》、《频伽藏》、《卍续藏》、《大正藏》为"王"，据《大正藏》本底注，《宫本》为"主"。此处选"王"较"主"更为妥当。

节，非所以报浴主、水头也。身利温暖，有妨众人，非所以报炉头、炭头也。不念修行，安然受供，非所以报街坊化主也。饱食终日，无所用心，非所以报园头、磨头、庄主也。涕唾墙壁，狼籍东司，非所以报净头也。专尚威仪，宿无善教，非所以报净人也。

盖以旋风千匝，尚有不周。但知舍短从长，共办出家之事。所冀狮子窟中，尽成狮子；旃檀林下，纯是旃檀。令斯后五百年，再睹灵山一会。然则法门兴废系在僧徒。僧是福田，所应奉重，僧重则法重，僧轻则法轻。内护既严，外护必谨。设使粥饭主人一期王①化，丛林执事偶尔当权，常宜敬待同袍，不得妄自尊大。若也贡高我慢，私事公酬，万事无常，岂能长保，一朝归众，何面相看。因果无差，恐难回避。僧为佛子，应供无殊，天上人间，咸所恭敬。二时粥饭，理合精丰，四事供需，毋令缺少。世尊二千年遗荫，盖覆儿孙；白毫光一分功德，受用不尽。但知奉众，不可忧贫，僧无凡圣，通会十方。既曰招提，悉皆有分，岂可妄生分别，轻厌客僧。且过寮三朝权住，尽礼供承；僧堂前暂尔求斋，等心供养。俗客尚犹照管，僧家忍不逢迎。若无有限之心，自有无穷之福。僧门和合，上下同心，互有短长，递相盖覆，家中丑恶，莫使外闻。虽然于事无伤，毕竟减人瞻仰。譬如狮子身中虫自食狮子身中肉，非天魔外道所能坏也。若欲道风不坠，佛日长明，壮祖域之光辉，补皇朝之圣化，愿以斯文为龟镜焉。

---

① "王"，底本为"王"，校本《北藏》、《龙藏》、《频伽藏》、《大正藏》为"王"，《卍续藏》为"主"。此处选"王"较"主"更为妥帖。

病僧念诵

　　凡有病僧，乡人、道旧对病者榻前，排列香烛、佛像，念诵赞佛云："水澄秋月现，恳祷福田生，惟有佛菩提，是真皈依①处。今晨则为在病比丘某甲释多生之冤对，忏累劫之愆尤。特运至诚，仰投清众，称扬圣号，荡涤深殃，仰凭尊众念清净法身毗卢十号②云云。"回向云："伏愿一心清净，四大轻安，寿命与慧命延长，色身等法身坚固，再劳尊众，念十方三世云云。"如病重，为十念阿弥陀佛。念时，先白赞云："阿弥陀佛真金色，相好端严无等伦，白毫宛转五须弥，绀目澄清四③大海。光中化佛无数亿，化菩萨众亦无边，四十八愿度众生，九品咸令登彼岸。今晨，则为在病比丘某甲，释多生之冤对，忏累劫之愆尤，特运至诚，仰投清众，称扬圣号，荡涤深殃，仰凭尊众念南无阿弥陀佛一百声，观世音菩萨、大势至菩萨、清净大海众菩萨各十声。"回向云："伏愿在病比丘某甲诸缘未尽，早遂轻安，大命难逃，径生安养，十方三世云云。"当念佛时，众宜摄心清净，不得杂念攀缘。

---

① "皈依"，底本为"皈衣"，校本《北藏》为"皈衣"。校本《龙藏》、《频伽藏》、《卍续藏》为"皈依"，《大正藏》为"归依"。据底本尾注，《嘉兴藏》为"皈依"。据《大正藏》本底注，《宫本》为"皈仗"。据文义，此处选"皈依"更妥帖。
② "毗卢十号"，底本为"毗卢十号"，校本《北藏》、《龙藏》、《频伽藏》、《卍续藏》、《大正藏》与底本同。据《大正藏》本底注，《宫本》为"十号"。此处属《宫本》脱漏"毗卢"二字，故依底本与诸校本保留"毗卢"二字。
③ "四"，底本为"曰"，校本《北藏》、《频伽藏》、《大正藏》为"曰"，《龙藏》、《卍续藏》为"四"。据《大正藏》本底注，《宫本》为"四"。据文义，此处应为"四"，"曰"为"四"之形讹。

口　词

抱病僧某，右①某本贯某州某姓，几岁给到某处度牒为僧。某年到某寺挂搭。今来抱病，恐风火②不定，所有随身行李，合烦公界抄劄。死后，望依丛林清规津送。

年　月　日　抱病僧　某甲口词

亡　僧

抄劄衣钵

凡有僧病革，直病者即白延寿堂主，禀维那，请封行李。堂司行者覆首座、头首、知事、侍者，同到病人前抄写口词。直病者同执事人，收拾经柜、函柜、衣物，抄劄具单。见数一一封锁外，须留装亡衣服直缀、挂络、内外衣裳、数珠、香盒、脚绷、鞋袜③、净发巾、收骨绨子等。合用之物，并作一处包留，延寿堂主同直病者收掌。或病者不能分付，维那、首座力当主行。无行李者，亦须尽

---

① "右"，底本为"右"，校本《北藏》、《龙藏》、《频伽藏》、《卍续藏》、《大正藏》为"右"，据《大正藏》本底注，《宫本》为"左"。据文义，此处应为"右"，"左"属讹误。

② "火"，底本为"火"，校本《北藏》、《龙藏》、《频伽藏》、《卍续藏》、《大正藏》为"火"，据《大正藏》本底注，《宫本》为"大"。据文义，此处"火"与"大"均可用，但用"火"更为妥当，故选"火"。

③ "袜"，底本为"襪"，校本《北藏》为"襪"，《龙藏》、《频伽藏》、《卍续藏》、《大正藏》为"篾"。据《大正藏》本底注，《宫本》为"韈"。"襪"与"韈"分别为"袜"的繁体字与异体字，"篾"为讹误。

礼津送。单帐、锁匙封押,纳首座处。所封行李,首座、维那、知客、侍者四寮人力,抬归堂司。若单寮、勤旧行李多者,封起只留本房,库司差人看守。

亡僧非生前预闻住持、两序、勤旧,及无亲书,不可擅自遗嘱衣物_{大川和尚住净慈时,首座、维那伪作亡僧遗嘱衣物,尝被摈逐}。如病僧瞑目,延寿堂主即报维那,令堂司行者报烧汤。覆首座、知客、侍者、库司,差人抬龛浴船,安排浴亡。浴毕,净发拭浴。衣被酌量俵浴亡人,手巾①与净发人。维那提督,着衣入龛,置延寿堂中,铺设椅桌、位牌。牌上书云:"新圆寂某甲上座觉灵"。或西堂则书:"前住某寺某号某禅师之灵"。余随职称呼书之。备香灯供养,现前僧众讽《大悲咒》回向。安位,夜点长明灯。堂司行者预造雪柳、幡花,直灵行者每日上粥饭,知事三时上茶汤,烧香。斋粥殿堂讽经罢,及放参罢,堂司行者即鸣手磬前引,首座领众至龛前。住持烧香毕,维那举《大悲咒》,回向云:"上来讽经功德,奉为新圆寂某甲上座,庄严报地,十方三世云云。"次,乡人举咒,乡长出烧香,每日三时礼同。除公界回向称双字名,余只称单字名,回向同前。如遇旦望及景命日免讽经,未可出丧。

请佛事

秉炬,必请住持举佛事。其余锁龛、起龛、起骨入塔佛事,维那禀首座商量,依资次轮请头首为之。仍用小片白纸,写帖子

---

① "巾",底本为"巾",校本《北藏》、《频伽藏》、《卍续藏》、《大正藏》为"巾",《龙藏》为"中"。据文义,此应为"巾","中"为讹误。

云:"新圆寂某甲上座,某州人,秉炬佛事堂头和尚。堂司比丘云①某拜请。"其余佛事,并准此写。若亡者是西堂、单寮、勤旧,衣钵稍丰,则添奠茶汤、转龛、转骨等佛事,轮请单寮、西堂、首座及本山江湖、名胜。维那备盘袱、炉烛、香一片,带行者诣方丈。插香,触礼一拜,禀云:"某甲上座圆寂,某日茶毗,拜请和尚秉炬。"呈纳帖子而退,请头首礼同。堂司置佛事簿,以备稽考轮请。

估 衣

维那分付堂司行者请住持、两序、侍者就堂司或就照堂对众呈过包笼开封,出衣物排地上席内,逐件提起呈过。维那估直,首座折中,知客、侍者上单。排字号,就记价直在下。依号写标,贴衣物上,入笼。仍随号依价,逐件别写长标,以备唱衣时用。方丈、两序、诸寮舍并不许以公用为名,分去物件。常住果有必得用者,依价于抽分钱内准。或亡僧衣钵稍丰,当放低估价,利众以荐冥福。

大夜念诵

来早出丧,隔日午后,堂司行者覆住持、两序。报众,挂念诵牌。预报库司造祭食,差人铺排祭筵。乡人、法眷作祭文,纳

---

① "云",底本有"云"字,校本《北藏》、《龙藏》、《频伽藏》、《卍续藏》、《大正藏》与底本同,据《大正藏》本底注,《宫本》无"云"字。故依底本与诸校本保留"云"字。

库司钱回祭,备小香三①片,上祭用。若亡僧是大方名德,西堂、单寮、勤旧,有功山门,住持、两序有祭,维那读祭文。放参罢,鸣僧堂钟集众,龛前念诵。知事先烧香,上茶汤。住持至,烧香,居东序上首立。维那出烧香,请锁龛佛事。受请人出班烧香,退身问讯。次,住持前问讯,转东序前问讯,巡至班末问讯②。次,西序前问讯,然后与大众普同问讯,从西序末过。若见职头首,各依本位空处过,至龛右侧立。

堂司行者以盘托锁,候举佛事毕,行者以锁锁龛。毕,住持复③位,维那出几前左边,揖住持、两序上香。毕,维那向龛念诵云:"切以生死交谢,寒暑迭迁,其来也电击长空,其去也波停大海。是日,则有新圆寂某甲上座,生缘既尽,大梦俄迁,了诸行之无常,乃寂灭而为乐。恭裒大众,肃诣龛帏,诵诸圣之洪④名,荐清魂于净土。仰凭大众念清净法身毗卢云云。"举《大悲咒》,回向云:"上来念诵讽经功德,奉为新圆寂某甲上座。伏愿神超净域,业谢尘劳,莲开上品之花,佛授⑤一生之记。再劳大众念十方三世一切云云。"知客平举《楞严咒》,回向云:"上来讽经功德,奉为新圆寂某甲上座,庄严报地,十方三世云云。"住持仍归东序上首立。江

---

① "三",底本为"二",校本《北藏》为"二",《龙藏》、《频伽藏》、《卍续藏》、《大正藏》为"三"。据底本尾注,《嘉兴藏》为"三"。据《大正藏》本底注,《宫本》为"二"。本文献中一般备香都是三片,故此处依校本选"三"。
② "讯",底本为"讯",校本《北藏》、《龙藏》、《频伽藏》、《大正藏》为"讯",《卍续藏》为"住"字。据文义此处应为"讯","住"属讹误。
③ "复",底本为"复",校本《北藏》、《龙藏》、《卍续藏》为"复",《频伽藏》、《大正藏》为"覆"。据《大正藏》本底注,《宫本》为"复"。据文义,此处应为"复","覆"与文义不符。
④ "洪",底本为"洪",校本《北藏》、《龙藏》、《频伽藏》、《卍续藏》、《大正藏》为"洪",据《大正藏》本底注,《宫本》为"鸿"。"鸿"通"洪",故此处选"洪"。
⑤ "授",底本为"受",校本《北藏》、《卍续藏》、《频伽藏》、《大正藏》为"受",《龙藏》为"授"。此处用"授"更妥帖。

湖、道旧、乡人、法眷，次第设祭，末举《大悲咒》，回向与知客同。

送　亡

凡出丧，库司预分付监作行者办柴化亡。差拨行仆，铙钹鼓乐，幡花香烛，抬龛丧仪，一切齐备。堂司行者隔宿覆住持、两序，挂送亡牌。次早，行粥遍食椎后，再鸣椎一下云："白大众，粥罢普请送亡，除守寮、直堂外，并当齐赴，谨白。"又鸣椎一下，出圣僧前问讯。次，住持前问讯毕，从首座板起，巡堂一匝，至外堂归内堂，问讯而出。如遇圣节内，不可白椎。堂司行者径覆住持、两序，粥罢报堂云："请首座、大众，闻钟声延寿堂讽经。"鸣僧堂钟，众集，维那念诵，宜略紧念云："欲举灵龛，赴荼毗之盛礼；仰凭大众，诵诸圣之洪名。用表攀违，上资觉路，念清净法身毗卢遮那佛云云①。"毕，住持转东序上首立。维那出烧香，请起龛佛事。举毕，行者鸣钹，抬龛出山门首。若奠茶汤转龛，龛则向里安，排香几②，首座领众，两行排立，维那炷香请佛事，候举佛事而行。如不转龛，径出门外，维那向里合掌而立，举《往生咒》，大众同念。两两次第合掌而出，各执雪柳。行者排立门外，低头合掌，待揖僧众行尽，亦随后送。维那随龛，都寺押丧。

---

① "毗卢遮那佛云云"，底本为"毗卢遮那佛"，校本《北藏》、《龙藏》、《频伽藏》、《卍续藏》、《大正藏》为"毗卢遮那佛"，据《大正藏》本底注，《宫本》为"毗卢遮那佛云云"。据本文献通常格式，应为"毗卢遮那佛云云"，故依《宫本》保留"云云"二字。

② "几"，底本为"几"，校本《北藏》、《龙藏》、《频伽藏》、《卍续藏》、《大正藏》为"几"，据《大正藏》本底注，《宫本》为"凡"。据文义，此处应为"几"，"凡"为"几"之讹误。

茶毗

　　丧至涅槃台，知事烧香、上茶。次，住持上香归位。维那出烧香，请住持秉炬佛事。直岁问讯，度火把。候举佛事毕，维那向龛念诵云："是日，则有新圆寂某甲上座既随缘而顺寂，乃依法以茶毗，焚百年弘道之身，如①一路涅槃之径。仰凭尊众，资助觉灵，南无西方极乐世界，大慈大悲阿弥陀佛。"十声罢。"上来称扬十念，资助往生，惟愿慧镜分辉，真风散彩。菩提园里，开敷觉意之花；法性海中，荡涤尘心之垢。茶倾三奠，香爇一炉，奉送云程，和尚圣众。"知事候念茶倾香爇时，躬出倾爇，表山门礼。维那就行之，非礼也。举《大悲咒》，回向云："上来念诵讽经功德，奉为新圆寂某甲上座，茶毗之次，庄严报地，十方三世一切云云。"知客平举《楞严咒》，回向同前但无"念诵"二字。乡人、法眷讽经，回向亦同。

唱 衣

　　茶毗后，堂司行者覆住持、两序、侍者，斋罢僧堂前唱衣。仍报众，挂唱衣牌。候斋下堂，排办僧堂前。住持、首座分手位，两序对坐。入门向里横安桌凳②，桌上仍安笔、砚、磬、剪、挂络合用什③物，地上铺席。俱毕，堂司行者覆住持、两序、侍者，鸣钟集众。

---

① "如"，底本为"如"，校本《北藏》、《龙藏》、《频伽藏》、《大正藏》为"如"，《卍续藏》、为"入"。据《大正藏》本底注，《宫本》为"入"。据文义此处"入"与"如"皆可用，但用"如"更妥帖，故选之。
② "凳"，底本为"凳"，校本《北藏》、《龙藏》、《频伽藏》、《卍续藏》为"凳"，《大正藏》为"橙"。"橙"同"凳"，现据底本及多数校本选"凳"。
③ "什"，底本为"什"，校本《北藏》、《龙藏》、《频伽藏》、《卍续藏》、《大正藏》为"什"，据《大正藏》本底注，《宫本》为"付"。据文义，此处应为"什"，"付"为"什"之讹误。

维那、知客、侍者同入堂归位，向里列坐。堂司行者、供头、喝食众行者一行排列①，向住持、两序问讯。转身，向维那、知客、侍者问讯毕②，扛③包笼，住持、两序前巡呈封记，于首座处请锁匙。呈过，开取衣物，照字号，次第排席上，空笼向内侧安。维那起身，鸣磬一下念诵云："浮云散而影不留，残烛尽而光自灭，今④兹估唱，用表无常，仰凭大众，奉为某甲上座，资助觉灵，往生净土，念清净法身毗卢遮那佛云云。"

　　十号毕，鸣磬一下云："夫唱衣之法，盖禀常规，新旧短长，自宜照顾，磬声断后，不许翻悔，谨白。"再鸣磬一下，拈度牒，于亡僧名字上横剪破，云："亡僧本名度牒一道，对众剪破。"鸣磬一下，付与行者，捧呈两序。维那解袈裟，安磬中，却换挂络。堂司行者依次第拈衣物，呈过递与。维那提起云：某号某物，一唱若干。如估一贯，则从一伯唱起。堂司行者接声唱，众中应声。次第唱到一贯，维那即鸣磬一下云："打与一贯。"余号并同。或同声应同价者，行者喝住云："双破。"再唱起，鸣磬为度。堂司行者问定某人名字，知客写名上单。侍者照名发标，付贴供行者，递与唱得人，供头行者仍收衣物入笼。一一唱毕，鸣磬一下，回向云："上来唱衣念诵功德，奉为圆寂某甲上座，庄严报地。再劳尊众念，十方三世云云。"近来为息喧乱，多作阄拈法见《住持章》。衣物过三日不取者，照

---

① "排列"，底本为"排列"，校本《北藏》、《龙藏》、《频伽藏》、《大正藏》与底本同，《卍续藏》为"毕扛"。据文义，此处应为"排列"，"毕扛"属于错讹。
② "毕"，底本为"毕"，校本《北藏》、《龙藏》、《频伽藏》、《大正藏》与底本同，《卍续藏》为"排"。据文义，此处应为"毕"，"排"属错讹。
③ "扛"，底本为"扛"，校本《北藏》、《龙藏》、《频伽藏》、《大正藏》与底本同，《卍续藏》为"列"。据文义，此处选"扛"更妥贴。
④ "今"，底本为"今"，校本《北藏》、《龙藏》、《频伽藏》、《大正藏》为"今"，《卍续藏》为"令"。据文义，此处应为"今"，"令"为讹误。

价出卖，造板帐。

《增辉记》云：佛制分衣意，令在者见其亡物，分与众僧，作是思惟，彼①既如斯，我还若此。因其对治，息贪求故。今不省察，翻于唱衣时，争价喧呼，愚之甚也。

入　塔

茶毗后，执事人、乡曲、法眷同收骨。以绵裹袱包，函贮封定，迎归延寿堂位牌上去"新"字，三时讽经。第三日午后，出板帐于僧堂前，令众通知如不合成式及有侵欺，许以礼覆上下，核②实改正③，若无实迹，不得紊繁，违者合摈罚。为住持及执事者，须公廉平允，以身率先，服众可也。出板帐毕，堂司行者预报众，挂送灰牌。至期，鸣钟集众④，请起骨佛事。送至塔所，请入塔佛事。入毕，知事封塔。维那举《大悲咒》，回向云："上来讽经功德，奉为圆寂某上座，入塔之次，庄严报地十方云云。"知客平举《楞严咒》，乡人讽经、回向并同。

敕修百丈清规卷第六终

---

① "彼"，底本为"彼"，校本《北藏》、《频伽藏》、《卍续藏》、《大正藏》为"彼"，《龙藏》为"后"。据文义，此处应为"彼"，"后"属"彼"之讹误。

② "核"，底本为"覈"，校本《北藏》、《龙藏》、《卍续藏》为"覈"，《频伽藏》、《大正藏》为"覆"。据《大正藏》本底注，《宫本》为"覆"。"覈"现为"核"，"覆"为"覈"之形讹。

③ "改正"，底本为"改正"，校本《北藏》、《龙藏》、《频伽藏》、《卍续藏》均为"改正"，《大正藏》为"改"。此处据底本与诸校本作"改正"，"改"属脱漏字。

④ "集众"，底本为"集"，校本《北藏》、《龙藏》、《频伽藏》、《大正藏》为"集"，《卍续藏》为"集众"。据《大正藏》本底注，《宫本》为"集众"。据文义与本文献行文习惯，此处应为"集众"。"集"属脱漏字。

敕修百丈清规卷第七

大智寿圣禅寺住持臣僧德辉奉敕重编

大龙翔集庆寺住持臣僧大䜣奉敕校正

板帐式

今具估唱①，亡僧某甲称呼衣钵，钞收支下项：

一收钞一千贯文系唱衣钞收到，或别有收钞，名目逐一列写。

支钞九十一贯文系板帐支行。开具内：

一十五贯文回龛。　　　三贯文回祭。

三贯文设粥。　　　　　一贯文龛前②灯油。

十贯文笔纸造单，幡花雪柳。　一贯文净发。

二贯伍佰文移龛、抬亡。　伍佰文烧浴汤。

二贯文浴亡。　　　　　一贯文直灵上粥饭。

伍佰文库司客头报造祭。　伍佰文钉挂祭筵。

伍佰文管计出碗碟③。　伍佰文库子出给造祭。

伍佰文监厨造食。　　　伍佰文库司茶头上茶汤。

---

① "唱"，底本为"唱"，校本《北藏》、《龙藏》、《频伽藏》、《卍续藏》、《大正藏》为"唱"，据《大正藏》本底注，《宫本》为"喝"。据文义，此处应为"唱"，"喝"为"唱"之讹误。

② "前"，校本《北藏》、《频伽藏》、《卍续藏》、《大正藏》为"前"，《龙藏》为"煎"。此处应为"前"，"煎"为"前"之讹误。

③ "碗碟"，底本为"椀楪"，校本《北藏》、《龙藏》、《频伽藏》、《卍续藏》为"椀楪"，《大正藏》为"碗碟"。"椀"为"碗"的异体字，"楪"同"碟"，故此处用"碗碟"。

伍佰文参头差拨行者。

伍佰文监作差拨人①力。

十贯文行堂讽经。

二贯文四寮茶头供应。

一贯文打钹。

三贯文扛香桌挑②幡灯六人。

一贯文化亡。

一贯文四寮人力扛凳③桌。

伍佰文堂司行者唱衣。

伍佰文供头收衣。

伍佰文收骨。

一贯文直塔。

二贯文堂司行者报众。

伍佰文方丈听叫捧香盒。

一贯文贴堂司行者鸣廊板。

一十伍贯文舁龛。

三贯文鼓乐。

伍佰文俵雪柳柴枝。

三贯文方丈一行人仆送丧。

伍佰文贴堂司行者呈衣。

伍佰文贴供头递唱衣标。

伍佰文唱食行者撮阄。

一贯文抬灰函。

共支行。

支钞二佰七十贯文系板帐支行外，三④七抽分归常住，计上件支行。

支钞一佰三十伍贯文佛事钱。开具内二十贯秉炬。

一十贯贴秉炬佛事。　　四十贯锁龛、起龛、起骨入塔。

二十贯贴上四项佛事。　　三十贯维那、山头佛事，知客、侍者把帐。

一十伍贯贴上三项佛事。　　共支行。

---

① "人"，底本为"又"，校本《北藏》、《频伽藏》、《大正藏》为"又"，《龙藏》、《卍续藏》为"人"。据《大正藏》本底注，《宫本》为"人"。据文义，此处应为"人"，"又"属讹误。

② "挑"，底本为"挑"，校本《北藏》、《龙藏》、《频伽藏》、《卍续藏》、《大正藏》为"挑"，据《大正藏》本底注，《宫本》为"捶"。据文义，此处应为"挑"，"捶"属讹误。

③ "凳"，底本为"凳"，校本《北藏》、《龙藏》、《频伽藏》、《卍续藏》为"凳"，《大正藏》为"橙"。此处据底本及多数校本选"凳"。

④ "三"，底本为"三"，校本《北藏》、《龙藏》、《频伽藏》、《卍续藏》、《大正藏》为"三"，《龙藏》为"二"。据文义此处应为"三"，"二"属讹误。

支钞一十伍贯文首座主丧、都寺押丧、维那主磬，各伍贯文，计上件支行。

支钞九贯文知客举经，侍者捧香盒各三贯。圣僧侍者收唱衣钱二贯，直岁度①火把一贯，计上件支行。

支钞一十伍贯文方丈、两序、堂司行者抄割、估衣、造单，三次点心，方丈双分，计上件支行。

支钞二十贯文方丈、两序签单，方丈双分，计上件支行。

支钞四佰四十四贯伍佰文系俵众经钱，观音大士圣僧、方丈双分。僧众约四百员，各一贯文，堂司行者随僧贐。在假并暂到，约七十九人半分，各伍佰文，共支行。

除支外，见管钞伍佰文收堂司公用。

右具如前。

年　月　日　堂司行者　某　具

把帐　　侍者　某押　知客　某押

直岁　　知殿

典座　　知浴

副寺　　藏主

维那　　藏主

副寺　　书记

监寺　　首座

都寺　　首座　　某押两序并同

住持　　　　　　押

---

① "度"，底本为"度"，校本《北藏》、《龙藏》、《频伽藏》、《大正藏》为"度"，《卍续藏》为"座"。此处应为"度"，"座"为"度"之讹误。

板帐之设，盖古者凡立成式，必书诸板，示不可移易也。故丛林亡僧有板帐焉。凡僧亡，以其所有衣物，对众估唱，惩贪积也。估唱得钱，必照板帐支用外，其钱作三七抽分，归常住_{百贯抽三十贯。不满百贯，则不抽分，}余则均俵僧众。经资一佰，则佛事一贯，方丈倍之。以一千贯为率，条列于前。约其成式，多则增而上之，少则降而杀之。临时又量众随宜，以斟酌之_{或勤旧有田地、米谷、房舍、床榻、桌凳，当尽归常住。}仍量唱衣钱寡多①，则排日俵觊讽经、看经、添奠茶汤、转龛骨等佛事。

大众章终

---

① "寡多"，底本为"寡多"，校本《北藏》、《龙藏》、《频伽藏》、《卍续藏》、《大正藏》为"寡多"，据《大正藏》本底注，《宫本》为"多寡"。"寡多"与"多寡"皆可选用，现依底本与校本选"寡多"。

节腊章第八

僧不序齿而序腊，以别俗也。西域三时，以一时为安居。出入有禁止，凡禅诵行坐，依受戒先后为次。而制以九旬，策勋于道。以三旬营资身之具，使内外均养，身心俱安也。克期进修，不舍寸阴，护惜生命，行兼慈忍。旨哉圣训，万世永遵。而五竺地广，暑寒霖潦，气候之弗齐，故结制有以四月、五月、十二月，然皆始以十六日。所谓雨安居者，因地随时，惟适之安。或曰坐夏，或曰坐腊，戒腊之义始此。如言验蜡人冰以坐腊之人验其行，犹冰洁。或谓埋蜡人于地，以验所修之成亏者，类淫巫俚语，庸非相传之讹耶。且吾所修证，圣不能窥，岂外物可测其进退哉。

今禅林结制以四月望，解以七月望者，若先一日讲行礼仪，而期内得专志于道。故略繁文，亦随方毗尼。或议不如法，而不知其得法外意也。中土以冬为一阳之始，岁为四序之端。物时维新，人情胥庆，礼贵同俗，化在随宜，故以结、解、冬、年为四大节。周旋规矩，耸观龙象之筵；主宾唱酬，兼闻狮子之吼。礼文秩秩，猗欤盛哉。

夏前出草单

丛林以三月初一日出草单，见后。方丈止挂搭，堂司依戒腊簿①写僧数。令行者先呈首座，次呈住持两序。挂僧堂前，备桌子，列笔砚于下。凡三日，皆斋后出。或有差误，请自改正。盖防初上床历，一时恐有错乱。又众多，或致漏落。将写图帐，故先具草单，各当自看本名戒次高下。近来好争作闹者，往往恃强挟私，争较名字②是非，互相涂抹，喧哗挠众，犯者合摈。果有冒名越戒者，惟当③详禀维那、首座，覆住持处置④。

草单式戒次朱书名字墨书

清⑤众戒腊　威音王戒　陈如尊者
堂头和尚　至原几戒　原贞几戒
某甲上座　某甲上座　大德几戒
至大几戒　某甲上座　某甲上座

---

① "簿"，底本为"牌"，校本《北藏》、《龙藏》、《频伽藏》、《大正藏》为"牌"，《卍续藏》为"簿"。据《大正藏》本底注，《宫本》为"簿"。在本文献中，堂司有"戒腊簿"，对众公示的为"戒腊牌"，故此处选"簿"。
② "字"，底本为"字"，校本《北藏》、《龙藏》、《卍续藏》、《大正藏》为"字"，《频伽藏》为"宇"。据文义，此处应为"字"，"宇"为"字"之讹误。
③ "当"，底本为"当"，校本《北藏》、《频伽藏》、《卍续藏》、《大正藏》为"当"，《龙藏》为"者"。据文义，此处应为"当"，"者"属讹误。
④ "当详禀维那、首座，覆住持处置"，底本夹注格式，校本《北藏》、《龙藏》与底本同，《频伽藏》、《卍续藏》、《大正藏》为正文格式。据前后文义判断，其应为正文，现采用正文格式。
⑤ "清"，底本有此"清"字，校本《北藏》、《龙藏》、《频伽藏》、《卍续藏》、《大正藏》有"清"字，据《大正藏》本底注，《宫本》无"清"字。据文义，此处应当有"清"字。《宫本》脱漏"清"字。

右具如前。恐有差误，请自改正，伏幸众悉。

今　月　日　堂司某具

新挂搭人点入寮茶

新挂搭人入寮后，照列纳陪①寮钱若干，候寮元轮排，当在何日。挂点茶牌报众，书云："今晨斋退，某甲上座，某甲上座。"列写或三人、六人、九人为度。须各备小香盒，具威仪，预列众寮前右边立。候众下堂，茶头即鸣寮前板。众至，揖迎归位。立定，点茶人列一行问讯，揖坐。坐毕，分进中炉、上下间炉前烧香。人多不过九人②，则三③三进前。退步转身，须相照顾详缓，列一行问讯。仍分进炉前问讯，退仍一行列问讯而立，谓之揖香。鸣寮内小板二下，行茶遍瓶，须从穿堂入，仍如前进前问讯④，复退作一行问讯，谓之揖茶。鸣小板一下，收盏。众起立定，寮元出炉前，对点茶人代众谢茶，众人就位同时合掌。谢毕，寮元复位，点茶人复一行列问讯，再各分进炉前问讯，谓之谢众临⑤。仍退作一行问讯，鸣寮前板三下，大众和南而散。寮元随令茶头请点茶人

---

① "陪"，底本为"陪"，校本《北藏》、《龙藏》、《卍续藏》、《大正藏》为"陪"，《频伽藏》为"部"。据文义，此处应为"陪"，"部"为"陪"之讹误。
② "人"，底本为"人"，校本《北藏》、《龙藏》、《卍续藏》、《大正藏》为"人"，《频伽藏》为"也"。据文义，此处应为"人"，"也"属讹误。
③ "三"，底本为"三"，校本《北藏》、《龙藏》、《频伽藏》、《大正藏》为"三"，《卍续藏》为"二"。据文义，此处应为"三"，"二"属讹误。
④ "前进前问讯"，底本为夹注格式，校本《北藏》、《龙藏》为夹注格式，《频伽藏》、《卍续藏》、《大正藏》为正文格式。据文义现采用正文格式。
⑤ "临"，底本为"临"，校本《北藏》、《龙藏》、《频伽藏》、《大正藏》为"临"，《卍续藏》为"临屈"。据《大正藏》本底注，《宫本》为"临屈"。据文义，此处"临"与"临屈"均可，现依底本选"临"。

献茶。候点入寮茶毕，寮元逐日依①戒具名，点戒腊茶②行礼③并同前。

出图帐

草单已定，堂司依戒腊写楞严图、念诵巡堂图、被位图、钵位图式前后互见、戒腊牌，惟钵位图当分十六板余随僧堂大小不拘。

除单寮、西堂、首座、勤旧排板头外，其余并依戒腊。旧以送蒙堂者排副钵，后因争竞，不排。悉依戒次具草本呈首座，次呈住持。看定，方写诸图，正本再呈。惟钵位图遍呈单寮，浴佛日并铺大殿前。被钵位图又④当预出，书小榜报众云："粥罢排被钵位，伏幸众悉⑤，今月日，堂司某白。"贴僧堂前后门。

---

① "依"，底本为"衣"，校本《北藏》、《龙藏》、《频伽藏》、《大正藏》为"衣"，《卍续藏》为"依"。此处"衣"同"依"，现选用本义字"依"。
② "元逐日依戒具名，点戒腊茶"，底本与诸校本均为夹注格式。据文义并为了行文整齐，现来用正文格式。
③ "礼"，底本为"礼"，校本《北藏》、《龙藏》、《卍续藏》为"礼"，《频伽藏》、《大正藏》为"体"。据文义，此处应为"礼"，"体"属讹误。
④ "又"，底本为"又"，校本《北藏》、《龙藏》为"义"，《频伽藏》、《大正藏》为"叉"，《卍续藏》为"又"。据《大正藏》本底注，《宫本》为"又"。据前后文义，此处当为"又"，"义"与"叉"均属讹误。
⑤ "众悉"，底本为"悉众"，校本《北藏》、《龙藏》、《频伽藏》、《大正藏》为"悉众"，《卍续藏》为"众悉"。据《大正藏》本底注，《宫本》为"众悉"。据文义，此处应为"众悉"，"悉众"属倒置错误，故依《卍续藏》与《宫本》选"众悉"。

板不首分	图之位钵首板六十	仿被此位
八大众	大众　立僧 ‖ 后堂　大众	七大众
	廿二　十六大众 ‖ 廿一　十五大众	
	内	
	圣	
	僧	
大众	卅　廿四　十大众 ‖ 三十　九大众	大众
大众	书记　藏主　知藏 ‖ 藏主　书状　书记	大众
六大	明窗 ‖ 照堂	五
	暂到　诸塔　诸庵　寮元　知殿　知浴　知客 ‖ 知事　维那　侍者　侍者　侍者　侍者　侍者	
	匡晷 ‖ 匡晷　匡晷	

前

众寮结解特为众汤 附建散楞严

四月初，待众诣方丈谢挂搭罢，堂司图帐已定，寮元依戒排经柜图、茶汤问讯图、清众戒腊牌、入寮资次牌、净发牌、夏中行茶汤瓶盏图 兄弟结缘随意书名。图成，大众和南时，俱出于穿堂。

十二日午后，堂司行者覆住持、两序，诸寮挂讽经牌报众。寮元洒扫众寮，预具状，见后，贴寮前下间。请合寮尊众特为汤，铺设照牌，观音前设供养，上下间排香炉、烛台。预煎汤，寮元亲送方丈，令茶头分送诸寮。俱毕，鸣寮内小板。先①讲小座汤，亦设照牌，特为寮主、副寮、楞严头，行瓶盏人请寮长光伴。揖坐，烧香揖香，归位坐。行汤毕，方鸣寮前板，寮长、大众入座。请维那、侍者光伴，与寮元分手位，寮长对面②位，大众依戒四案位。寮主、副寮分案行礼，皆巡问讯，入座揖坐，烧香揖香。鸣寮内板二下，行汤遍，揖汤。又鸣板一下，收盏毕，寮长进炉前谢汤。毕，鸣③寮前板三下，退座。两序入寮，首座、都寺各烧香，归班位立。寮元于门外右立，伺迎住持入，烧香立定。寮元于西序班末后立，出烧香礼拜。楞严头举咒回向毕，寮元送住持出。七月十二日礼同。

状　式

　　守寮比丘　某，　右某启取，今晚就寮煎汤一盏，特为合寮尊众，聊旌某制之仪。伏望众慈，同垂④光降。谨状。今　月　日　守寮比丘　某　状

　　可漏子：状请合寮尊众禅师　守寮比丘某　谨状

---

① "先"，底本为"先"，校本《北藏》、《频伽藏》、《卍续藏》、《大正藏》为"先"，《龙藏》为"光"。据文义，此处应为"先"，"光"为"先"之讹误。
② "面"，底本为"面"，校本《北藏》、《龙藏》、《频伽藏》、《大正藏》为"面"，《卍续藏》为"随"。据文义，此处应为"面"，"随"属讹误。
③ "鸣"，底本为"鸣"，校本《北藏》、《频伽藏》、《大正藏》为"鸣"，《龙藏》为"鸟"。据文义，此处应为"鸣"，"鸟"为"鸣"之讹误。
④ "垂"，底本为"垂"，校本《北藏》、《龙藏》、《频伽藏》、《卍续藏》、《大正藏》为"垂"，据《大正藏》本底注，《宫本》为"乘"。据文义，此处应为"垂"，"乘"为"垂"之讹误。

楞严会

四月十三日启建。堂司预照大众戒腊写图，见后。浴佛日诸图帐俱同出铺殿前，请书记制疏语。维那先期择有音声者为楞严头，引诣方丈库司问讯，皆请点心，维那光伴。至期，写普回向偈偈见后，乃真歇了禅师制，贴殿内左右柱上。有处见成刻牌①，则挂牌。堂司行者隔宿报众云："来晨粥罢，各具②威仪，诣大殿启建楞严会讽经。"就挂诸寮讽经牌。

---

① "牌"，底本为"牌"，校本《北藏》、《龙藏》为"牌"，《频伽藏》、《卍续藏》、《大正藏》为"碑"。据底本尾注，《嘉兴藏》为"碑"。据"刻牌则挂牌"可知，此处应为"牌"，用"碑"则文义不通顺。
② "具"，底本为"俱"，校本《北藏》、《龙藏》、《频伽藏》、《大正藏》为"俱"，《卍续藏》为"具"。据《大正藏》本底注，《宫本》为"具"。此处"具"与"俱"通，该文献有"各具威仪"多处，故此处选"具"。

楞严胜会之图

（图示：烛香烛　烛香烛　烛香烛，及众位席次图，略）

次日粥罢，候殿上排办毕，覆两序，次覆住持。自众寮前鸣板起，巡廊鸣遍，鸣方丈板。住持出，鸣库堂前大板三下，鸣大钟、僧堂钟、殿钟。住持至佛前烧香上茶汤毕，归位。行者鸣钹，维那揖住持、两序出班烧香大众无拜，此《旧规》所载。近时，有谓大众同展三拜，住持跪炉，并与圣节、佛诞礼同，不知何所祖述。原夫大众拜与住持跪炉宣疏者，以祝圣寿报佛恩，当严其礼以示特重。楞严会乃祈保安居，于礼可杀，不若从旧为允。白佛宣疏毕，楞严头唱①《楞严》。众和毕，仍作梵音唱念经首序引。毕，方举咒。咒毕，唱摩诃。众和毕，维那回向云："上来讽经功德，回向真如实际，庄严无上佛果菩提。四恩总报，三有齐资，法界有情②，同圆种智，十方三世一切云云。"

每日粥罢，少歇，伺众更衣。堂司行者覆两序，次覆住持，然后巡廊鸣板，各三下遍。住持出，则鸣大板三下，不出则不鸣。鸣僧堂钟、殿钟，不鸣大钟。集众讽咒毕，楞严头举普回向偈，大众同声念。如遇旦望，则祝圣寿，系维那回向。至七月十三日③满散礼同，但④楞严头唱念咒尾之末章，维那回向而散。

普回向偈

上来现前比丘众，　讽诵楞严秘密咒，
回向护法众龙天，　土地伽蓝诸圣造。
三涂八难俱离苦，　四恩三有尽沾恩，
国界安宁兵革⑤销，　风调雨顺民康乐。

---

① "唱"，底本为"唱"，校本《北藏》、《龙藏》、《频伽藏》、《卍续藏》、《大正藏》为"唱"。据《大正藏》本底注，《宫本》为"喝"。据文义，此处应为"唱"，"喝"属讹误。
② "情"，底本为"情"，校本《北藏》、《龙藏》为"情"，《频伽藏》、《卍续藏》、《大正藏》为"清"。据文义，此处应为"情"，"清"属讹误。
③ "十三日"，底本与诸校本均为夹注格式。据文义此处应为正文，现改为正文格式。
④ "但"，底本为"旦"，校本《北藏》为"旦"，《龙藏》、《频伽藏》、《卍续藏》、《大正藏》为"但"，据底本尾注，《嘉兴藏》为"但"。据文义，此处应为"但"，"旦"为"但"之讹误。
⑤ "革"，底本为"革"，校本《北藏》、《龙藏》、《频伽藏》、《大正藏》、《卍续藏》为"革"。据《大正藏》本底注，《宫本》为"草"。据文义，此处应为"革"，"草"为"革"之讹误。

一①众熏修希胜进,十地顿超无难事,

山门镇静绝非虞,檀信皈依增②福慧③。

十方三世一切佛,一切菩萨摩诃萨。

摩诃般若波罗密④。

疏　语

启建金由淬砺之精,其锋莫挫;镜假炼磨之莹,则照不昏。故先圣显抑扬之机,为众生破微细之惑。摩登庆喜,妙协冥权;世尊文殊,特彰化轨。阐一代教观,则有观有教;示密因修证,而无证无修。明真见而息诸尘,空花无蒂;居正定以制群动,止水不波。顾末裔之何知,诵遗言而自警。伏愿:促恒河沙劫为一念,无间⑤长期;会十方刹土以同居,咸成正觉。

满散睹此林园宛尔,祇桓精舍现前,海众俨然,一会灵山。括大千于微尘,融三际于当念。属休夏之自恣,无犯无持;总万象以交参,孰凡孰圣。人人妙觉,刹刹毗卢,示现千百亿身,超越五十七位。以指喻指之非指,指亦俱亡;似空藏空而合空,空宁可徇。为怜幼稚,特奖愚蒙。遵遗教以受持,赖安居之无障。伏

---

① "一",底本为"一",校本《北藏》、《频伽藏》、《卍续藏》、《大正藏》为"一",《龙藏》为"大"。据文义,此处应为"一","大"属讹误。

② "增",底本为"增",校本《北藏》、《龙藏》、《卍续藏》为"增",《频伽藏》、《大正藏》为"僧"。据文义,此处应为"增",用"僧"则文义不通。

③ "慧",底本为"惠",校本《北藏》为"惠",《龙藏》、《频伽藏》、《卍续藏》、《大正藏》为"慧",此处"惠"同"慧",现据校本多数选"慧"。

④ "密",底本为"密",校本《北藏》、《龙藏》、《卍续藏》、《大正藏》为"密",《频伽藏》为"蜜"。此处"蜜"同"密",现依底本及多数校本选"密"。

⑤ "间",底本为"间",校本《北藏》、《频伽藏》、《卍续藏》、《大正藏》为"间",《龙藏》为"闻"。据文义,此处应为"间","闻"为"间"之讹误。

愿：奢摩寂静具足，诸尘劳门大用，繁兴等入，首楞严定。

戒腊牌

堂司、侍司、众寮，预依戒腊写造。至十四日午后，堂司牌列僧堂前上间，侍司牌列法堂下间，众寮牌列寮内。各备香几、炉烛供养，大众各炷香展拜毕，仍各收牌挂起。

方丈小座汤

四节讲行，按古有三座汤。第一座分二出：特为东堂、西堂，请首座光伴。第二座分四出：头首一出，知事二出，西序勤旧三出，东序勤旧四出，西堂光伴。第三座位多，分六出。本山办事，诸方办事，随职高下分坐，职同者次之，首座光伴。侍司预备草图，呈方丈议定。

至日，依名书照牌。午后，备桌袱，作一、二、三座，陈列寝堂下间。东西堂、前堂、首座、都寺，系请客侍者各诣寮，触礼拜请云："堂头和尚请今晚就寝堂，特为献汤。"余头首、办事、名胜，方丈客头行者请云："方丈和尚参前请就寝堂，特为献汤。"寝堂钉挂排位，秉烛装香毕，客头行者覆侍者，次覆方丈。鸣鼓，初座客集。侍者揖引至住持前问讯，依照牌入位立定。烧香侍者、请客侍者分往特为人前巡问讯。揖坐已，复位并立，烧香侍者进前烧香。仍归位，与请客侍①者同时转身，分巡问讯，揖香。候鸣板二下，行汤遍，仍巡揖。汤毕，烧香侍者进烧光伴香。鸣板一下，收盏。鸣鼓五②下，退座③。三座行礼并同。

丛林以茶汤为盛礼，近来多因争位次高下，遂寝不讲。住持当力行之，江湖老成当力从臾之，庶将来知所矜式云。

四节土地堂念诵

凡遇节，先一日午后，土地堂严设供养，排香烛、台几④、炉瓶。堂司行者报众，挂念诵牌。巡廊鸣板，与三八同。众集，相对雁立。住持先祖堂，次大殿，炷香三拜。鸣大板三下，鸣大

---

① "侍"，底本为"侍"，校本《北藏》、《龙藏》、《卍续藏》、《大正藏》为"侍"，《频伽藏》为"座"。据文义，此处应为"侍"，"座"属讹误。
② "五"，底本为"五"，校本《北藏》、《龙藏》、《频伽藏》、《大正藏》为"五"，《卍续藏》为"三"。据《大正藏》本底注，《宫本》为"三"。据本文献中其他茶汤礼仪，此处应为"五"。
③ "座"，底本为"座"，校本《北藏》、《龙藏》、《卍续藏》、《大正藏》为"座"，《频伽藏》为"侍"。据文义，此处应为"座"，"侍"属讹误。
④ "几"，底本为"凡"，校本《北藏》、《龙藏》、《卍续藏》、《大正藏》为"凡"，《频伽藏》为"几"。据《大正藏》本底注，《宫本》为"几"。据文义，此处应为"几"，"凡"为"几"之讹误。

钟，住持至大众俯①首合掌为迎住持，侍者随后，只当叉②手而过，烧香归位。行者鸣钹，维那出，揖班上香毕，念诵回向见后。

四节念诵回向

切以熏风扇野，炎帝司方，当法王禁足之辰，乃释子护生之日。恭裒大众肃诣灵祠，诵持万德洪名，回向合堂真宰，所祈加护得遂安居，仰凭大众念云云。

切以金风扇野，白帝司方，当觉皇解制之辰，是法岁周圆之日。九旬无难，一众咸安，诵持万德洪名，仰答合堂真宰，仰凭大众念云云。

切以时临亚岁，节届书云，当一阳来复之辰，乃万汇发生之始。恭裒大众肃诣灵祠③，诵持万德洪名，回向合堂真宰，仰凭大众念云云。

切以化工密运，岁历云周，咸忻四序之安，将启三阳之庆。恭裒大众，肃诣灵祠④，诵持万德洪名，回向合堂真宰，仰凭大众念云云。

上来念诵功德回向，当山土地、列位护伽蓝神，合堂真宰。所冀神功叶赞，发挥有利之勋，梵苑超隆，永锡无私之庆。再劳尊众，念十方三世一切云云。四节并同。

库司四节特为首座大众汤

念诵罢，就僧堂讲礼。都寺预于斋退具汤榜，见后。即令客

---

① "俯"，底本与诸校本均为"俛"。"俛"通"俯"，现选用通用字"俯"。
② "叉"，底本为"义"，校本《北藏》、《龙藏》为"义"，《频伽藏》、《卍续藏》、《大正藏》为"叉"。据文义，此处指"叉手之礼"，故应为"叉"，"义"为"叉"之讹误。
③ "祠"，底本为"祠"，校本《北藏》、《龙藏》、《频伽藏》、《卍续藏》、《大正藏》为"祠"。据《大正藏》本底注，《宫本》为"伺"。据文义，此处应为"祠"，"伺"为"祠"之讹误。
④ "祠"，底本为"祠"，校本《北藏》、《龙藏》、《大正藏》、《卍续藏》、《频伽藏》为"祠"。据《大正藏》本底注，《宫本》为"捫"。据文义，此处应为"祠"，"捫"为"祠"之讹误。

头行者备盘袱、炉烛，诣前堂首座前插香，触礼一拜禀云："今晚就云堂，特为首座大众点汤，伏望慈悲，特垂光降。"以榜呈纳。首座随令本寮茶头递付供头，贴僧堂前下间。库司客头随覆云："拜请汤罢，就座药石。"都寺怀香诣方丈，触礼一拜，请云："今晚就云堂，特为首座大众点汤，伏望和尚慈悲，特垂降重。"仍分付客头，请勤旧、蒙堂诸寮，各挂点汤牌。逐一请已，僧堂前列照牌，设首座与住持对面位，上下间安大众位，差行者专直特为人。

念诵毕，即鸣斋鼓一通，大众归钵位，头首一班齐归前板。都寺随入揖，首座离位却揖。以次头首进板首，随送首座归位。从圣僧后右出堂外，迎住持入堂。供头缓鸣堂前钟七下，送住持入位，仍往首座前揖坐。仍如前出，从首座板起，巡堂一匝，外堂上下间。归堂中立问讯。众坐，进前烧香。次，上下间、外堂。归，香盒安原处，即往特为人前问讯。右出住持前问讯，仍巡问讯一匝，及外堂。归堂中，问讯侧立。鸣堂前钟二下，先进特为人与住持汤，次行大众汤。遍瓶出，往特为人前问讯。右出，圣僧前大展三拜，仍巡堂一匝。出外堂巡毕，引全班入住持前行礼，初展云："此日粗汤，特沐慈悲降重，下情不胜感激之至。"再展云："即日时令，谨时恭惟堂头和尚，尊候起居多福。"退，触礼三拜毕，转身引从圣僧后转右出，堂前排立。首座随出，对触礼一拜谢汤，复从上间入特为位。都寺复归中，烧香为药石故而退。堂司行者喝云："请大众下钵。"行者进住持、特为人桌，大众展钵头首不下钵，库司备碗碟。行药石食毕，鸣鼓三下，退座。方丈预出免人事榜云："某节并就来日，法堂上人事例免到方丈，伏希众悉。住山某咨白。"贴僧堂上间，不鸣放参钟各乡曲依所出榜，诣①各处团拜。四节并同，惟冬节汤罢行糍果，方行药石。

汤　榜

> 库司今晚，就云堂点汤一盏，特为首座大众，
> 聊旌某节之仪。伏望众慈，同垂光降。
> 今　月　日　库司比丘某等敬白

结制礼仪

至日五更，两序、大小勤旧、江湖、办事、乡曲、法眷、小师皆当诣方丈插香展礼。若见僧堂前出免人事榜，则不必往。

侍者覆方丈，令行者报众，挂上堂牌。粥罢，住持说法毕，详白行礼始末云："下座，先与西堂人事触礼一拜，次与知事人事两展三礼，次与首座大众人事两展三礼②。知事先归库司，首座领大众诣库司人事，触礼三拜。首座归僧堂前上间③，后堂领大众归僧堂下间，与首座人事触礼三拜毕，依念诵图立。首座领众，巡入堂内立定。首座离位，圣僧前烧香，大④展三拜，巡

---

① "诣"，底本为"诣"，校本《北藏》、《龙藏》、《频伽藏》、《大正藏》为"诣"，《卍续藏》为"请"。据文义，此处应为"诣"，"请"属讹误。
② "次与首座大众人事两展三礼"，底本为"次与首座大众人事两展三礼"，校本《北藏》、《龙藏》、《频伽藏》、《卍续藏》、《大正藏》其后多"次……礼"十二字。现选底本，不保留重复的十二字。
③ "间"，底本为"间"，校本《北藏》、《频伽藏》、《卍续藏》、《大正藏》为"间"，《龙藏》为"问"。据文义，此处应为"间"，"问"为"间"之讹误。
④ "大"，底本为"大"，校本《北藏》、《频伽藏》、《卍续藏》、《大正藏》为"大"，《龙藏》为"如"。据文义，此处应为"大"，"如"属讹误。

堂一匝归位。行者喝云："首座礼谢大众，触礼三①拜。次，知事入堂烧香，大展三拜，巡堂一匝，至圣僧板头排立。行者喝云：知事礼谢大众。触礼三拜，不出堂。住持入堂烧香，大展三拜，巡堂一匝归位。行者喝云：堂头和尚与大众人事。普触礼三拜。又喝云：大众普同作礼。触礼三拜，次第巡寮。"

下座，行者即进香烛、台几、炉瓶，作一字排列毕，西堂进前人事。次，知事进插香，初展云："*此际安居，获奉巾瓶，惟仗法力资持，愿无难事。*"再展云："*即日孟夏，谨时恭惟堂头和尚，尊候起居多福。*"退，触礼三拜，住持答一拜。次，首座领众插香，勤旧诸寮皆随后，次第插香展礼，致词并与前同。众退，住持跌座，侍者、小师插香展拜。次，参头领众行者插香礼拜。次，作头领老郎、诸直厅轿番、人仆等参拜。首座领众诣库司人事，触礼三拜。后堂首座领众归僧堂前下间立定，前堂首座居上间。堂司行者喝云："*大众与首座人事。*"对触礼三拜毕，依念诵图立。首座领众，巡入堂内归位立。侍者、暂到巡半堂，侍者于圣僧龛后立，暂到向侍者立定。首座离位，进圣僧前烧香，大展三拜，巡堂一匝复位。喝云："*首座礼谢大众。*"对触礼三拜毕，知事入，烧香展拜。巡堂毕，排立圣僧板头喝云："*知事礼谢大众。*"对触礼三拜毕，不出堂。住持入堂烧香，展拜，巡堂归位小师輩②必当回避。从后门出，候讲礼毕，复位吃茶。喝云："*堂头和尚与大众人事。*"普触礼三拜。喝云：

---

① "三"，底本为"三"，校本《北藏》、《卍续藏》、《频伽藏》、《大正藏》为"三"，《龙藏》为"二"。据文义，此处为"三"，"二"为讹误。
② "輩"，底本为"輩"，校本《北藏》、《龙藏》、《频伽藏》、《卍续藏》、《大正藏》为"輩"。据《大正藏》本底注，《宫本》为"軰"。据文义，此处应为"輩"，"軰"为"輩"之讹误。

"大众普同作礼。"触礼三拜《旧规》载,知事出堂后住持入堂,则不①曾答得知事礼。盖礼无不答者,近希叟和尚、一山和尚皆如此讲行,识者是之。知事退身出堂外,侍者、暂到随后出。大众就坐,侍者归中问讯,揖坐,进中炉上下间至外堂烧香。香盒安原处,退身当中问讯。上下间外堂问讯了,归中立。鸣钟二下,行茶遍瓶出,复如前问讯中立。鸣钟一下,收盏。鸣钟三下出堂,众散。

住持次第巡寮,各寮严设坐椅、香几②于门外,候住持。从东廊第一寮巡起,至各寮香几前,寮主同众插香云:"此日礼当拜贺,返沐降重。"答③香云:"适辱礼贺,专此致谢。"送住持数步,复侧立香几之右,合掌问讯,待众行尽,就随其末。次第巡过,各寮人随后接巡。至法堂上,住持于香几④内中立,大众三人一引,问讯而过。巡至本寮香几之侧,各各依次合掌立定。一一巡遍而散,四节并同。

四节秉拂

住持小参时,白云:"来晨斋退,烦都寺、维那、侍者,赍牌拂诣首

---

① "则不",底本为"则不",校本《北藏》、《龙藏》、《频伽藏》、《大正藏》为"则不",《卍续藏》为"不则"。据前后文义,此处应为"则不","不则"属讹误。
② "几",底本为"几",校本《北藏》、《龙藏》、《频伽藏》、《卍续藏》、《大正藏》为"几"。据《大正藏》本底注,《宫本》为"凡"。据文义,此处应为"几","凡"为"几"之讹误。
③ "答",底本与诸校本为"畣","畣"为"答"之异体字,现改为通用字"答"。
④ "几",底本为"几",校本《北藏》、《频伽藏》、《卍续藏》、《大正藏》为"几",《龙藏》为"凡"。据《大正藏》本底注,《宫本》为"凡"。此处应为"几","凡"为讹误。

座，各处拜请，来晚为众秉拂。"次日，斋退烧香，侍①者即令客头行者携拄杖、牌拂，人仆捧盘袱、炉烛，约都寺、维那同诣各头首寮，炷香，触礼一拜，禀云："方丈和尚慈旨，令某等谨赍牌拂，专此拜请，今晚为众秉拂②。"一一请已，首座约同受请头首，带行者将牌拂、拄杖，随诣方丈禀辞。住持当力劝勉送出，首座转身就禀云："尊命既严，不容辞却，敢借法座，伏望慈悲。"古来秉拂，多别设座，今习为常，后昆无闻。次，就烧香侍者处借法鼓。秉拂人令茶头行者请圣僧侍者、禅客，烧香献茶毕，云："今晚秉拂，轼烦侍者烧香，禅客问话③。"复令行者，僧堂前挂秉拂牌。

方丈请秉拂人药石，免赴当送往。堂司行者排办法座，左手敷罘④罳，设住持位。昏钟鸣时，行者覆秉拂人，次覆住持。鸣鼓一通，众集，小参礼同。住持出，径归位立定。都寺、维那、侍者，同往秉拂人前问讯。秉拂人往住⑤持前问讯。次，知事前问讯，巡至班末。次，至同班前问讯，亦巡至班末，即举手与大众普同问讯。登座坐定，秉拂侍者同方丈侍者出，座下问讯。两序、西堂次第问讯。住持问讯，秉拂人当起身。仍就座云："侍者请堂头和尚跌坐。"秉拂侍者至住持前问讯，转身登座烧香，提坐具

---

① "侍"，底本为"侍"，校本《北藏》、《龙藏》、《卍续藏》、《大正藏》为"侍"，《频伽藏》为"待"。据文义，此处应为"侍"，"待"为"侍"之讹误。
② "拂"，底本为"拂"，校本《北藏》、《龙藏》、《频伽藏》、《卍续藏》为"拂"，《大正藏》为"佛"。据文义，此处应为"拂"，"佛"为"拂"之讹误。
③ "话"，底本为"话"，校本《北藏》、《龙藏》、《频伽藏》、《大正藏》为"话"，《卍续藏》为"语"。禅林专用语为"问话"，因此用"语"不妥。
④ "罘"，底本为"罘"，校本《北藏》、《龙藏》、《频伽藏》、《卍续藏》、《大正藏》为"罘"。据《大正藏》本底注，《宫本》为"罝"。据文义，此处应为"罘"，"罝"为"罘"之讹误。
⑤ "住"，底本为"住"，校本《北藏》、《龙藏》、《频伽藏》、《大正藏》为"住"，《卍续藏》为"巡"。据文义，此处应为"住"，"巡"属讹误。

问讯，叉①手侧立。秉拂人索语问答了，提纲叙谢方丈及两序勤旧、诸寮②大众毕，举方丈小参公案。或拈或颂毕，下座，住持前问讯③，复原位。以次秉拂人，并如前礼。

秉拂罢，方丈客头唱请汤果。如小参时，秉拂人即怀香同诣方丈拜谢，就坐汤果。次日，方丈请茶，如都寺办斋并请茶，半斋点心。别日上堂，叙谢管待，或请立班。西堂在第二夜秉拂。住持小参时，先④委曲劝请举扬，随意拈颂公案，递相激扬此道。近时叙谢，循袭繁赘，使人厌听，取诮识者。盖秉拂以法为施，苟徇时仪，但总标⑤名，或略提过足矣。

方丈四节特为首座大众茶

至日粥罢，请客侍者写茶榜，见后。备盘袱、炉烛，诣寮炷香，触礼请云："堂头和尚，今晨斋退就云堂点茶特为，伏望降重。"以榜呈纳，贴僧堂前上间。客头行者请以次头首诸寮，及请知事光

---

① "叉"，底本为"义"，校本《北藏》、《龙藏》为"义"，《卍续藏》、《频伽藏》、《大正藏》为"叉"。据文义，此处应为"叉"，"义"为"叉"之讹误。
② "寮"，底本为"寮"，校本《北藏》、《龙藏》、《频伽藏》、《卍续藏》、《大正藏》为"寮"，《龙藏》为"察"。据文义，此处应为"寮"，"察"为"寮"之讹误。
③ "讯"，底本为"讯"，校本《北藏》、《龙藏》、《频伽藏》、《大正藏》为"讯"，《卍续藏》为"訙"。据文义，此处为"讯"，"訙"为"讯"之讹误。
④ "先"，底本为"先"，校本《北藏》、《龙藏》、《卍续藏》为"先"，《频伽藏》、《大正藏》为"小"。据底本尾注，《嘉兴藏》为"小"。据《大正藏》本底注，《宫本》为"先"。据文义，此处应为"先"，"小"属讹误。
⑤ "标"，底本为"標"，校本《北藏》、《龙藏》、《卍续藏》、《大正藏》为"標"，《频伽藏》为"襟"。据文义，此处应为"標"，"襟"为"標"之讹误。"標"现作"标"。

伴，挂点茶牌。长板鸣，请客侍者入堂，圣僧①前烧香一炷，大展三拜，巡堂一匝，至中问讯而退，谓之巡堂请茶。堂前排特为照牌，首座与住持对面，上首知事与住持分手位，维那次之，以次知事与受特为人分手位。

鸣鼓集众，烧香侍者行礼并与库司特为汤礼同。首座至住持前谢茶，两展三礼，初展云："兹者特蒙煎点，下情不胜感激之至。"再展云："即日时令②，谨时恭惟，堂头和尚尊候起居多福。"退，触礼三拜。住持每一展，则约止之。至触礼，则答一拜。首座转身，从圣僧后右出，住持略送复位。侍者烧光伴香，鸣钟收盏，鸣鼓退座，亦同前。首座先往法堂，候③住持拜谢，免则问讯。

榜　式

堂头和尚今晨斋退，就云堂点茶一盏，特④为
首座、大众，聊旌某节之仪。
仍请诸知事，同垂光降⑤。
今　月　日　侍司　某敬白

---

① "僧"，底本为"僧"，校本《北藏》、《龙藏》、《卍续藏》、《大正藏》为"僧"，《频伽藏》为"曾"。据《大正藏》本底注，《宫本》为"曾"。据文义，此处应为"僧"，"曾"为"僧"之讹误。
② "令"，底本为"令"，校本《北藏》、《频伽藏》、《卍续藏》、《大正藏》为"令"，《龙藏》为"今"。据文义，此处应为"令"，"今"为"令"之形讹。
③ "候"，底本为"候"，校本《北藏》、《龙藏》、《卍续藏》、《大正藏》为"候"，《频伽藏》为"库"。据文义，此处应为"候"，"库"属错讹。
④ "特"，底本为"特"，校本《北藏》、《龙藏》、《频伽藏》、《大正藏》为"特"，《卍续藏》为"持"。据文义，此处应为"特"，"持"为"特"之讹误。
⑤ "降"，底本为"伴"，校本《北藏》、《龙藏》为"伴"，《频伽藏》、《卍续藏》、《大正藏》为"降"。据底本尾注，《嘉兴藏》为"降"。据《大正藏》本底注，《宫本》为"伴"。根据本文献其他各处用词习惯，此处用"光降"更妥当，故选"降"。

库司四节特为首座大众茶

遇节之次日,粥罢,库司具茶榜与汤同请茶,报众挂牌。长板鸣,入堂①请茶,与侍者同。斋退,排照牌设位,鸣鼓集众。揖坐,揖香,揖茶。巡堂问讯,住持前行礼,致词并同汤礼。

前堂四节特为后堂大众茶

遇节之第三日,首座具茶状,见后,诣后堂首座寮,及诣方丈请茶,讲行礼仪次第并与库司特为茶同,但添设知事位次。

茶　状

前堂首座比丘某,右某启取今晨斋退,就云
堂点茶一盏,特为　后堂首座大众,聊　旌
某节之仪。仍请诸知事,同垂光伴。
今　月　日　具位　某　状
可漏子:状请后堂首座大众　具位　谨封

---

① "堂",底本为"堂",校本《北藏》、《龙藏》、《频伽藏》、《卍续藏》均为"堂",《大正藏》为"常"。据文义,此处应为"堂","常"属讹误。

旦望巡堂茶

住持上堂说法竟，白云："下座巡堂吃①茶。"大众至僧堂前，依念诵图立。次第巡入堂内，暂到与侍者随众巡。至圣僧龛后，暂到向龛与侍者对面而立，大众巡遍立定。鸣堂前钟七下，住持入堂烧香，巡堂一匝，归位。知事入堂②，排列圣僧前问讯，转身住持前问讯。从首座板起，巡堂一匝。暂到及侍者随知事后出，烧香侍者就居中问讯，揖坐。俟众坐定，进前烧香，及上下堂、外堂，先下间，次上间。香盒安原处，炉前逐一问讯。揖香毕，归原位。鸣钟二下，行茶瓶出，复如前问讯，揖茶而退。鸣钟一下，收盏。鸣钟三下，住持出堂。首座、大众，次第而出。或迫他缘，或住持暂不赴，众则粥罢就座吃茶，侍者行礼同前。

方丈点行堂茶

节腊，僧堂茶罢，侍者同客头至行堂点茶。客头预报参头，挂点茶牌报众。烧汤出盏，请典座光伴，方丈预送茶。侍者至库司，典座接入，参头、堂主领众行者门迎。侍者居主位，代住持

---

① "吃"，底本为"喫"，校本《北藏》、《龙藏》、《频伽藏》、《卍续藏》、《大正藏》为"喫"，据《大正藏》本底注，《宫本》为"契"。此处应为"喫"，"契"为"喫"之讹误。"喫"现作"吃"。
② "入堂"，底本为"堂"，校本《北藏》、《龙藏》、《频伽藏》、《大正藏》为"堂"，《卍续藏》为"入堂"。据《大正藏》本底注，《宫本》为"入堂"。据前后文义，此处应为"入堂"，"堂"属脱漏字。

也。典座右位，侍者出中烧香一炷。复位，以手揖众坐。吃茶毕，典座送出，参头、堂主门送，即诣方丈谢茶。

库司头首点①行堂茶

库司候方丈点茶罢，知事诣行堂点茶。知事居主位，典座分手，行礼与方丈侍者同。送出门，喝云："参头大众，诣库司谢茶。"库司客头报云："知事传语，免谢茶。"头首候点僧堂茶见《两序章》罢，令②堂司行者报参头，挂牌报众，请典座光伴，行礼与库司同，出门喝谢、喝免亦同。

月分须知
正　月

初一日，有处四孟月大众行道，讽经祈保。次，具门状，官员、檀越、诸山贺岁。十七日③，百丈忌。

---

① "点"，底本为"点"，校本《北藏》、《龙藏》为"点"，《频伽藏》、《卍续藏》、《大正藏》为"典"。据底本尾注，《嘉兴藏》为"典"。据文义及本文献用词习惯，此处应为"点"，"典"属讹误。
② "令"，底本为"令"，校本《北藏》、《频伽藏》、《卍续藏》、《大正藏》为"令"。《龙藏》为"合"。据文义，此处应为"令"，"合"为"令"之讹误。
③ "员、檀越、诸山贺岁。十七日"等字，底本为夹注格式，校本《北藏》、《龙藏》为夹注格式，《频伽藏》、《卍续藏》、《大正藏》为正文格式。据文义并为了行文整齐，现采用正文格式。

二 月

初一日，僧堂内闭①炉，或山寺高寒，毋拘。十五日，佛涅槃。

三 月

初一日，堂司出草单。清明日，祖堂、诸祖塔、诸檀越祠，库司预报洒扫，严备供养，集众讽经。此月出榜，禁约山林茶笋。

四 月

初一日，锁旦过。初四五间，告香普说。初八日②，佛诞浴佛。库司预造黑饭，方丈请大众夏前点心。十三日，建楞严会。十五日，结制候天气，僧堂内下暖帘，上凉帘。

五 月

端午日早晨，知事僧堂内烧香，点菖蒲茶。住持上堂，次第建青苗会。堂司预出诸寮看经诵经③单。直岁点检诸处整漏，疏

---

① "闭"，底本为"闭"，校本《北藏》、《龙藏》、《频伽藏》、《卍续藏》、《大正藏》为"闭"，据《大正藏》本底注，《宫本》为"闲"。据文义，此处应为"闭"，"闲"为"闭"之讹误。

② "锁旦过。初四五间，告香普说。初八日"等字，底本为夹注格式，校本《北藏》、《龙藏》为夹注格式，《频伽藏》、《卍续藏》、《大正藏》为正文格式。据文义并为了行文整齐，现采用正文格式。

③ "看经诵经"，底本为"看经诵经"，校本《北藏》、《龙藏》、《频伽藏》、《卍续藏》、《大正藏》与底本同。据《大正藏》本底注，《宫本》为"看诵经"。据文义，此处应为"看经诵经"，《宫本》脱漏"经"字。

浚沟渠。方丈诣诸寮、诸庵塔，各作一日点茶温存。僧堂内挂帐。

六 月

初一日，隆暑，首座免鸣坐禅板。入伏，堂司提调晒荐，炭头或库司打炭团。

七 月

初旬，堂司预出盂兰盆①会诸寮看诵经单，预率众财，办斛食供养。十三日，散楞严会。十五日，解制，当晚设盂兰盆会，讽经施食。

八 月

初一日，开旦过，知客预晒寮内荐席。此月修补本色衲子，未遽起单，僧堂收帐。

九 月

初一日，首座复鸣坐禅板，堂司提调糊僧堂窗，下凉帘，上暖②帘。重阳日早晨，知事烧香，点茱萸茶。住持上堂，许方来相看。

---

① "盂兰盆"，底本为"盂兰盆"，校本《北藏》、《频伽藏》、《卍续藏》、《大正藏》与底本同，《龙藏》为"盂兰盆"。此处"盂"为"盂"之讹误，应为"盂兰盆"，下同。
② "暖"，底本为"暖"，校本《北藏》、《龙藏》、《频伽藏》、《大正藏》为"暖"，《卍续藏》为"晚"。据文义，此处应为"暖"，"晚"属讹误。

十 月

初一日,开炉,方丈大相看。初五日①,达磨忌。

十一月

二十二日,帝师忌。冬至,库司预办糍果。此月或进退职事,或在岁节。方丈请大众冬前点心。

十二月

初八日,佛成道。库司预造红糟。岁终,结呈诸色簿书。
节腊章终。

敕修百丈清规卷第七终

---

① "大相看。初五日",底本与诸校本均为夹注。根据上下文文义,应为正文。现改为正文。

敕修百丈清规卷第八

大智寿圣禅寺住持臣僧德辉奉敕重编
大龙翔集庆寺住持臣僧大䜣奉敕校正

法器章第九

上古之世,有化而无教。化不足,而礼乐作焉。击壤之歌,不如九成之奏;洼樽之饮,不若五齐之醇。然文生于质,贵乎本也。吾天竺圣人最初示化,谓人人妙觉,本无凡圣,物物全真,宁有净秽。无假修证,不涉功用,而昧者茫然自失,若聋瞽焉。于是随机设教,击犍椎以集众,演之为三藏,修之为禅定。迄于①四十九年,而化仪终矣。梵语犍椎,凡瓦木铜铁之有声者,若钟、磬、铙、鼓、椎板、螺呗,丛林至今仿其制而用之,于以警昏怠,肃教令,导幽滞而和神人也。若夫大定常应大用,常寂闻非有闻,觉亦非觉。以考以击,玄风载扬,无思无为,化日自永。雍雍乎仁寿之域,清泰之都矣。

---

① "于",底本为"子",校本《北藏》、《龙藏》、《频伽藏》、《卍续藏》、《大正藏》为"于",据《大正藏》本底注,《宫本》为"子"。据文义,此处应为"于","子"属讹误。

钟

大　钟

丛林号令资始也。晓击，则破长夜，警睡眠。暮①击，则觉昏衢，疏冥昧。引杵宜缓，扬声欲长。凡三通，各三十六下，总一百八下，起止三下稍紧。鸣钟行者想念偈云："愿此钟声超法界，铁围幽暗悉皆闻，闻尘清净证圆通，一切众生成正觉。"仍称观世音菩萨名号，随号扣击，其利甚大。遇圣节、看经、上殿、下殿、三八念诵、佛诞、成道、涅槃、建散楞严会、讽经、斋粥、过堂、入②定时，各一十八下。如接送官员、住持、尊宿不以数限，库司主之。

僧堂钟

凡集众，则击之。遇住持每赴众入堂时，鸣七下。斋粥下堂时、放参时、旦望巡堂、吃茶下床时，各三下住持或不赴堂，或在假则不鸣。堂前念诵时，念佛一声，轻鸣一下，末叠一下。堂司主之。

---

① "暮"，底本为"慕"，校本《北藏》、《频伽藏》、《卍续藏》、《大正藏》为"慕"，《龙藏》为"暮"。据《大正藏》本底注，《宫本》为"暮"。据文义，此处应为"暮"，"慕"为"暮"之讹误。
② "人"，底本与诸校本均为"人"。据前后文义判断，此处应为"入"，"人"为"入"之讹误。

殿　钟

住持朝暮①行香时，鸣七下。凡集众上②殿，必与僧堂钟相应接击之。知殿主之。

《感通传》云，拘留孙佛于乾竺修多罗院，造青石钟。于日出时，有诸化佛与日俱出，密说显演十二部经，闻法证圣不可胜数。《增一阿含经》云，若打钟时，一切恶道诸苦并皆③停止。又，《金陵志》云，民有暴死入冥司，见有五木④缧械者告之曰："吾南唐先主也，以宋齐丘之误杀和州降者致此。每闻钟声，暂息吾苦，仗汝归白嗣君，为吾造钟。"民还具闻后主，因造大钟于清凉寺，镌曰："荐烈祖孝高皇帝脱幽出厄。"

板

大板，斋粥二时，长击三通。木鱼后，三下叠叠击之，谓之长板。念诵楞严会，儆戒火烛，各鸣三下。报更，则随更次第击

---

① "暮"，底本为"慕"，校本《北藏》、《大正藏》为"慕"，《龙藏》、《频伽藏》、《卍续藏》为"暮"。据《大正藏》本底注，《宫本》为"暮"。此处应为"暮"，"慕"为"暮"之讹误。
② "上"，底本为"上"，校本《北藏》、《龙藏》、《卍续藏》为"上"，《频伽藏》、《大正藏》为"生"。据底本尾注，《嘉兴藏》为"生"。据《大正藏》本底注，《宫本》为"上"。据文义，此处应为"上"，"生"属讹误。
③ "皆"，底本为"皆"，校本《北藏》、《龙藏》、《频伽藏》、《大正藏》为"皆"，《卍续藏》为"得"。据文义，此处应为"皆"，"得"属讹误。
④ "木"，底本为"木"，校本《北藏》、《龙藏》、《卍续藏》、《大正藏》为"木"，《频伽藏》为"本"。据文义，此处应为"木"，"本"属"木"之讹误。

之。方丈、库司、首座寮，及诸寮各有小板。开静时，皆长击之。报众时，各鸣二①下。众寮内外，各有板。外板，每日大众问讯时，三下。坐禅、坐参时，各三下。候众归堂，次第鸣之。点茶汤时，长击之。内板，挂搭归寮时，三下。茶汤行盏，二下。收盏，一下。退座，三下。小座汤，长击之。

木 鱼

斋粥二时，长击二通。普请僧众，长击一通。普请请行者，二通。

《相传》云，鱼昼夜常醒，刻木象形击之，所以警昏惰也。

椎

斋粥二②时，僧堂内开钵、念佛、唱食、遍食、施财、白众，皆鸣之。维那主之。下堂时，圣僧侍者鸣之。知事告③退时、请知事时，亦鸣之。住持入院，开堂将说法时，诸山上首鸣之，谓之白椎也。

---

① "二"，校本《北藏》、《龙藏》、《频伽藏》、《卍续藏》、《大正藏》为"二"，据《大正藏》本底注，《宫本》为"三"。现依底本与诸校本选"二"。
② "二"，底本为"二"，校本《北藏》、《龙藏》为"二"，《频伽藏》、《卍续藏》、《大正藏》为"一"。据底本尾注，《嘉兴藏》为"一"。据《大正藏》本底注，《宫本》为"二"。据前后文义，此处应为"二"，"一"属讹误。
③ "告"，底本为"古"，校本《北藏》为"古"，《龙藏》、《频伽藏》、《卍续藏》、《大正藏》为"告"。据底本尾注，《嘉兴藏》为"告"。据前后文义，此处应为"告"，"古"属讹误。

世尊一日升座，大众集定，文殊白椎云："谛观法王法，法王法如是。"世尊便下座。

磬

大殿早暮①，住持、知事行香时，大众看诵经咒时，直殿者鸣之。唱衣时，维那鸣之。行者披剃时，作梵阇黎鸣之。小手磬，堂司行者常随身，遇众讽诵鸣之，为起止之节。

铙 钹

凡维那揖住持两序出班上香时、藏殿祝赞转轮时，行者鸣之。遇迎引、送亡时，行者披剃、大众行道、接新住持入院时，皆鸣之。

鼓

法 鼓

凡住持上堂、小参、普说、入室，并击之。击鼓之法，上堂

---

① "暮"，底本为"慕"，校本《北藏》、《大正藏》为"慕"，《龙藏》、《频伽藏》、《卍续藏》为"暮"。此处应为"暮"。

时三通先轻敲鼓磉二①下，然后重手②徐徐击之。使其紧慢相参，轻重相应，音声和畅，起复连环，隐隐轰轰，若春雷之震蛰。第一通延声长击，少歇转第二通，连声稍促，更不歇声，就转第三通，一向缠声击之。候住持登座毕，方歇声，双椎连③打三下。小参一通，普说五下，入室三下，皆当缓击。

茶　鼓

长击一通，侍司主之。

斋　鼓

三通，如上堂时，但节会稍促而已。

普请鼓

长击一通。

更　鼓

早晚平击三通，余随更次击，库司主之。

---

① "二"，底本为"二"，校本《北藏》、《龙藏》、《频伽藏》、《大正藏》为"二"，《卍续藏》为"三"。依底本选"二"。
② "手"，底本为"手"，校本《北藏》、《龙藏》、《卍续藏》为"手"，《频伽藏》、《大正藏》为"千"。据《大正藏》本底注，《宫本》为"手"。据文义，此处应为"手"，"千"为"手"之讹误。
③ "连"，底本为"连"，校本《北藏》、《频伽藏》、《卍续藏》、《大正藏》为"连"，《龙藏》为"莲"。据文义，此处应为"连"，"莲"为"连"之讹误。

浴① 鼓

四通，次第候众击_{其详见《知浴章》}，知浴主之。

已上宜各有常度，毋令失准。若新住持入院，诸法器一齐俱鸣。

《金光明经》云：信相菩萨夜梦金鼓，其状姝大，其明普照，喻如日光。光中得见②十方诸佛，众宝树下，坐琉璃座，百千眷属围绕，而为说法。一人似婆罗门，以枹击鼓，出大音声，其声演说忏悔偈颂。信相菩萨从梦寤已，至于佛所，以其梦中所见金鼓及忏悔偈，向如来说。又《楞严经》云：阿难，汝更听此祇陀园中，食办击鼓，众集撞钟，钟鼓音声，前后相续，于意云何？此等为是声来耳边，耳往声处？

法器章终

---

① "浴"，底本为"欲"，校本《北藏》、《频伽藏》、《大正藏》为"欲"，《龙藏》、《卍续藏》为"浴"。据底本尾注，《嘉兴藏》为"浴"。据文义，此处应为"浴"，"欲"属讹误。

② "见"，底本为"见"，校本《北藏》、《频伽藏》、《卍续藏》、《大正藏》为"见"，《龙藏》为"充"。据文义，此处应为"见"，"充"属讹误。

附 著

唐洪州百丈山故怀海禅师塔铭 并序

将仕郎守殿中侍御史陈诩　撰

守信州司户参军员外置同正员武翊黄　书

星缠①斗次，山形鹫立。桑门上首，曰怀海禅师。室于斯，塔于斯，付大法于斯。其门弟子，惧陵谷迁贸，日时失纪，托于儒者，铭以表之。

西方教行于中国，以彼之六度，视我之五常，遏恶迁善，殊途同辙。唯禅那一宗，度越生死，大智慧者方得之。自鸡足达于曹溪，纪牒详矣。曹溪传衡岳观音台怀让和尚②，观音传江西道一和尚，诏谥为大寂禅师。大寂传大师，中土相承，凡九代矣。

大师，太原王氏，福州长乐县人，远祖以永嘉丧乱，徙于闽隅。大师以大事因缘，生于像季。托孕而薰膻自去，将诞而神异

---

① "缠"，底本为"躔"，校本《北藏》、《龙藏》为"躔"，《卍续藏》、《频伽藏》、《大正藏》为"缠"。据底本尾注，《嘉兴藏》为"缠"。"躔"为日月运行轨迹之义，此处"缠"与"躔"通，此处选常用字"缠"。

② "尚"，底本为"上"，校本《北藏》、《龙藏》、《频伽藏》、《卍续藏》、《大正藏》为"上"，据《大正藏》本底注，《宫本》为"尚"。此处"上"同"尚"，故改为现通用字"尚"。下同。

聿来，成童而灵圣表识。非夫宿植德本，曷以臻此。落发于西山慧照和尚，进具于衡山法朝律师。既而叹曰："将涤妄源，必游法海，岂惟心①证，亦假言诠"，遂诣庐江，阅浮槎经藏，不窥庭宇者积年。既师大寂，尽得心印。言简理精，貌和神峻，睹即生敬，居常自卑。善不近名，故先师碑文独晦其称号。行同于众，故门人力役必等其艰劳。怨亲两忘，故弃遗旧里。贤愚一贯，故普授来学。常以三身无住，万行皆空。邪正并捐，源流齐泯。用此教旨，作人表示，前佛所说，斯为顿门。大寂之徒，多诸龙象。或名闻万乘，入依京辇②，或化洽一方，各安郡国。唯大师好尚幽隐，栖止云松。遗名而德称益高，独往而学徒弥盛。其有遍探讲肆，历抵禅关，滞着未祛，空有犹阂，靡不缄藏。万里取决一言，疑网云张，智刃冰断。由是齐鲁燕代，荆吴闽蜀，望影星奔，聆声飙至。当其饥渴，快得安隐，超然悬解，时有其人。大师初居石门，依大寂之塔。次补师位，重宣上法。后以众所归集，意在遐深。百丈山碣立一隅，人烟四绝，将欲卜筑，必俟檀那。伊蒱塞游畅甘贞，请施家山，愿为乡导。庵庐环绕，供施荐积，众又踊于石门，然以地灵境远，颇有终焉之志。

元和九年正月十七日，证灭于禅床，报龄六十六，僧腊四十七。以其年四月廿③二日，奉全身窆于西峰。据《婆沙论》文，

---

① "心"，底本为"必"，校本《北藏》、《龙藏》、《频伽藏》、《大正藏》为"必"，《卍续藏》为"心"。据《大正藏》本底注，《宫本》为"心"。据前后文义，此处应为"心"，"必"属讹误。
② "辇"，底本为"辇"，校本《北藏》、《龙藏》、《频伽藏》、《大正藏》为"辇"，《卍续藏》为"辇"。据前后文义，此处应为"辇"，"辈"为"辇"之讹误。
③ "廿"，底本为"廿"，校本《北藏》、《龙藏》、《频伽藏》、《卍续藏》为"廿"，《大正藏》为"二十"，"廿"与"二十"同。现依底本采用"廿"字。

用净行婆罗门葬法，遵遗旨也。先时，白光去室，金锡鸣空，灵溪方春而涸流，杉燎竟夕以通照。妙德潜感，于何不有。门人法正等，尝所禀奉，皆得调柔，递相发挥，不坠付嘱。他年绍续，自当流布。门人谈叙，永怀师恩，光崇塔宇，封土累石，力竭心瘁。门人神行、梵云，结集微言，纂成语本。凡今学者，不践门阈，奉以为师法焉。初，闽越灵蔼律师，一川教宗，三学归仰。尝以佛性有无，响风发问，大师寓书以释之。今与语本，并流于后学。

　　诩从事于江西府，备尝大师之法味，故不让众多之托。其文曰：

梵雄设教，有权有实，未得顿门，皆为暗室，
祖师戾止，方传秘密，如彼重昏，忽悬白日。其一
唯此大士，弘绍正宗，虽修妙行，不住真空，
无假方便，岂俟磨砻，恬然返本，万境圆通。其二
百千人众，尽祛病热，彼皆有得，我实无说，
心本不生，形同示灭，此土灰烬，他方水月。其三
法传人代，塔闭山原，杉松日暗，寺塔犹存①，
蔼蔼学徒，无非及门，唯能觉照，是报师恩。其四

　　元和十三年十月三日建，碑侧，大众同记五事，至今犹存，可为鉴戒，并录于②左。

---

① "寺塔犹存"，底本为"寺塔犹存"，校本《北藏》、《龙藏》、《频伽藏》、《卍续藏》、《大正藏》与底本同。据《大正藏》本底注，《宫本》为"存"字。据文义，此处应为"寺塔犹存"，《宫本》脱漏"寺塔犹"三字。
② "于"，底本为"于"，校本《北藏》、《龙藏》、《频伽藏》、《卍续藏》、《大正藏》与底本同。据《大正藏》本底注，《宫本》为"子"。此处应为"于"，"子"为"于"之讹误。

大师迁化后，未请院主日，众议厘革山门久远事宜，都五件：

一塔院，常请一大僧，及令一沙弥洒扫。

一地界内，不得置尼台、尼坟塔，及容俗人家居止。

一应有依止及童行出家，悉令依院主一人，僧众并不得各受。

一台外及诸处，不得置庄园田地。

一住山徒众，不①得内外私置钱谷。欲清其流，在澄其本，后来绍续，永愿遵崇。

立碑日，大众同记。

---

① "不"，底本为 "不"，校本《北藏》、《龙藏》、《卍续藏》、《大正藏》与底本同，《频伽藏》为 "大"。此处应为 "不"，"大" 属讹误。

百丈山大智寿圣禅寺天下师表阁记[①]

　　菩提达磨大师后八叶，有大比丘居洪之百丈山，人称之曰百丈禅师。今天子始命，因其旧谥"大智觉照"者，加以"弘宗妙行"之号。寺以寿圣名，则故额也。山去郡治三百里，其未置寺时，林壑深阻，岩径峭绝，樵苏之迹所不通。有司马头陀者，善为宫宅地形之术，睹其山势斗拔，与夫冈峦首尾之起伏，知为吉壤。所留钤记有曰："法王居之，天下师表。"禅师之来，式符其言。

　　东阳德辉，以禅师十八代孙嗣住是山。既新作演法之堂，且增创重屋其上，以妥禅师遗像。榜其楣间曰"天下师表之阁"。云初文宗皇帝入践天位，即金陵潜邸造寺，曰龙翔集庆。诏开山大䜣领其徒，而以禅师所制《清规》为日用动作威仪之节。顾其书行世已久，后人率以臆见，互有损益，自为矛盾，靡所折衷。辉与䜣学同师而柄法于祖庭，大惧夫来者传疑，莫知适从，无以

[①] "百丈山大智寿圣禅寺天下师表阁记"，底本与诸校本将该"记"正文置于此，并将题目列入目录。据《大正藏》本底注，《宫本》将该"记"正文置于目录之前，且标题未入目录。

壹诸方之观听。爰走京师，欲有请而厘正之。今御史大夫撒迪，时执法中台，为言于上，得召见。有旨令辉撰次旧闻，以授诉使择习于师说者，共考定而颁①行为丛林法，仍加②锡禅师以今号，褒显而风厉焉。

辉奉玺书将南还，以阁之成，未及有③所纪述，谂于潛曰："愿叙其构，兴之端原，归而刻诸。"潛窃观，遂古圣贤，乘时继作，弛张迭用，循环不穷，所以通其变也。佛之为教，必先戒律，诸部之义，小大毕陈，种种开遮，唯以一事。去圣逾远，局为专门，名数滋多，道日斯隐。是故，达磨不阶方便，直示心源，律相宛然，无能留碍。世降俗末，诞胜真离，驰骋外缘，成邪慢想。是故，百丈弘敷④轨范，辅律而行，调护摄持，在事皆理。盖佛之道，以达磨而明；佛之事，以百丈而备。通变之妙，存乎其人。厥后，达磨之传，派别为五，而出于禅师者二。它⑤师所倡，殊宗异旨。虽各名其家，至于安处徒众，未有不取法于禅师者。然则天下师表之言，良可征不诬也。粤自中土君臣，知尊佛法，光昭崇极，莫越于今。辉遭值圣时，蒙被帝力用克，发

---

① "颁"，底本为"颂"，校本《北藏》、《龙藏》、《频伽藏》、《卍续藏》、《大正藏》为"颁"，据底本尾注，《嘉兴藏》为"颁"。据文义，此处应为"颁"，"颂"为"颁"之讹误。
② "加"，底本为"加"，校本《北藏》、《龙藏》、《频伽藏》、《卍续藏》为"加"，《大正藏》为"如"。据文义，此处应为"加"，"如"为"加"之讹误。
③ "有"，底本为"有"，校本《北藏》、《龙藏》、《卍续藏》为"有"，《频伽藏》、《大正藏》为"见"。据文义，此处应为"有"，"见"属讹误。
④ "敷"，底本为"敖"，校本《北藏》、《频伽藏》、《卍续藏》、《大正藏》为"敖"，《龙藏》为"放"。据《大正藏》本底注，《宫本》为"敷"。据文义，此处应为"敷"，"敖"与"放"为"敷"之讹误。
⑤ "它"，底本为"它"，校本《北藏》、《龙藏》、《频伽藏》、《卍续藏》为"它"，《大正藏》为"他"。"它"与"他"俱可，此处应依底本选"它"。

扬先训，绍隆宗风，俾与国家相为悠久，永永无已。不特今之天下以为师表，尽未来际，咸有依承。溍是用谨志之，而于其经度之勤，营缔之美，有不暇论也。

阁为屋，以间计者五，其崇百有二十尺。三其崇之一以为其修，三其修以为其广。以至顺元年夏六月庀工，冬十月讫事，实辉住山之明年。而辉入对，以元统三年夏五月。命下，则其明年春二月也。

承直郎国子博士黄溍记

翰林侍制奉议大夫兼国史院编修官揭傒斯书

翰林侍讲学士通奉大夫知制诰同修国史知经筵事张起岩篆

前荣禄大夫御史中丞赵世安、光禄大夫江南诸道行御史大夫易释董阿同立石。

古清规序

翰林学士朝散大夫行左司谏知制诰同修
国史判史馆事上柱国南阳郡开国侯食邑
一千一百户赐紫金鱼袋　　　　杨亿述

百丈大智禅师,以禅宗肇自少室至曹溪以来,多居律寺。虽列别院,然于说法住持未合规度,故常尔介怀。乃曰:"佛祖之道,欲诞布化元,冀来际不泯者,岂当与诸部阿笈摩教为随行耶?"或曰:"《瑜伽①论》、《璎珞经》是大乘戒律,胡不依随哉?"师曰:"吾所宗非局大小乘,非异大小乘,当博约折中,设于制范,务其宜也。"于是,创意别立禅居。

凡具道眼者,有可尊之德,号曰"长老",如西域道高腊长呼须菩提等之谓也。即为化主,即处于方丈,同净名之室,非私寝之室也。不立佛殿,唯树法堂者,表佛祖亲嘱受,当代为尊也。所裒学众,无多少,无高下,尽入僧堂,依夏次安排。设长

---

① "伽",底本为"珈",校本《北藏》、《频伽藏》、《大正藏》均为"珈",《龙藏》、《卍续藏》为"伽"。"瑜伽"为音译词,故"珈"与"伽"均可,此处选现常用字"伽"。

连床，施椸架，挂搭①道具。卧必斜枕床唇，右胁吉祥睡者，以其坐禅既久，略偃息而已，具四威仪也。除入室请益，任学者勤怠，或上或下，不拘常准。其合院大众，朝参夕聚，长老上堂升座，主事徒众雁立侧聆。宾主问酬，激扬宗要者，示依法而住也。斋粥随宜，二②时均遍者，务于节俭，表法食双运也。行普请法，上下均力也。

　　置十务，谓之寮舍。每用首领一人，管多人营事，令各司其局也。或有假号窃形，混于清众，别致喧挠之事，即当维那检举，抽下本位挂搭，摈令出院者，贵安清众也。或彼有所犯，即以拄杖杖之，集众烧衣钵道具，遣逐从偏门而出者，示耻辱也。详此一条制有四益：一不污清众，生恭信故。二不毁僧形，循佛制故。三不扰公门，省狱讼故。四不泄于外，护宗纲故。四来同居，圣凡孰辨③。且如来应世，尚有六群之党，况今像末，岂得全无。但④见一僧有过，便雷例讥诮。殊不知轻众坏法，其损甚大。今禅门若稍无妨害者，宜依百丈《丛林规式》，量事区分。且立法防奸，不为贤士。然宁可有格而无犯，不可有犯而无教。惟大智禅师护法之益，其大矣哉。禅门独行，自此老始。《清规》

---

① "搭"，底本为"揩"，校本《北藏》、《龙藏》、《频伽藏》、《卍续藏》为"搭"，《大正藏》为"塔"，据文义，此处应为"搭"，"塔"为讹误。
② "二"，底本为"一"，《北藏》、《龙藏》、《频伽藏》、《大正藏》为"一"，《卍续藏》为"二"。据《大正藏》本底注，《宫本》应为"二"。据文义，此处应为"二"，"一"属讹误。
③ "辨"，底本为"辦"，校本《北藏》、《频伽藏》、《卍续藏》、《大正藏》为"辦"，《龙藏》为"辨"。"辦"同"辨"，现选用通用字"辨"。
④ "但"，底本为"佃"，校本《北藏》、《龙藏》、《频伽藏》、《大正藏》为"但"，《卍续藏》为"佃"。据文义，此处应为"但"，"佃"为"但"之讹误。

大要，遍示后学，令不忘本也。其诸轨度，集详备焉①。亿幸叨睿旨，删定《传灯》，成书图进，因为序引。

时②景德改元岁次甲辰良月吉日书。

---

① "焉"，底本为"焉"，校本《北藏》、《龙藏》、《卍续藏》、《大正藏》为"焉"，《频伽藏》为"矣"。此处"焉"与"矣"俱可，现依底本选用"焉"。
② "时"，底本与诸校本均为"峕"。"峕"通"时"，现选用通用字"时"。

崇宁清规序

　　夫禅门事例，虽无两样毗尼；衲子家风，别是一般规范。若也途中受用，自然格外清高。如其触向面墙，实谓减人瞻敬。是以佥谋开士，遍摭诸方，凡有补于见闻，悉备陈于纲目。噫，少林消息，已是剜肉成疮；百丈规绳，可谓新条①特地。而况丛林蔓衍，转见不堪。加之法令滋彰，事更多矣。然而庄严保社，建立法幢②，佛事门中，阙一不可。亦犹菩萨三聚，声闻七篇，岂立法之贵繁，盖随机而设教。初机后学，冀善参详；上德高流，幸垂证据。

　　崇宁二年八月十五日，真定府十方洪济禅院住持传法慈觉大师宗赜③序。

---

① "条"，底本为"條"，校本《北藏》、《龙藏》为"條"，《频伽藏》、《卍续藏》、《大正藏》为"脩"。据底本尾注，《嘉兴藏》为"脩"。据《大正藏》本底注，《宫本》为"條"。据文义，此处应为"條"，"脩"为"條"之讹误，"條"现作"条"。
② "幢"，底本为"憧"，校本《北藏》为"憧"，《龙藏》、《频伽藏》、《卍续藏》、《大正藏》为"幢"。据底本尾注，《嘉兴藏》为"幢"。据文义，此处应为"幢"，"憧"为"幢"之讹误。
③ "赜"，底本为"賾"，校本《北藏》、《龙藏》为"賾"，《频伽藏》、《卍续藏》、《大正藏》为"颐"。据文义，此处应为"賾"，"颐"为"賾"之讹误，后同。

咸淳清规序

丛林规范，百丈大智禅师已详。但时代浸①远，后人有从简便，遂至循习。虽诸方或有不同，然亦未尝违其大节也。余处众时，往往见朋辈抄录《丛林日用清规》，互有亏阙。后因暇日，悉假诸本，参其异，存其同而会焉。亲手缮写，颇为详备，目曰：《丛林校定清规总要》。厘②为上下卷，庶便观览。

吾氏之有清规，犹儒家之有《礼经》。礼者从宜，因时损益，此书之所以继大智而作也，是皆前辈宿德，先后共相讲究纪录。愚不敢私以所闻所见，而增减之。如前所谓参其异，存其同而会焉，尔耳。观者幸勿病诸。

咸淳十年甲戌岁结制前二日，后湖比丘惟勉书于寄玩轩。

---

① "浸"，底本与诸校本均为"濅"，此处"濅"通"浸"，现改为通用字"浸"。
② "厘"，底本与诸校本均为"釐"，此处"釐"通"厘"，现改为通用字"厘"，后同。

至大清规序

礼于世为大经,而人情之节文也。沿革损益以趋时,故古今之人情得;纲常制度以揆道,故天地之大经在。且吾圣人,以波罗提木叉①为寿命,而《百丈清规》由是而出,此固丛林礼法之大经也。然自唐抵今,殆五百载,风俗屡变,人情不同,则沿革损益之说,可得已哉。近者大川、笑翁二祖,唱道南北山,《日用轨则》盛于当代。至元戊寅,依石林和尚于南屏,犹得见其遗风余烈。及友云明西堂,出所藏抄本,究心访问,编集成帙。始此书之作,或以为僧受戒首之,或以住持入院首之。壬午,依觉庵先师于承天,朝夕扣问,因得以"祝圣"、"如来降诞"二仪冠其前。其余门分类聚,厘为十卷②,然犹未敢以传学者。丙戌夏,留雪窦千峰琬西堂论其详。丁亥春,溪西泽和尚正其舛,得于见闻稔矣,而尚以未身行之为愧。

---

① "叉",底本为"义",校本《北藏》、《龙藏》为"义",《频伽藏》、《卍续藏》、《大正藏》为"叉"。"波罗提木叉",音译词,有翻译为"波罗提木义"者,现通用"波罗提木叉",故选"叉"。

② "厘为十卷",底本与校本《北藏》、《龙藏》、《频伽藏》、《大正藏》为"厘十卷",《卍续藏》为"厘为十卷"。据《大正藏》本底注,《宫本》应为"厘为十卷"。依本文献行文风格,此处应为"厘为十卷","厘十卷"脱漏"为"字。

壬辰夏，首众双径，小座汤有位次高下之争，诸方往往废而不举。愚以西堂一出，首座再出，都寺三出，后堂四出，藏主、维那、知客、侍者随职为位。请①于云峰伯父力行焉，讫事无敢哗②者。元贞乙未，备员永嘉天宁。大德庚子，补番阳永福。乙巳，主庐山东林，皆行之无易。庶几人情为折中，然视古之《清规》，不几于繁缛乎？盖块枹③土鼓，不可作于笙镛间知之秋；污樽杯饮，不可施于牺象骈罗之日。目曰《禅林备用清规》，备而不用之谓也。知我罪我，其惟春秋。

至大辛亥秋，庐山东林弌④咸书。⑤

---

① "请"，底本为"请"，校本《北藏》、《龙藏》、《卍续藏》、《大正藏》为"请"，《频伽藏》为"说"。据文义，此处应为"请"，用"说"不妥。
② "敢哗"，底本为"敢谍"，校本《北藏》、《龙藏》为"敢谍"，《频伽藏》、《卍续藏》为"敢講"，《大正藏》为"講"。据《大正藏》本底注，《宫本》为"敢講"。据文义，此处应为"敢講"，"講"现为"哗"。"谍"属"講"之讹误，《大正藏》脱漏"敢"字。
③ "块枹"，底本为"由桴"，校本《北藏》为"由桴"，《龙藏》、《卍续藏》为"由桴"，《频伽藏》、《大正藏》为"由桴"。此处"由"为"凷"的讹误，"桴"、"枹"为木名。"凷"通"块"，"桴"通"枹"，现采用"块枹"，其义为鼓槌。
④ "弌"，底本为"弌"，校本《北藏》、《龙藏》、《频伽藏》、《卍续藏》均"弌"，《大正藏》为"一"。"弌"同"一"，但人名特用字不宜改通用字，故此处应为"弌"。
⑤ 据《大正藏》本底注，《宫本》有《加祖跋号》及《一山禅师书》。现底本与诸校本均未刊载。

敕修百丈清规①叙

天历至顺间，文宗皇帝建大龙翔集庆寺于金陵。寺成，以十方僧居之，有旨行《百丈清规》。元统三年乙亥秋七月，今上皇帝申前朝之命，若曰："近年丛林清规，往往②增损不一，于是特敕百丈山大智寿圣禅寺住持德辉，重辑其为书。仍敕大龙翔集庆寺住持大䜣，选有学业沙门，共校正之。期于归一，使遵行为常法。"德辉等奉命唯谨。书将成，属玄为叙。玄尝闻诸师曰："天地间无一事无礼乐，安其所居之位为礼，乐其日用之常为乐。"程明道先生一日过定林寺③，偶见斋堂仪，喟然叹曰："三④代礼乐，尽在是矣！"岂非清规纲纪之力乎？曰服行之熟，故能然乎？

---

① "清规"，底本为"清规"，校本《北藏》、《龙藏》、《频伽藏》、《大正藏》为"清规"，《卍续藏》为"规"。此处应为"清规"，《卍续藏》脱漏"清"字。
② "往往"，底本为"往往"，校本《北藏》、《龙藏》、《频伽藏》、《卍续藏》、《大正藏》为"往往"，据《大正藏》本底注，《宫本》为"往"。此处应为"往往"，《宫本》遗漏"往"字。
③ "定林寺"，底本为"定寺"，校本《北藏》、《龙藏》、《频伽藏》、《大正藏》为"定寺"，《卍续藏》为"定林寺"。据《大正藏》本底注，《宫本》为"定林寺"。"定寺"为"定林寺"之简称，用"定林寺"更为准确，故选之。
④ "三"，底本为"三"，校本《北藏》、《频伽藏》、《卍续藏》、《大正藏》为"三"，《龙藏》为"二"。此处应为"三"，"二"属讹误。

循其当然之则而自然之妙，行乎其中。斯则不知者以为事理之障，而知之者则以为安乐法门，固在是也。然使是书庞然，杂而不伦，则有序而和之意，久而微矣。故校雠之功，有益于是书甚大。而两朝嘉惠学人之旨，相为无穷焉。宋《清规》行，杨文公亿为叙，本末条目具详，兹不重出云①。

至元二年丙子春三月上浣②，翰林直学士中大夫知制诰同修国史国子祭酒庐陵欧阳玄叙。

---

① "云"，底本为"云"，校本《北藏》、《龙藏》、《卍续藏》、《大正藏》为"云"，《频伽藏》为"去"。据文义，此处应为"云"，"去"为"云"之讹误。
② "浣"，底本与诸校本均为"澣"，在此"澣"同"浣"，义为唐代官员洗浴休假，十天一次，一月有上中下三澣。现改为通用字"浣"。

敕修百丈清规序①

《百丈清规》行于世，尚矣。繇唐迄今，历代沿革不同，礼因时而损益，有不免焉。往往诸本杂出，罔知适从，学者惑之异。时一山万禅师致书先云翁，约先师共删修刊正，以立一代典章。无何三翁先后皆化去，区区窃欲继其志而未能也。

后偶承乏百丈，会行省为祖师请加谥未报。遂诣阙以闻，御史中丞撒迪公引见圣上，得面奏《清规》所以然。因被旨重编，令笑隐校正，仍赐玺书颁行。受命以来，旁求初本不及见，惟宋崇宁真②定赜公、咸淳金华勉公、迄国朝至大中东林咸公所集者

---

① "敕修百丈清规序"，底本与校本《北藏》、《龙藏》、《频伽藏》、《卍续藏》、《大正藏》无此题目，为便于编辑识别，现添加题目。又据《大正藏》本底注，"宫本"致《敕修百丈清规叙》于《敕修百丈清规》目录之前。
② "真"，底本为"具"，校本《北藏》为"具"，《龙藏》、《频伽藏》、《卍续藏》、《大正藏》为"真"。据底本尾注，《嘉兴藏》为"真"。据文义，此处应为"真"，"具"为"真"之讹误。

为可采。于是，会粹①参同而诠次之。繁者芟，讹者正，缺②者补，互有得失者两存之。间以小注折衷一，不以己见妄有去取也。稍集，笑隐凡③定为九章，章冠以小序，明夫一章之大意。厘为二卷，使阅而行者，条而不紊。庶几吾祖垂法之遗意，得以遵承。

而辉惧夫学识荒陋，何能上副宸衷作新轨范！不过因人成事④，幸毕先志，期学者无惑而已。若曰一代典章，非愚所敢知也。或曰："子汲汲于是书，若有意于宗教。方今国家通制，昭布森列，奉行犹或未至，而欲《清规》之行乎？迂哉！"因语之："然亦未尝废其书，顾柄法者力行之何如耳？佛祖制律创规，相须为用，使比丘等外格非，内弘道。虽千百群居，同堂合席，齐一寝食，翕然成伦。不混世仪，不挠国宪，阴翊王度。通制之行，尼于彼，达于此，又何迂？"或者谢而退。故并识于兹，以告吾徒，益自勉焉。宋杨文公作古规序，与夫三公所集自序⑤，悉附着云。

---

① "粹"，底本为"梓"，校本《北藏》为"梓"，《龙藏》、《频伽藏》、《卍续藏》、《大正藏》为"稡"。据底本尾注，《嘉兴藏》为"稡"。据文义，此处应为"粹"，"梓"为"稡"之讹误，"稡"现通用为"粹"。
② "缺"，底本为"鈌"，校本《北藏》为"鈌"，《龙藏》、《频伽藏》、《卍续藏》、《大正藏》为"缺"。据底本尾注，《嘉兴藏》为"缺"。"鈌"通"缺"，现采用通用字"缺"。
③ "凡"，底本为"凡"，校本《北藏》、《龙藏》、《频伽藏》、《卍续藏》、《大正藏》为"凡"，据《大正藏》本底注，《宫本》为"几"。据文义，此处应为"凡"，"几"为"凡"之讹误。
④ "因人成事"，底本为"因人成事"，校本《北藏》、《龙藏》、《频伽藏》、《卍续藏》与底本同，《大正藏》为"人成事"。据文义，此处应为"因人成事"，"人成事"属《大正藏》脱漏"因"字。
⑤ "序"，底本为"序"，校本《北藏》、《龙藏》、《卍续藏》、《大正藏》为"序"，《频伽藏》为"敕"。此处应为"序"，"敕"属于讹误。

至元后戊寅春三月东阳比丘德辉谨书。

敕修百丈清规卷第八终①

---

① 校本《大正藏》次下附录《加祖跋号》与《一山禅师书》，底本与其他校本均无，故在此不予保留，将其录入本书附编一。

附编一

一、有关百丈怀海禅师的资料

唐新吴百丈怀海传①

〔宋〕 赞 宁

释怀海,闽人也。少离朽宅,长游顿门,禀自天然,不由激劝。闻大寂始化南康,操心依附,虚往实归,果成宗匠。后檀信请居新吴界,有山峻极,可千尺许,号百丈欤。海既居之,禅客无远不至,堂室隘矣。且曰:"吾行大乘法,岂宜以诸部阿笈摩教为随行邪!"或曰:"《瑜伽论》、《璎珞经》是大乘戒律,胡不依随乎?"海曰:"吾于大小乘中博约折中,设规务归于善焉。"乃创意不循律制。别立禅居。

初自达磨传法至六祖已来,得道眼者号长老,同西域道高腊长者呼须菩提也。然多居律寺中,唯别院异耳。又令不论高下,尽入僧堂。堂中设长连床,施椸架挂搭道具。卧必斜枕床唇,谓

---

① 取自《宋高僧传》卷第十,《大正藏》第 50 册,第 770~771 页。

之带刀睡,为其坐禅既久,略偃亚而已。朝参夕聚,饮食随宜,示节俭也。行普请法,示上下均力也。长老居方丈,同维摩之一室也。不立佛殿,唯树法堂,表法超言象也。其诸制度,与毗尼师一倍相翻。天下禅宗,如风偃草。禅门独行,由海之始也。

以元和九年甲午岁正月十七日归寂,享年九十五矣。穆宗长庆元年,敕谥"大智禅师",塔曰"大宝胜轮"焉。

系曰:自汉传法,居处不分禅律,是以通禅达法者,皆居一寺中,院有别耳。至乎百丈立制,出意用方便,亦头陀之流也。矫枉从端,乃简易之业也。所言自我作古。古,故也;故,事也。如立事克成,则云自此始也;不成,则云无自立辟。今海公作古,天下随之者,益多而损少之故也。谥海公为大智,不其然乎?语曰:"利不百,不变格。"将知变斯格厥利多矣。《弥沙塞律》有诸:"虽非佛制,诸方为清净者,不得不行也。"

百丈怀海禅师传[①]

〔宋〕 普 济

洪州百丈山怀海禅师者,福州长乐人也,姓王氏。卯岁离尘,三学该练。属大寂阐化江西,乃倾心依附,与西堂智藏、南泉普愿同号入室。时,三大士为角立焉。

师侍马祖行次,见一群野鸭飞过。祖曰:"是甚么?"师曰:

---

① 取自《五灯会元》卷第三,《卍续藏经》第 80 册,第 70~73 页。

"野鸭子。"祖曰："甚处去也？"师曰："飞过去也。"祖遂把师鼻扭，负痛失声。祖曰："又道飞过去也。"师于言下有省。却归侍者寮，哀哀大哭。同事问曰："汝忆父母邪？"师曰："无。"曰："被人骂邪？"师曰："无。"曰："哭作甚么？"师曰："我鼻孔被大师扭得痛不彻。"同事曰："有甚因缘不契？"师曰："汝问取和尚去。"同事问大师曰："海侍者有何因缘不契，在寮中哭，告和尚为某甲说。"大师曰："是伊会也，汝自问取他。"同事归寮曰："和尚道汝会也，教我自问汝。"师乃呵呵大笑。同事曰："适来哭，如今为甚却笑？"师曰："适来哭，如今笑。"同事罔然。

次日，马祖升堂，众才集，师出卷却席，祖便下座。师随至方丈，祖曰："我适来未曾说话。汝为甚便卷却席？"师曰："昨日被和尚扭得鼻头痛。"祖曰："汝昨日向甚处留心？"师曰："鼻头今日又不痛也。"祖曰："汝深明昨日事。"师作礼而退。

师再参，侍立次，祖目视绳床角拂子，师曰："即此用，离此用。"祖曰："汝向后开两片皮，将何为人？"师取拂子竖起，祖曰："即此用，离此用。"师挂拂子于旧处，祖振威一喝，师直得三日耳聋，自此雷音将震。

檀信请于洪州新吴界，住大雄山以居处，岩峦峻极，故号百丈。既处之，未期月，参玄之宾，四方麇至，沩山、黄檗当其首。

一日，师谓众曰："佛法不是小事，老僧昔被马大师一喝，直得三日耳聋。"黄檗闻举，不觉吐舌。师曰："子已后莫承嗣马祖去么。"檗曰："不然，今日因和尚举，得见马祖大机之用，然且不识马祖。若嗣马祖，已后丧我儿孙。"师曰："如是，如是。见与师齐，减师半德，见过于师，方堪传授，子甚有超师之见。"檗便礼拜。沩山问仰山："百丈再参马祖因缘，此二尊宿意旨如何？"仰云："此是显大机大用。"沩云："马祖出八十四人善知识，几人得大机，几人得大用？"仰云："百丈得大机，黄檗得大用，余者尽是唱导之师。"沩云："如是，如是。"

有僧哭入法堂来，师曰："作么？"曰："父母俱丧，请师选日。"师曰："明日来，一时埋却。"

沩山、五峰、云岩侍立次，师问沩山："并却咽喉唇吻，作么生道？"山曰："却请和尚道。"师曰："不辞向汝道，恐已后丧我儿孙。"又问五峰，峰曰："和尚也须并却。"师曰："无人处斫额望汝。"又问云岩，岩曰："和尚有也未？"师曰："丧我儿孙。"

师谓众曰："我要一人，传语西堂，阿谁去得？"五峰曰："某甲去。"师曰："汝作么生传语？"峰曰："待见西堂即道。"师曰："见后道甚么？"峰曰："却来说似和尚。"

师每上堂，有一老人随众听法。一日众退，唯老人不去，师问："汝是何人？"老人曰："某非人也。于过去迦叶佛时，曾住此山，因学人问：'大修行人还落因果也无？'某对云：'不落因果。'遂五百生堕野狐身。今请和尚代一转语，贵脱野狐身。"师曰："汝问。"老人曰："大修行人还落因果也无？"师曰："不昧因果。"老人于言下大悟，作礼曰："某已脱野狐身，住在山后，敢乞依亡僧津送。"师令维那白椎告众，食后送亡僧。大众聚议，一众皆安，涅槃堂又无病人，何故如是？食后，师领众至山后岩下,以杖挑出一死野狐,乃依法火葬。

师至晚上堂,举前因缘。黄檗便问:"古人错祇对一转语,堕五百生野狐身。转转不错,合作个甚么?"师曰:"近前来,向汝道。"檗近前,打师一掌。师拍手笑曰:"将谓胡须赤,更有赤须胡。"沩山举问仰山,仰曰:"黄檗常用此机。"沩曰:"汝道天生得,从人得?"仰曰:"亦是禀受师承,亦是自性宗通。"沩曰:"如是,如是。"

时,沩山在会下作典座,司马头陀举野狐话问典座作么生,座撼门扇三下。司马曰:"大粗生。"座曰:"佛法不是这个道理。"

问:"如何是奇特事?"师曰:"独坐大雄峰。"僧礼拜,师便打。

上堂:灵光独耀,迥脱根尘。体露真常,不拘文字。心性无染,本自圆成。但离妄缘,即如如佛。

问:"如何是佛?"师曰:"汝是阿谁?"曰:"某甲。"师曰:"汝识某甲否?"曰:"分明个。"师乃举起拂子曰:"汝还见么?"曰:"见。"师乃不语。

普请镢地次,忽有一僧闻鼓鸣,举起镢头,大笑便归。师曰:"俊哉,此是观音入理之门。"师归院,乃唤其僧问:"适来见甚么道理,便恁么?"曰:"适来肚饥,闻鼓声,归吃饭。"师乃笑。

问:"依经解义,三世佛冤,离经一字,如同魔说时如何?"师曰:"固守动静,三世佛冤,此外别求,即同魔说。"

因僧问西堂:"有问有答即且置,无问无答时如何?"堂曰:"怕烂却那。"师闻举,乃曰:"从来疑这个老兄。"曰:"请和尚道。"师曰："一合相不可得。"

师谓众曰："有一人长不吃饭不道饥,有一人终日吃饭不道饱。"众无对。云岩问："和尚每日区区为阿谁?"师曰："有一人要。"岩曰："因甚么不教伊自作。"师曰："他无家活。"

问："如何是大乘顿悟法要?"

师曰："汝等先歇诸缘,休息万事,善与不善,世出世间,一切诸法莫记忆,莫缘念,放舍身心,令其自在。心如木石,无所辨别,心无所行。心地若空,慧日自现,如云开日出相似。但歇一切攀缘,贪嗔爱取。垢净情尽,对五欲八风不动,不被见闻觉知所缚,不被诸境所惑,自然具足神通妙用,是解脱人。对一切境,心无静乱,不摄不散,透过一切声色,无有滞碍,名为道人。善恶是非,俱不运用,亦不爱一法,亦不舍一法,名为大乘人。不被一切善恶、空有、垢净、有为无为、世出世间、福德智慧之所拘系,名为佛慧。是非好丑,是理非理,诸知见情,尽不能系缚,处处自在,名为初发心菩萨,便登佛地。"

问："对一切境,如何得心如木石去?"

师曰："一切诸法,本不自言空,不自言色,亦不言是非垢净,亦无心系缚人。但人自虚妄计着,作若干种解会,起若干种知见,生若干种爱畏。但了诸法不自生,皆从自己一念,妄想颠倒,取相而有知。心与境本不相到,当处解脱,一一诸法当处寂灭,当处道场。又本有之性不可名目,本来不是凡,不是圣,不是垢净,亦非空有,亦非善恶,与诸染法相应,名人天二乘界。若垢净心尽,不住系缚,不住解脱,无一切有为、无为缚脱心量处,于生死其心自在。毕竟不与诸妄虚幻、尘劳蕴界、生死诸入和合。迥然无寄，一切不拘，去留无碍，往来生死，如门开相似。夫学道人，若遇种种苦乐，称意不称意事，心无退屈。不念名闻利养衣食，不贪功德利益，不为世间诸法之所滞碍，无亲无爱，苦乐平怀，粗衣遮寒，粝食活命，兀兀如愚如聋，稍有相应分。若于心中，广学知解，求福求智，皆是生死。于理无益，却被知解境风之所漂溺，还归生死海里。佛是无求人，求之即乖，理是无求理，求之即失。若着无求，复同于有求，若着无为，复同于有为。故经云，不取于法，不取非法，不取非非法。又云，如来所得法，此法无实无虚。若能一生心如木石相似，不被阴界五欲八风之所漂溺，即生死因断，去住自由，不为一切有为因果所缚，不被有漏所拘。他时，还以无因缚为因，同事利益，以无着心应一切物，以无碍慧解一切缚，亦云应病与药。"

问："如今受戒，身口清净，已具诸善，得解脱否？"

师曰："少分解脱，未得心解脱。亦未得一切处解脱。"

曰："如何是心解脱及一切处解脱？"

师曰："不求佛法僧，乃至不求福智知解等。垢净情尽，亦不守此无求为是，亦不住尽处，亦不欣天堂、畏地狱，缚脱无碍，即身心及一切处皆名解脱。汝莫言有少分戒，身口意净，便以为了。不知河沙戒定慧门、无漏解脱，都未涉一毫在。努力向前，须猛究取，莫待耳聋眼暗，面皱发白，老苦及身，悲爱缠绵，眼中流泪，心里惶惶，一无所据，不知去处。到恁么时节，整理脚手不得也，纵有福智、名闻、利养，都不相救。为心眼未开，唯念诸境，不知返照，复不见佛道。一生所有善恶业缘，悉现于前，或忻或怖，六道五蕴，俱时现前。尽敷严好舍宅，舟船车舆,光明显赫,皆从自心贪爱所现。一切恶境,皆变成殊胜之境。但随贪爱重处,业识所引,随着受生,都无自由分。龙畜良贱,亦总未定。"

问:"如何得自由分。"

师曰:"如今得即解,或对五欲八风,情无取舍。悭嫉贪爱,我所情尽。垢净俱亡,如日月在空,不缘而照。心心如木石,念念如救头。然亦如香象渡河,截流而过,更无疑滞。此人天堂地狱所不能摄也。夫读经看教,语言皆须宛转归就自己。但是一切言教,祇明如今,鉴觉自性,但不被一切有无诸境转,是汝导师。能照破一切有无诸境,是金刚慧,即有自由独立分。若不能,怎么会得。纵然诵得十二韦陀典,祇成憎上慢,却是谤佛,不是修行。但离一切声色,亦不住于离,亦不住于知解,是修行。读经看教,若准世间是好事,若向明理人边数,此是壅塞人。十地之人脱不去,流入生死河。但是三乘教,皆治贪瞋等病。只如今念念若有贪瞋等病,先须治之,不用求觅义句知解。知解属贪,贪变成病。祇如今但离一切有无诸法,亦离于离,透过三句外,自然与佛无差。既自是佛,何虑佛不解语。只恐不是佛,被有无诸法缚,不得自由。以理未立,先有福智,被福智载去,如贱使贵。不如先立理,后有福智。若要福智,临时作得,撮土成金,撮金为土,变海水为酥酪,破须弥为微尘,摄四大海水入一毛孔,于一义作无量义,于无量义作一义。伏惟珍重。"

师有时说法竟,大众下堂,乃召之。大众回首,师曰:"是甚么?"药山目之为百丈下堂句。

师儿时随母入寺拜佛,指佛像问母:"此是何物?"母曰:

"是佛。"师曰："形容似人无异，我后亦当作焉。"

师凡作务执劳，必先于众。主者不忍，密收作具而请息之，师曰："吾无德，争合劳于人。"既遍求作具不获，而亦忘餐。故有"一日不作，一日不食"之语，流播寰宇矣。

唐元和九年正月十七日归寂，谥"大智禅师"，塔曰"大宝胜轮"。

洪州百丈山大智禅师①

〔宋〕 李遵勖

师，讳怀海，福州长乐人也。俗姓王，卯岁离尘，三学该练。属大寂阐化江西，乃倾心依附，与西堂智藏、南泉普愿同号入室，三大士焉。

一夕，三大士随侍马祖玩月，次祖问："正当与么时如何？"西堂云："正好供养。"师云："正好修行。"南泉拂袖便去。祖云："经入藏，禅归海，唯有普愿独超物外。"

师为马祖侍者，一日随侍马祖，路行次，闻野鸭声，祖云："什么声？"师云："野鸭声。" 良久，祖云："适来声向什么处去？"师云："飞过去。"祖回头将师鼻使扭。师作痛声，祖云："又道飞过去。"师于言下有省。明日，祖升堂才坐，师出来，卷却簟，祖便下座。师随至方丈，祖云："适来要举转因缘，你为什么卷却簟？"师云："为某甲鼻头痛。"祖云："你什么处去来？"师云："昨日偶有出入，不及参随。"祖喝一喝，师便出去。

---

① 〔宋〕李遵勖：《天圣广灯录》卷八，《卍续藏经》第 78 册，第 450~451 页。

马祖一日上堂，众集，以手点拂柄三下，便下座，师默有省。三日后，举似祖。祖上堂，告众曰："吾何忧矣，自有大默在，是汝诸人之师也。"

马祖一日问师："什么处来？"师云："山后来。"祖云："还逢着一人么？"师云："不逢着。"祖云："为什么不逢着？"师云："若逢着，即举似和尚。"祖云："什么处得者个消息来？"师云："某甲罪过。"祖云："却是老僧罪过。"

师再参马祖，祖竖起拂子，师云："即此用，离此用？"祖挂拂子于旧处，良久，祖云："你已后开两片皮，将何示人？"师遂取拂子竖起，祖云："即此用，离此用？"师亦挂拂子于旧处，祖便喝。师直得三日耳聋，方乃大悟。

有一僧哭入法堂，师云："作什么？"僧云："父母俱丧，请师拣日。"师云："明日一时埋却。"

问："如何是奇特事？"师云："独坐大雄山。"僧礼拜，师便打。

西堂问师："你向后作么生开示于人？"师以手卷舒两边。堂云："更作么生？"师以手点头三下。

上堂云："灵光独耀，迥脱根尘。体露真常，不拘文字。心性无染，本自圆成。但离妄缘，即如如佛。"

问："依经解义，三世佛冤。离经一字，如同魔说。是如何？"师云："固守动静，三世佛冤。此外别求，还同魔说。"

马祖令人驰书，并酱三瓮与师。师令挑向法堂前，乃上堂。众才集，师以拄杖指酱瓮云："道得，即不打破。道不得，即打破。"众无语，师便打破，归方丈。

上堂，众才集，师以拄杖趁下。却召大众，众回头，师云："是什么？"

黄檗到师处，一日辞云："欲礼拜马祖去。"师云："马祖已迁化也。"檗云："未审有何言句？"师遂举再参马祖竖拂因缘，檗闻举，不觉吐舌。师云："子已后莫承嗣马祖去么？"檗云："不然，今日因师举，得见马祖大机之用，然且不识马祖。若嗣马祖，已后丧我儿孙。"师云："见与师齐，减师半德，见过于师，方堪传授，子甚有超师之见。"

后沩山问仰山："百丈再参马祖竖拂因缘，此二尊宿意旨如何？"仰山云："此是显大机之用。"沩山云："马祖出八十四人善知识，几人得大机，几人得大用？"仰山云："百丈得大机，黄檗得大用，余者尽是喝道之师。"沩山云："如是，如是。"

师因普请开田，回问："运阇梨，开田不易？"檗云："众僧作务。"师云："有烦道用。" 檗云："争敢辞劳。"师云："开得多少田？"檗作锄田势，师便喝，檗掩耳而出。

师问黄檗："甚处来？"檗云："山下采菌子来。"师云："山下有一虎子，汝还见么？" 檗便作虎声，师于腰下取斧作斫势，檗约住便掌师。师晚参上堂云："大众，山下有一虎子，汝等诸人出入好看，老僧今朝亲遭一口。"后沩山问仰山云："黄檗虎话作么生？"仰山云："和尚如何？"沩山云："百丈当时便合一斧斫杀，因什么到如此？"仰山云："不然。"沩山云："子又作么生？"仰山云："不唯骑虎头，亦解把虎尾。"沩山云："寂子甚有险崖之句。"

师每上堂，常有一老人听法，罢皆随众散去。一日，留身不去，师问："立者何人？"老人曰："某甲于过去迦叶佛时，曾住此山。有学人问：'大修行底人，还落因果也无？'对云：'不落因果。'堕在野狐身。今请和尚代一转语。"师云："汝但问。"老人便问："大修行底人，还落因果也无？"师云："不昧因果。"老人于言下大悟，告辞师云："某甲已免野狐身，住在山后，乞依亡僧烧送。"师令维那白椎告众，斋后普请送亡僧，众皆愕然。斋后，众去山后，岩中果见一死野狐，积薪烧讫。

师至晚上堂，举前因缘次。黄檗便问："古人错对一转语，堕在野狐身，今人转转不错，又且如何？"师云："近前来，向汝道。"檗近前，打师一掌。师云："将谓胡须赤，更有赤须胡。"

时沩山在会下作典座，司马头陀举野狐语问典座作么生，典座以手撼门扇三下。司马云："大粗生。"典座云："佛法不是者个道理。"

后沩山举黄檗问野狐话问仰山，山云："黄檗常用此机。"沩山云："汝道天生得，从人得？"仰山云："亦是禀受师承，亦是自宗通。"沩山云："如是，如是。"

黄檗问："从上古人，以何法示人？"师良久，黄檗云："后代儿孙将何传授？"师云："将谓你者汉是个人。"便归方丈。

沩山一夜方丈中侍立，既久，师令拨炉中看有火么。山拨云："无火。"师自起，拨得一星火，挟示云："汝道无火，者个是什么？"山因此有省。后一日，作务次，师问沩山云："还有火么？"沩山云："有。"师云："在什么处？"沩山把一堇柴吹度与师，师云："如虫蚀木。"

因普请锄地，次有僧闻鼓声，举起锄头，呵呵大笑而归。师云:"俊哉,从观音门而入。"后唤其僧问云:"你适来见什么道理?"僧云:"某甲肚饥,闻鼓声,归吃饭。"师呵呵大笑。

问:"如何是佛?"师云:"汝是阿谁?"云:"某甲。"师云:"汝识某甲否?"云:"分明个。"师乃竖起拂子问:"汝见拂子否?"云:"见。"师不顾。

师令僧去章敬处:"见伊上堂说法,你便展开座具,礼拜起,将一只鞋,以袖拂却上尘,倒头覆下。"其僧到章敬处,一依师旨。章敬云:"老僧罪过。"

上堂云:"并却咽喉唇吻,速道将来。"沩山云:"某甲道不得,请和尚道。"师云:"不辞向你道,他后丧我儿孙。"五峰云:"和尚亦须并却。"师云:"无人处斫额望汝。"云岩云:"某甲有道处,请和尚举。"师云:"并却咽喉唇吻,速道将来。"岩云:"师今有也。"师云:"丧儿孙。"

上堂云:"我要一人去传语西堂和尚,阿谁去得?"五峰云:"某甲去得。"师云:"你作么生传语?"峰云:"待见西堂即道。"师云:"道什么?"峰云:"却来举似和尚。"

师童年之时,随母入寺拜佛,指尊像问母:"此是何物?"母云:"是佛。"童云:"形容似人,我后亦当作焉。"

师凡作务执劳,必先于众。众不忍其劳,密收作具而请息之。师云:"吾无德矣,争合劳人。"既遍求作具不获,而亦不食。故有"一日不作,一日不食"之言流播寰宇矣。

师于元和九年正月十七日示寂,春秋九十五。长庆元年,敕谥"大智禅师",塔曰"大胜宝轮"。

二、有关《敕修百丈清规》的资料

加祖号跋①

〔元〕 欧阳玄

百丈大智觉照禅师,加赐"弘宗妙行"师号,玺书一通。至元二年丙子,今上皇帝之所授也。先是有旨申行《百丈清规》,寻增赐禅师师号,故有是命。朝论初拟降制词,时玄备列词林,为直学士,实典书命。一日,本山住持德辉,偕国子博士黄溍来访,求作《清规》叙引。从询百丈事迹,辉具道之。因及赞书之议,意欲见属。玄答之曰:万一当笔,向闻师所言,腹稿成矣。后格吏文,不果。越十有二年,玄告老家居。辉自百丈见访山中,楗所赐玺书,视以汉字录本,请识其事,刻石。

洪惟天朝,尊右释氏。历代师资,锡号不一。若"弘宗妙行"四字,唯禅师居之无愧焉。释学入门之要,戒、定、慧三者,其纲领也。禅师探往圣心法,卓然以"敬"之一字,教其学

---

① 取自《敕修百丈清规》卷八,《大正藏》第 48 册,第 1159 页。

者，运博大之智于缜奥之功。知行互进，体用兼备，沛其有余，师表天下。《清规》既颁，表里声教，周流无方。谓之"弘宗妙行"，诚无间然矣。辉本临济一宗，以负荷为志，以显扬为业，始终斯事焉。上彰君赐，下阐宗风。禅门之孝子忠臣，有若是者，岂不韪欤？至正七年丁亥六月初吉，前翰林学士承旨荣禄大夫，知制诰兼修国史欧阳玄拜手，稽首谨书。

一山禅师书①

〔元〕 一 山

方，九拜复。前智者堂上和尚，云翁老师兄子几。方，自福岩录翁解组之后，多冗而弗克。附便奉讯，惟极悬悬。有来瑰洒佳篇与珍果宠赐，感慰罙深。所寄廉使损齐相公注制与雄作，圆浑而珠明玉润，平淡而山高水深，衰钝不所企及。敛袵名世之资，抱瑚琏之器。于此道精研密炼，发而为言，无斧凿痕。载司南适四方而弗迷，揭明鉴览万物而弗惑。持家修身，治国平天下，皆游刃边事。一日九迁，倚马可待。松赓或可拈出，乞缓颁令重也。

方，居此一年有余，凡百以堪忍自处。丁，旱歉岁收，此间比他群惟庶几。但愿从事一二土木，如中流失楫，耿耿不能置怀。陋劣自夏秋以来，日事药裹，至今犹未康复。吾法兄静退养高，足以眇视当今抗尘之迹，为可羡。二年前，百丈晦机尝缄至彼中旧《清规》。阅之，其间纰缪殊甚，约共删修。今东西隔越，

---

① 取自《敕修百丈清规》卷八，《大正藏》第48册，第1160页。

比话又空。屏岩所撰，广略多未适宜。愚初立论，以祝寿为首。如监寺、书状等项设职，润大智元文以小字，笺石窗南书记本末于后。庶今丛林负职，有所从来。大概《古规》中唐文多对偶，当尽翻译。奏上刊行，为一代典章。晦机曾约，当拉吾泣兄到抗相与料理。今时，世如斯，何由遂志？高见以为如何？书书中二偈，不敢作答，永似为好也。未由顶谒床下，愿言寿护，式遄诏擢，至祷不备。

方，九拜复。咸淳①间，南屏一时胜集。一山兄与小弟，宁有两人，与云屋兄参语。不见三影，事往矣。一旦促，五十年于一瞬，梦耶，非梦耶？时，西湖雪后，诸峰玉立，旧境宛然。二兄精爽飞动，日光激射处，境耶，非境耶？伫立久之，惟后死者为凄断不已。欲将《古规》刊正，立一代典章，今谁同心哉？延祐元年十二月初十日，东窗雪霁，南屏小弟元熙书。

　　咸淳三尊宿，一山、晦机，皆余所师敬，独不识云屋翁。而读其景睦堂诗卷，然后识云屋之深也。三老皆欲修《清规》，立一代典章，而其徒必能嗣成之，则视其操世之柄，而视所以维世之具。为不相及，岂不有愧耶！

　　延祐丙辰冬，因游智者古刹，睹是有感，因题于后。杜本。

---

① "咸淳"，原文为"感淳"，"咸淳"为元代年号，且后文有"咸淳三尊宿"之称，故此处应为"咸淳"。

大䜣禅师传①

〔明〕 通 问

金陵集庆笑隐大䜣禅师,九江义门陈氏子。从郡之水陆院芟染,自幼开爽绝伦。初见一山万,既而遣诣百丈参晦机。机一见,器重,命掌记室。一日问曰:"黄龙既得旨于泐潭,领徒游方,及见慈明,气索汗下,过在什么处?"师抗声曰:"千年桃核里,觅甚旧时仁。"又一日,室中侍立次,机举百丈野狐话诘曰:"不落因果便堕野狐身,不昧因果便脱野狐身,且道利害在什么处?"师拟答,机遽震威一喝,师当下涣然冰释。因同参苦问,师答颂曰:"百丈野狐,野狐百丈,埋作一坑,伏惟尚享。"

后出世湖之乌回,迁杭之报国中竺。天历元年,文宗以潜邸为大龙翔集庆寺,妙简名德开山。师首膺其选,赐号"广智全悟大禅师"。复驿召赴阙,见上奎章阁。赐坐,咨问法要。及顺帝御极,待遇益隆。后以老病求退,优诏不许,敕外台护视使,安居终老。

上堂:赡养国中,水鸟树林悉皆念佛;知足天上,树相撑触演说苦空。竖拂子,山僧拂子穿却汝诸人鼻孔,诸人向甚处出气?

入新寺升座:"第一义谛,明如杲日,宽若太虚。万汇森然,纤尘不立。明今举古,无非节外生枝;立主立宾,何异虚空钉橛!然圣旨建寺,诸官临筵,不可只恁么休去,还有共相激扬底

---

① 取自《续灯存稿》卷五,《卍续藏经》第 84 册,第 708 页。

么。"问答不录,乃曰:"释迦世尊,舍金轮而登佛位;今上皇帝,从佛位而御金轮。收摄三千刹海于一印中,具足八万法门于一毫上。如华严会上,菩萨得无尽福德藏解脱门,于一器中,出生种种美味饮食。又于众会仰观空中,而雨种种珍宝,随众生心,悉令满足。然后得其宝者尽证法门,食其味者咸成妙道。无一尘而不具足佛事,无一法而不圆满正宗。即今崇建宝坊,阐扬法施。诸天音乐,不鼓自鸣。梵呗咏歌,自然敷奏。十方菩萨,咸集道场。八部天龙,同伸庆赞。还有不历化城,径登宝所者么!"击拂子:"四海已归皇化里,时清休唱太平歌。"

上堂:"孤峰顶上目视云霄,无乃埋没己灵;十字街头和泥合水,且贵流通正眼。"拈拄杖:"释迦已灭,弥勒未生。正当今日,千圣命脉,列祖钳锤,总在新报国手里。拈起也,七穿八穴,头头现无边妙身;放下也,鉴地辉天,处处彰宝王刹海。说甚么溪山各异,云月是同?至化无为功不宰,荡然一片古皇风。"复举志公令人传语思大和尚曰:"何不下山教化众生去,一向目视云汉作什么?"思大曰:"三世诸佛被我一口吞尽,何处更有众生可度?"师曰:"思大和尚被志公一拶,直得倒退三千。"

进退两序上堂:"心空及第,选佛何必。选官荷负丛林,为众一似为己;报国为法择人,量材授职。如乐奏九成,左右进退,无不合度。只如一喝分宾主,照用一时行,诸人作么生甄别?"喝一喝曰:"九万里鹏才奋迅,三千年鹤便翱翔。"

上堂:"言发非声,色前不物,着甚来由?声色里睡眠,声色里坐卧,却较些子。所以道,即此见闻非见闻,无余声色可呈君,个中若了全无事,体用何妨分不分。"蓦拈拄杖:"水流黄叶来何处，牛带寒鸦过别村。"

卓拄杖上堂，举黄龙南禅师室中垂语曰："我手何似佛手，我脚何似驴脚。人人有个生缘，那个是上座生缘。"师曰："黄龙三关，如商君立法。法虽立，而废先王之道，故当时出其门者甚多，得其传者益寡。使其恪守慈明家法，子孙未致断绝。"

僧侍立次，师展两手曰："八字打开了也，为什么不肯承当？"僧曰："休来钝置。"师曰："许多时，没一点气息。"便打。

一日谓众曰："青州布衫重七斤，古人已道过了也。毕竟万法归一，一归何处？"一僧出曰："东廊头，西廊下。"师曰："什么处见赵州？"僧拟议，师曰："棒上不成龙。"

僧参，师曰："竖拂拈槌，古人榜样；擎叉舞剑，列祖条章。衲僧门下，合作么生？"僧珍重便行，师曰："不消一剳。"

师一日问僧："甚处来？"僧曰："游山来。"师曰："笠子下拶破洛浦，遍参底作么生？"僧曰："未入门时，已呈似和尚了也。"师曰："即今为什么不拈？"僧拟议，师便打。

至正四年甲申五月示微疾，作手书，别交游。嘱其徒，以两朝所赐金币作万佛阁，上报国恩。二十二日书偈，跌坐而寂。其年秋八月十有六日，葬于石头城塔院之后冈，寿六十一腊四十六。黄文献公溍撰碑铭，虞文靖公集着行道纪。洪武甲寅，迁葬于拨云山，与康僧会古塔相邻。所著有《禅林清规》及《四会语录》、《蒲室集》行世。

附编二

《百丈清规》之研究

一、绪 论

(一) 本文的研究目的和研究现状

清规是中国佛教禅宗创制的一套寺院管理制度。因禅宗又称寺院为丛林，所以清规一般称为"禅宗清规"或"丛林清规"。《禅门规式》是禅宗的第一部清规，因其为百丈怀海禅师所首创，故后世又称它为《百丈清规》。《百丈清规》后来成为禅宗清规最主要的历史渊源和基本的演变主轴，因此，《百丈清规》是禅宗清规的典型和代表。《百丈清规》问世以来，得到了禅宗乃至整个中国佛教的广泛认可和普遍施行，逐渐成为中国佛教寺院最重要的组织管理制度，并最终在中国汉传佛教中形成了清规与戒律两种宗教管理制度并行的局面。尤其在我国的元明两代，《百丈清规》得到了国家的认可和推行，使其成为国家宗教立法的组成部分，在当时的佛教领域和社会文化中产生了深远的影响。

自改革开放以来，随着我国宗教信仰自由政策的进一步落实，在社会经济的快速发展和社会物质财富日益丰富的同时，人们在精神和信仰方面的追求与日俱增，各种传统宗教尤其是佛教的信教公民不断增加，出家僧众日益增多，全国各地的佛教寺院逐渐恢复，佛教寺院的宗教事务和社会活动丰富多彩，寺院内部及其与社会各个领域的关系也日趋复杂，这就使佛教寺院的管理问题日益凸显。就目前来看，佛教寺院内部的管理制度主要还是沿用了历史上清规与戒律并行的管理模式，因此清规仍然是现代佛教组织管理制度中很重要的组成部分。但随着我国社会转型的不断深化，作为传统宗教的佛教必然也要面临组织管理制度和管理模式的转型问题，如果对历史上和现有的组织管理制度缺乏研究和了解，则很难把握佛教组织管理中的现实问题和发展趋势。因《百丈清规》经历了中国佛教清规发展演变的全部历史进程，并最终成为中国佛教清规的集大成之作，具有很强的代表性，故本文希望通过对《百丈清规》的深入探究，能够对中国佛教组织管理制度的历史演变、基本特性和重要作用等作出更深刻的认识和更准确的把握，以期能为现在和未来中国佛教组织管理制度的发展提供历史的借鉴，为中国佛教组织管理制度的现代化提供历史的依据。

　　我国目前的佛学研究主要集中在佛教义理和历史方面，虽然有关禅宗的研究是一个热点，但关于禅宗清规制度的研究还较少。这一方面是因为禅宗清规属于"佛教戒律"的范畴，佛教传统上"俗人不得阅戒"的观念对研究者有所影响，另一方面，禅宗清规有一套自成体系的专用术语且其内容繁杂琐碎，给文献阅读带来一定的障碍等原因导致对其从事研究的人较少，但这种情况与清规在中国佛教中的重要性和现实性相比，显然有失平衡。虽然如此，近年来还是出现了一些与此相关的研究成果。

目前，国内外现有的研究禅宗清规的著作和文章主要是从管理学或者社会学的角度对丛林清规的某个方面进行研究，而且其内容主要集中在对禅宗清规的基本特性和历史意义探讨方面，其中主要有如下一些著作和观点。

有学者对禅宗早期的戒律思想和宗教生活方式进行了考证和研究，此外还对近现代佛教寺院在清规制度方面的发展进行了研究和探讨①。黄奎的《中国禅宗清规》②是一本关于禅宗清规研究的专著，该书对禅宗清规产生的历史进行了较为扎实的梳理，同时应用各种现代学科的视角对禅宗清规进行了较为深入的探讨。有学者从管理学的角度对《百丈清规》在中国佛教僧团管理制度的创新方面进行了分析论述③，有学者对禅宗清规中的伦理思想进行了分析和探讨④，也有学者通过历史文献，分析探究了禅宗清规对敦煌等地的佛教僧团制度的影响，认为晚唐五代敦煌佛教教团制定有自己的清规，该清规虽然有很强的地域特色，但很多内容与《百丈清规》有很大的相似之处⑤。由于禅宗清规随着禅宗也传播到了日本、韩国等东亚各国，并得以使用，但是除

---

① 温金玉：《达摩头陀行及其律学意蕴》，《江西师范大学学报》（哲学社会科学版），2004年第4期。
② 黄奎：《中国禅宗清规》，北京：宗教文化出版社2008年版。
③ 王永会：《〈百丈清规〉与中国佛教僧团的管理创新》，《宗教学研究》，2001年第2期。
④ 王月清：《论百丈清规的僧团伦理思想及其特色》，《中国研究》，1998年第7期。
⑤ 郑炳林、魏迎春：《晚唐五代敦煌佛教教团的戒律和清规》，《敦煌学辑刊》，2004年第2期。

了日本有个别学者对怀海是否创制了清规提出质疑外，这方面的相关研究成果较少见到。

(二) 资料来源与主要观点

本文研究的主要对象是《百丈清规》，但禅宗清规是在实际使用中流传了一千多年，因此，现存清规文本除了元代德辉所编《敕修百丈清规》八卷之外，还有宋代宗颐集的《重雕补注禅苑清规》① 二卷、宗寿集的《入众日用》和《入众须知》② 各一卷、惟勉集的《丛林校定清规总要》③ 二卷，元代式咸编的《禅林备用清规》④ 十卷、明本著《幻住庵清规》⑤ 一卷，明代通容著的《丛林两序须知》⑥ 一卷，清代仪润述集的《百丈清规证义记》⑦ 十卷，共计五十多卷。这些禅宗清规都直接或间接地源自于《百丈清规》，因此，其为研究《百丈清规》的重要文献资料。在精研这些资料的基础上，本文以有关《禅门规式》的资料和《敕修百丈清规》为重点，对以《百丈清规》为代表的禅宗丛林清规进行研究分析。除此之外，本文还将参考其他各种社会、政治、经济、文化等相关历史资料，对《百丈清规》产生的历史背景、现实需求、基本条件和发展演变等进行分析和研究。

---

① [宋] 宗颐编：《重雕补注禅苑清规》，《卍续藏经》第111册，藏经书院版，第875~942页。
② [宋] 宗寿集：《入众日用》、《入众须知》，《卍续藏经》第111册，藏经书院版，第943~971页。
③ [宋] 惟勉编：《丛林校定清规总要》，《卍续藏经》第112册，藏经书院版，第1~55页。
④ [元] 式咸编：《禅林备用清规》，《卍续藏经》第112册，藏经书院版，第55~149页。
⑤ [元] 明本著：《幻住庵清规》，《卍续藏经》第111册，藏经书院版，第972~1012页。
⑥ [明] 通容著：《丛林两序须知》，《卍续藏经》第112册，藏经书院版，第150~168页。
⑦ [清] 仪润说义：《百丈清规证义记》，《卍续藏经》第111册，藏经书院版，第579~874页。

通过对这些历史文献资料的研究，本文认为来自印度的佛教戒律制度，尤其是其中的揵度部分与中国社会文化之间存在着一定的冲突，这种冲突最终成为中国佛教传播和发展的巨大障碍，《百丈清规》正是中国佛教为了自身的生存和发展，在社会、组织、思想等各种条件具备时，主动进行的组织管理制度的改革和创新。禅宗最后成为中国佛教的主流，除了思想情趣与修行实践等方面的原因外，也与《百丈清规》这种佛教组织管理制度的创制密不可分。本文通过各种历史资料，对早期禅宗清规的基本内容、历史地位及其传播、衍变与整合等情况进行了分析和研究。本文认为《百丈清规》的制度体系主要由寺院组织管理制度、僧众管理制度和礼仪活动管理制度三个方面构成。其中组织管理制度主要是对丛林组织机构的人员构成、权力结构、职级设置等方面进行的规定；僧众管理制度主要是对丛林组织中僧众的修行和日常生活等方面进行的规定；礼仪活动制度是根据寺院组织中各种团体活动的内容和性质，分别设置的佛事礼仪和茶汤礼仪等程序性规定。最后，本文对《敕修百丈清规》的各种特性及其历史影响进行了分析和论述。

（三）需要说明的概念

《百丈清规》首先是一种文献的名称，从而在形式上专指这种具体的佛教文化典籍，同时它也是一种制度的指代，在内容上蕴涵着丰富而独具特色的中国佛教寺院管理制度。"百丈清规"有广、中、狭等不同层面的含义。从广义层面来看，它是所有禅宗清规的代称，因为自百丈怀海禅师创制《禅门规式》始，到现代为止，历史上曾经出现了十多部禅宗清规，而这些清规的编撰者大多自称其清规源自《百丈清规》，从而使《百丈清规》成为各种禅宗清规的代称；从中义层面来看，《百丈清规》是指唐代百丈怀海创制的《禅门规式》和元代德辉编撰的《敕修百丈清规》，这两种前后相承的佛教寺院管理制度，历史上称前者为"古规"，后者为"新规"；从狭义的层面来看，因"古规"文本早已散佚，其内容只能散见于其他历史文献之中，现存完整的《百丈清规》唯有《敕修百丈清规》文本，所以《百丈清规》仅指后世流传下来的《敕修百丈清规》。本文以《百丈清规》为核心视阈，从纵横结合、史论融会的角度考察中国佛教寺院管理制度的历史渊源与发展演变及其基本特性和历史影响等内容，在本文的研究视角下，《禅门规式》为《百丈清规》的正本初版，但原本已散佚不可得，《敕修百丈清规》虽为元代新编，但其直接承袭古本命名为《敕修百丈清规》，且有皇帝圣旨为其仗护，从而成为最权威的《百丈清规》版本，本文将两部清规视为《百丈清规》的新旧两个版本，并从历史演进的角度，对其所蕴涵的佛教寺院管理制度的历史变迁与相关问题进行研究。因此，本文中的《百丈清规》采用上述三层含义中的中义，即包括《禅门规式》和《敕修百丈清规》。为了行文方便，除了论述《百丈清规》整体性内容外，凡涉及具体内容时，本文分别使用《禅门规式》与《敕修百丈清规》两种文本的具体名称，以避免混淆和误解。此外，本文在宏观指代所有禅宗清规时，使用"禅宗清规"或"丛林清规"的概念，而不再使用"百丈清规"为其代称。

二、禅宗清规产生的历史背景

禅宗清规是中国佛教禅宗丛林的组织管理制度，关于其与佛教戒律制度之间的关系也是众说不一。有人认为禅宗清规是对佛教戒律起补充作用的禅宗僧团制度①，有人认为禅宗清规是对佛教组织管理制度的发展创新②，还有人认为清规完全是禅宗创制的新型戒律制度③。总之，禅宗清规与传统佛教戒律制度之间关系密切，为了进一步加深对清规与戒律之间关系的认识和理解，下面对佛教戒律制度进行简要的概括和分析。

（一）佛教戒律制度概况

1. 部派佛教戒律制度的内容与传译

释迦牟尼创立佛教后，随着其影响的不断扩大，佛教由最初的五比丘逐渐发展成为拥有上千僧众的庞大僧团。创教的初期阶段，僧众尚能通过自律来保持个人行为如法并保持僧团良好的运行秩序。但随着僧团成员数量的不断增多，其社会成分和入教动机也日益复杂，影响僧众形象和损害僧团利益的各种行为逐渐出现，于是对僧团的管理逐渐成为释迦牟尼传教活动的重要内容之一。为了保障僧团的良性发展和传法活动的正常进行，制定佛教僧团管理制度就成为必然。在释迦牟尼传教的第十二年，因"须

---

① 黄奎：《中国禅宗清规》，北京：宗教文化出版社2008年版。
② 王永会：《〈百丈清规〉与中国佛教僧团的管理制度的创新》，《宗教学研究》，2002年第1期。
③ 潘昱绚：《中国丛林制度之研究——以〈敕修百丈清规〉为依据》，台湾高雄师范大学硕士论文。

提那事件"制定了佛教的第一条戒律。此后,各种佛教戒律被逐条制定出来。佛教戒律制定的方式遵循"随犯随制"的原则,即释迦牟尼根据已经发生的各种行为,如果认为其不如法,则制定相应的佛教戒律条款,僧团中形成了专门学习和制定佛教戒律的"布萨"制度,即僧众在每半个月集会一次,通过自我检讨和相互检举的方式,纠举各种不如法的行为。如行为触犯已有的戒律制度,则由犯戒者当众忏悔,并接受相应的处罚。如该行为尚未制定相应的戒律制度,则由释迦牟尼宣说新的戒条。除了针对个体行为制定禁止性的戒律条款之外,释迦牟尼还制定了一系列有关僧团事务管理的制度,即揵度。在释迦牟尼近半个世纪的传教弘法过程中,制定的一系列戒律和揵度规范,逐渐形成了庞大繁杂的佛教戒律制度。

释迦牟尼圆寂后,他的弟子们对其生前所述的教义和制定的戒律制度进行了集结整理,其中教义方面的内容形成了佛教典籍中的经藏部分,戒律制度方面的内容形成了佛教典籍中的律藏部分,后世历代高僧对佛教经藏和律藏进行的诠释和发展形成了佛教典籍中的论藏部分。由佛教经藏、律藏和论藏这三部分构成的佛教典籍总称为大藏经。释迦牟尼入灭一百年后,僧团内部对佛教戒律中个别问题的理解出现了分歧,佛教因之分裂为"上座部"和"大众部"两大部派。再过一百多年后,佛教分裂成为二十多个部派,各个部派所持守的律藏典籍略有不同。佛教《大藏经》中律藏部分的内容主要是各种广律和戒本,这是佛教戒律制度的主要渊源。此外,论藏部分中有关佛教戒律制度的各种论疏也是佛教戒律制度的渊源之一。

广律是记载释迦牟尼制定戒律制度全部过程和内容的文献资料汇编。从各部广律整体的内容结构来看，其主要由"戒律"和"捷度"两部分构成。在广律中，每一条戒律制度规范制定的缘起、戒条规定的戒相、构成犯戒的条件、排除犯戒的情况、对犯戒行为的惩处和忏悔仪轨等都有详细的记载，可以说，广律全面细致地记载了有关佛教戒律制度的全部内容。全面对照比较汉译的各部广律可知，它们绝大部分的内容基本一致，只是记载文字的繁简、使用的个别名词和小部分内容略有差异，由此可见各部广律同出一源，律藏也因此被学界公认为原始佛教典籍中最可靠的历史文献资料。

戒本，又名"戒经"、"婆罗提木叉经"等，是将释迦牟尼制定的戒律制度中戒条部分编辑整理而成的便于诵读的戒律文本。戒本中既不包括捷度部分的内容，也不包含广律中制戒的缘起、构成犯戒的条件、排除犯戒的情况等内容，只有戒律禁止的具体行为的戒相和犯戒的惩处结果两个方面。为了便于僧众读诵学习和参照执行，戒本的内容比广律简略，但其中包含了戒律的核心内容。由于原始佛教戒律只是针对出家二众制定的，因此小乘戒本一般只有比丘戒本与比丘尼戒本两种。

论疏是后世的佛教僧人对佛教经典进行的讲解和诠释，因不同的人对经典的理解不一定相同，故针对同一部佛教经典有时会出现不同观点的论疏，而且随着时间和空间的变化，对佛教经典的解释也需要有所变化，因此有些论疏也对佛教教义理论有所发展。

2. 部派佛教戒制中的戒律与犍度

如前所述，佛教戒律制度包括戒律和犍度两个方面的内容，本文认为，虽然戒律与犍度都是佛教戒律制度的有机组成部分，但是这两种制度规范之间因各自的调整对象不同而具有不同的特性。戒律，音译为"波罗提木叉"，是为僧尼制定的禁止性行为规范，全部戒律被称为"具足戒"。从戒律的内容来看，佛教戒律是通过对僧尼日常生活行为的禁止性规定来防止僧尼发生杀、盗、淫、妄等行为，即"止持"。在各部广律中，戒律的条目略有出入，如《四分律》中比丘戒二百五十条，比丘尼戒三百四十八条。根据戒律的具体内容，戒律又分为四波罗夷、十三僧残、二不定法、三十舍堕、九十单提法、四提舍尼法、百众学法等七类①。在这七类戒律中，最根本的还是禁止杀生、盗窃、淫欲和妄语的四大性戒。虽然戒律是释迦牟尼在传法过程中随机逐条制定的，但戒律的内容几乎涵盖了僧尼宗教生活中的各个方面，再经过集结时的归纳整理，形成了一套系统的戒律规范。

犍度，音译词，为蕴、聚之义，也有译为"法"、"事"等名相的，是释迦牟尼制定的僧团内部事务管理的制度规范。犍度要对僧团各方面的事务进行调整和规范，因此其内容繁杂，体系庞大，在广律中占据一半以上的篇幅。在各部广律中犍度的内容与编排体例虽略有出入，但总体上还是比较统一。《四分律》中将犍度分为二十个部类：受戒犍度、说戒犍度、安居犍度、自恣犍度、皮革犍度、衣犍度、药犍度、迦絺那衣犍度、拘睒弥犍度、

---

① ［后秦］佛陀耶舍共竺佛念等译：《四分律》卷一~卷三十，《大正藏》第 22 册，大正原版，第 568~778 页。

瞻波揵度、呵责揵度、人揵度、覆藏揵度、遮揵度、破僧揵度、灭诤揵度、比丘尼揵度、法揵度、房舍揵度、杂揵度等①。从以上二十个部类的具体内容可知，揵度是佛教僧团事务管理制度的总汇，它的内容涉及了僧团集体宗教生活的各个方面。

　　将戒律与揵度进行比较分析就会发现，它们虽然属于同一制度体系中的制度性规范，但因戒律与揵度的调整对象不同而具有各自不同的特性。首先，戒律是以规范僧尼个体的行为为对象而制定的"止持"要求，即禁止性规范。而揵度则是以僧团事务管理为对象而制定的"作持"要求，即倡导性规范。其次，戒律主要是通过禁止僧尼的杀、盗、淫、妄等行为，来调服修行者个体的贪、瞋、痴、慢、疑等习性，最后引导他们走上清净的涅槃之道。从佛教戒、定、慧三学的基本原理来看，修行者只有通过严格地持守戒律的方式，培养出足够的定力和慈悲心，然后才能获得般若智慧，最终走上获得解脱的涅槃之道。同时，通过戒律对个体的教导约束，也能起到促进僧众和合相处的目的。揵度主要是为了保证僧团的有序运行和良性发展而制定的僧团事务管理制度。只有僧团有序运行和良性发展，才有可能为僧众修学佛法提供一个良好的集体环境。再次，戒律是以佛教的"人性观"为思想基础，从有利于个体修行解脱的角度制定的禁止性行为规范。因人性的相对普遍性和稳定性，使得以之为基础而制定的佛教戒律更具有普世性和稳定性，比如佛教戒律中的杀、盗、淫、妄等戒律制度既是佛教戒律中最根本的戒条，也是人类社会公认的黄

---

① ［后秦］佛陀耶舍共竺佛念等译：《四分律》卷三十一~卷五十三，《大正藏》第22册，大正原版，第779~945页。

金规则。捷度是以当时社会的物质文化条件为基础,从有利于僧众管理的角度制定的组织管理性规范。因社会物质文化处于不断发展变化当中,以此为基础制定的捷度必然具有很强的时代性和地域性,随着时代和地域的变化,自然会引起捷度相应的调整。如在《四分律》中记载,佛教捷度中规定,僧人受具足戒需要十个如法比丘同时授戒,但在阿槃提国因僧人少而分散,举行授戒仪轨时难以凑足十位具戒比丘,于是释迦开许在这些地方有五个具戒比丘即可举行授戒仪轨①。

通过上述分析来看,佛教律制中的戒律和捷度是两种不同属性的制度规范,戒律主要是针对僧众个体的禁止性行为规范,具有更强的普世性和稳定性,而捷度是针对僧团集体事务的管理规范,具有很强的时代性和地域性。对于戒律和捷度之间的不同,其实在各部广律的分类结构中就已经很清楚了,尤其是《四分律》以"法"和"捷度"两种不同的名称来分别称呼这两种制度规范,即为此意。

3. 大乘佛教戒律的内容与特点

释迦牟尼入灭后五百年左右,佛教内部出现了批判部派佛教囿于烦琐理论和束缚于繁杂戒条的大乘佛教。当作为宗教文化核心内容的宗教义理有所发展或突破时,必然会引起作为宗教实践的宗教戒律制度与宗教生活方式的变化,大乘佛教不仅在教义方面对部派佛教有巨大发展和突破,同时在佛教戒律思想与戒律制度方面也有创新。大乘佛教批判部派佛教为小乘思想,反对其拘

---

① 参见[后秦]佛陀耶舍共竺佛念等译:《四分律》卷三十九,《大正藏》第22册,大正原版,第821~830页。

泥于各种具体戒律条文中的戒相，使佛教戒律变成僧人恐怖可畏的精神枷锁。如《维摩诘所说经》中说，有两位比丘违反了戒律，不敢向释迦牟尼述说，就找持戒第一的优波离来解答他们的问题。尤波离依照小乘戒律的说法为他们做了开示，并告知他们忏悔之法。这时，代表大乘佛教的维摩诘出现，他直接笑斥尤波离说："尤波离，无重增此二比丘罪，当直除灭，勿扰其心。"然后说："诸法不相待，乃至一念不住，诸法皆妄见……其知此者，是名奉律。"① 从中可以看到，大乘佛教对恪守戒律条文、拘泥于已有戒法的小乘佛教的批判。

　　大乘佛教在批判部派佛教的戒律思想和制度的同时，在大乘佛教经典中重新塑造了大乘佛教的戒律思想和制度规范，即大乘菩萨戒，并以大乘菩萨戒思想对部派佛教戒律思想和制度进行了突破和发展。大乘菩萨戒共有二类三种，如《瑜伽师地论》中所说："云何菩萨一切戒，谓菩萨戒略有二种：一在家分戒，二出家分戒，是名一切戒。又，即依此在家、出家二分净戒，略说三种：一摄律仪戒，二摄善法戒，三饶益有情戒。"② 这就是大乘菩萨戒的整体性的框架结构。根据汉传佛教流布最广的《梵网经·卢舍那佛说菩萨心地戒品》来看，大乘菩萨戒的具体内容主要是十重戒和四十八轻戒。十重戒即杀戒、盗戒、淫戒、妄语戒、酤酒戒、说四众过戒、自赞毁他戒、悭惜加毁戒、瞋心不受悔戒、谤三宝戒等十种，而四十八轻戒的内容主要是对十重戒不同戒相

---

① ［后秦］鸠摩罗什译：《维摩诘所说经·弟子品第三》，《大正藏》第14册，大正原版，第541页。
② ［唐］玄奘译：《瑜伽师地论》卷四十，《大正藏》第30册，大正原版，第511页。

的进一步细化。从中也可以看出,大乘佛教虽然对部派佛教的戒律思想的局限性提出了批评,但是并没有完全否认其存在价值,而是将其定位为"摄律仪戒"而纳入了大乘佛教戒律"三聚净戒"的思想体系之中,大乘佛教在此基础上又发展出了"摄善法戒"和"饶益有情戒",这是对佛教戒律思想的进一步发展和提升。

与部派佛教的戒律制度相比,大乘菩萨戒有以下几个特点。

第一,大乘菩萨戒内容简洁,层次分明,含摄深广。大乘佛教根据戒律的性质将其分为摄律仪戒、摄善法戒、饶益有情戒三个层次,统称为"三聚净戒"。其中的摄律仪戒含摄了所有大小乘戒律中的戒相,属于有相戒的层面,而摄善法戒与饶益有情戒则属于以清净心为体的"无相戒"。大乘佛教戒律体系一方面在形式上突破了部派佛教戒律中过于细密的诸种戒相,同时又用"三聚净戒"原则,将部派佛教的戒律思想和大乘佛教的无相戒思想统摄在"诸恶莫作,众善奉行,自净其意"的佛教基本精神和思想之中。大乘佛教在此基础上创立了轻戒相而重戒心的十重四十八轻的戒律体系。该戒律体系不仅含摄了僧俗众生净心向善的宗教道德标准,而且对大乘佛教信仰者提出了更高层次的要求,即以救度众生为己任的大乘菩萨精神。

第二,大乘菩萨戒适用对象更加广泛。因部派佛教戒律的适用对象只有出家五众,这对于后来逐渐发展壮大的佛教居士缺乏相应的宗教戒律制度调适。大乘佛教菩萨戒将戒律的适用对象由原来的出家五众扩展为信仰佛教的七众,即除了出家五众之外,在家的男女居士也有了相应的戒律规制。这一方面使居士的宗教生活得到了相应的宗教戒律的规范，同时也使在家佛教信仰者在宗教生活方面有了更强的参与感和归宿感，有利于促进佛教的进一步传播和发展。

　　第三，大乘菩萨戒专门记载戒律的经典较少。与部派佛教浩如烟海的律藏典籍相比，记载大乘菩萨戒戒律制度的典籍则很少，只有融汇在大乘佛教经典中的几种小品戒本。因为大乘佛教的"三聚净戒"中的"摄律仪戒"即包含了部派佛教的小乘戒律制度，若从这个角度来说，部派佛教的律藏典籍也属于大乘佛教戒律制度的一部分，而除此之外的"摄善法戒"和"饶益有情戒"则是大乘佛教发展出来的部分戒律，其重点是调心而非调行，属无相戒范畴，因此少有繁多的戒相。因是之故，大乘菩萨戒基本上是与大乘义理经典融为一体，虽没有专门的戒律经典，但每部经典又都是在讲如何摄心持戒修行的。在大乘佛教中，专门讲解大乘戒律的经典主要有《梵网经》二卷、《菩萨地持经》十卷、《菩萨善戒经》九卷与《瑜伽师地论·菩萨地品》，这与部派佛教的广律相比，不成比例。

　　（二）佛教戒律制度在中国的传播和发展

　　1. 佛教戒律制度在中国的传译和适用

　　佛教传入中国不久，部分佛教戒律的概念也随着传入中国。在最早传入中国的《四十二章经》中概括叙述了佛所说的"十善"和"十恶"的内容。这可以看做是佛教戒律传入中国的开端。后来在魏嘉平二年（公元250年），印度僧人昙摩迦罗在洛阳白马寺译出《僧祇戒心》、《四分羯磨》戒本，这是最早在中国翻译成汉文的佛教戒律典籍。此后数百年尤其在南北朝时期，小乘佛教的诸种广律和戒本相继译出。同时，大乘佛教的戒律也随着各种大乘经典的译出传到了中国，因此说，小乘佛教戒律与大乘佛教戒律在中国基本上是同步传入。

佛教戒律制度还没有大量传译到中国时，中国佛教界面临着宗教实践活动缺乏规制指导的困境，中国的佛教界也曾经作过各种尝试性的应对措施。如南北朝时期，著名的高僧道安面对日益增大的僧团，根据佛教戒律精神，结合实际情况制定了"三例"："一曰行香定座上经上讲之法，二曰常日六时行道饮食唱时法，三曰布萨差事悔过等法。天下寺院，遂则而从之。"① 并以之作为当时僧团管理制度的三项基本原则。道安的这一创举，很快得到当时佛教界的响应。此后，又有支遁创立僧集仪度、慧远立法舍节度、法云创僧制，等等。这些创制活动对以后佛教戒律制度的中国化做出了有益的探索。随着印度佛教戒律制度大量传译到中国，中国佛教界自行创制宗教生活制度的活动基本停止。

翻译为汉文的律藏典籍主要有《弥沙塞部和醯五分律》② 三十卷、《摩诃僧祇律》③ 四十卷、《四分律》④ 六十卷、《十诵律》⑤ 六十一卷、《根本说一切有部毗奈耶》简称《根有律》⑥ 五

---

① [梁] 释慧皎撰：《高僧传·释道安》卷五，《大正藏》第 50 册，大正原版，第 353 页下。
② [南朝宋] 佛陀什共竺道生等译：《弥沙塞部和醯五分律》，《大正藏》第 22 册，大正原版，第 1~192 页。
③ [东晋] 佛陀跋陀罗译：《摩诃僧祇律》，《大正藏》第 22 册，大正原版，第 227~399 页。
④ [后秦] 佛陀耶舍共竺佛念等：《四分律》，《大正藏》第 22 册，大正原版，第 567~1014 页。
⑤ [后秦] 弗若多罗共罗什译：《十诵律》，《大正藏》第 23 册，大正原版，第 1~469 页。
⑥ [唐] 义净译：《根本说一切有部毗奈耶》，《大正藏》第 23 册，大正原版，第 627~904 页。

十卷，共翻译广律五种版本合计二百四十多卷。有《弥沙塞五分戒本》①、《五分苾刍尼戒本》②、《十诵比丘波罗提木叉戒本》③、《根本说一切有部戒经》④ 一卷、《根本说一切有部苾刍尼戒经》⑤ 一卷、《四分律比丘戒本》⑥ 一卷、《四分律比丘尼戒本》⑦ 一卷、《摩诃僧祇大比丘戒本》⑧ 一卷、《摩诃僧祇比丘尼戒本》⑨ 一卷，以上各种戒本十多部，共计十多卷。此外，还有《毗尼母经》⑩ 八卷、《萨婆多部毗尼摩得勒伽》、《善见律毗婆沙》、《萨婆多毗尼毗婆沙》等多部有关律藏的论著。这些律藏经典的版本虽然很多，但其内容与结构大同小异。

大乘佛教的菩萨戒被翻译成汉文的主要有《梵网经·卢舍那佛说菩萨心地戒品》（以下简称《梵网经》）、《菩萨璎珞本业经》（以下简称《璎珞经》）、《菩萨地持经》（以下简称《地持经》）、《菩萨善戒经》（以下简称《善戒经》）、《瑜伽师地论·

---

① [南朝宋] 佛陀什等译：《弥沙塞五分戒本》，《大正藏》第22册，大正原版，第194~205页。
② [梁] 明徽译：《五分苾刍尼戒本》，《大正藏》第22册，大正原版，第206~214页。
③ [后秦] 鸠摩罗什译：《十诵比丘波罗提木叉戒本》，《大正藏》第23册，大正原版，第470~478页。
④ [唐] 义净译：《根本说一切有部戒经》，《大正藏》第24册，大正原版，第500~507页。
⑤ [唐] 义净译：《根本说一切有部苾刍尼戒经》，《大正藏》第24册，大正原版，第508~517页。
⑥ [后秦] 佛陀耶舍译：《四分律比丘戒本》，《大正藏》第22册，大正原版，第1015~1023页。
⑦ [后秦] 佛陀耶舍译：《四分律比丘尼戒本》，《大正藏》第22册，大正原版，第1030~1041页。
⑧ [东晋] 佛陀跋陀罗译：《摩诃僧祇大比丘戒本》，《大正藏》第22册，大正原版，第549~555页。
⑨ [东晋] 法显共觉贤译：《摩诃僧祇比丘尼戒本》，《大正藏》第22册，大正原版，第227~399页。
⑩ 《毗尼母经》，《大正藏》第24册，大正原版，第801~850页。

菩萨地戒品》（以下简称《瑜伽戒品》）及《优婆塞戒经》等六部，而且其中《璎珞经》与《梵网经》内容基本一致，而《地持经》、《善戒经》与《瑜伽戒品》"三经基本上是同本异译，但详略不同"①。由此可见，大乘菩萨戒的经典很少，全部内容合在一起不过十多卷。其在戒相规制上也极其简洁，而且在僧团事务管理的方面未有任何新的创建，这也是中国大乘佛教后来只能以小乘佛教广律中的捷度作为僧团事务管理制度渊源的主要原因。大乘佛教认为戒律的本体是无形无相的清净心，不应过于拘泥于佛陀为方便而制定的诸种戒相，这种戒律思想后来成为中国禅宗创制清规的重要思想渊源之一。

  大小乘佛教戒律思想和制度传入中国后，中国佛教界在了解和传播来自印度的佛教戒律思想制度时，首先面临的是在大乘和小乘佛教戒律思想方面进行选择的问题。大乘菩萨戒法虽然很早就随着大乘佛教典籍传入了中国，但中国佛教中对"乘"与"戒"之间关系持"乘急戒缓"的态度。此外，大乘菩萨戒中关于僧团事务管理方面的内容过于概括，而小乘佛教戒律制度的内容具体明确，且其典籍完整集中，使得中国佛教在不敢贸然创制的情况下，只能选择使用和传播小乘佛教的戒律制度。如此一来，中国佛教戒律制度的传播始终面临两个问题。一是中国大乘佛教与小乘佛教戒律制度之间的冲突和矛盾问题。第二是小乘佛教戒律制度，尤其是其中的捷度部分与中国社会的不相适应的问题。

---

① 杨曾文：《佛教戒律和唐代的律宗》，《中国文化》，1990年第3期。

当佛教戒律制度面临新的时代和地域，出现无法适用的情况时应如何处理的问题，早在印度部派佛教时期就已经出现，当佛教传播到中国后，中国佛教界也面临同样的问题。据《四分律》记载，集结律藏时阿难提出佛在世时曾说过"杂碎戒"可舍，但没说哪些戒律属于杂碎戒，在大家讨论无果的情况下，大迦叶确定了"若佛先所不制，今不应制，佛先所制，今不应却，应随佛所制而学"① 的原则。该原则的确立，曾经保证了佛教戒律制度在很长一段历史时期内保持了完整和统一，但也为佛教因戒制取舍问题而导致的分裂埋下了伏笔。同时，这一问题也被带到了中国佛教之中。佛教传到中国后，因时代和地域发生了巨大变化，以及大乘佛教对小乘佛教的冲击使得佛教戒制中很多内容在中国面临无法适用的问题。但由于佛教戒律制度是释迦牟尼所亲制，又有大迦叶确立的基本原则横亘在前，所以中国佛教界不敢轻易对其有所改动或者变更，固有的佛教戒律制度与中国社会的适应与创新问题，则成为中国佛教无法回避但又难以解决的问题之一。

2. 律宗对大小乘戒律的调和

大迦叶确立的"若佛先所不制，今不应制，佛先所制，今不应却，应随佛所制而学"的基本原则，使中国佛教界不敢贸然突破小乘佛教戒律思想的局限，只能使用现有的佛教戒律制度管理僧团。但小乘佛教戒律制度与中国社会环境之间的不适应却日益显露，给中国佛教的发展带来了诸多的困扰。后来，中国佛教在

---

① [后秦] 佛陀耶舍共竺佛念等译：《四分律》卷第五十四，《大正藏》第 22 册，大正原版，第 967 页中。

解决戒律制度问题上经过数百年的实践探索，逐渐呈现出了律宗的改良和禅宗的创制两种路线。

随着佛教戒律典籍在中国的大量翻译和传播，逐渐出现了一批专门以研究弘扬佛教戒律为其终身事业的僧人，他们被佛教界称为"律师"。由于各个律师依据的戒律典籍不同，且其依据的佛教戒律思想理论相异，因而形成了数支戒律思想不同的律学流派。在各个律学流派中，又以弘传《四分律》的南山道宣律师的贡献和影响最为突出，并最后形成了中国佛教八大宗派之一的南山律宗。道宣律师的四分律学，是在继承了南北朝以来历代律学大师们律学思想的基础上，吸收了当时中国宗派佛学理论的最新成果，根据当时中国佛教发展的现实需要形成的一套戒律思想体系。

道宣认为在诸部广律中，《四分律》是兼容大小乘佛教思想的戒律制度，因此更适合中国佛教。道宣以大乘思想为指导，结合《梵网经》、《瑜伽师地论》等大乘佛教戒律思想，创立了将佛教划分为化教与行教的判教理论，并吸收唯识思想，提出了以心识为体的戒体理论。道宣用其佛教戒律思想理论，将《四分律》作为大乘戒律予以解读，这是其对小乘佛教戒律进行的一次"融小入大"改造。律宗的戒律思想是对印度小乘佛教戒律思想和制度进行的一次中国化改良。这种改良以大乘佛教戒律思想为指导，对小乘佛教戒律制度进行重新诠释。虽然大乘佛教戒律思想与小乘佛教戒律制度之间有一些内在冲突，使得这种改造工作也遗留了一些牵强焊接的痕迹，但基本上解决了大乘佛教思想与小乘佛教戒律之间的调和适用问题。律宗中国化的佛教戒律思想在道宣及其弟子的努力推动下，在当时的佛教界和政界获得广泛认可和普遍推广，最终形成了以传播和弘扬佛教戒律的方式传播佛教文化的"南山律宗"。在中国佛教各大宗派中，除禅宗之外，其他几家基本上都是以律宗的佛教戒律思想和戒律制度作为宗教生活的制度规范。

律宗虽然解决了大乘佛教思想与小乘佛教戒律制度之间的矛盾和冲突问题，但以印度社会为基础建立的佛教戒律制度与中国国情之间不适应的矛盾依然存在。而且随着中国社会和佛教的进一步发展变化，佛教戒律制度与中国社会现实之间的冲突日益突出，这是后来禅宗清规得以产生和推广，而律宗弘传的佛教戒律制度日渐式微的重要原因之一。律宗创立的佛教戒律思想，虽然解决了大小乘佛教戒律制度之间的矛盾，但并未解决佛教戒律制度与中国社会政治、经济、文化等方面的进一步融合问题。因此可以说，经过律宗改良的佛教戒律思想和制度遭遇的现实的挫折，为以后禅宗清规的产生和发展创造了思想条件和现实需求。

三、清规创制的现实需求和基本条件

（一）禅宗清规创制的现实需求

1. 政教关系对禅宗组织制度的影响

隋唐之前，中国宗教界尤其是佛教与封建皇权之间尚存有一定的抗衡能力和周旋空间，国家也为宗教组织保留了较大的自治权利。随着封建集权制度的不断完善和国家对社会控制能力的日益加强，宗教组织最终成为封建皇权统治下的一种次级社会组织。隋唐之际,随着国家控制力量的进一步加强和中央僧官系统的废止,佛教组织在国家中央权力体系中的自治权也丧失殆尽,封建皇权与佛教组织之间绝对的控制与被控制、管理与被管理的政教关系模式完全确立,这是中国历史上新型政教关系基本模式,也是中国政教关系的历史性转折。唐代的宗教政策一方面为了借助宗教的力量进行社会道德教化和维护社会稳定,对其给予有限的支持。另一方面,为了消除宗教给国家权力可能带来的威胁和消极影响,不断加强对宗教组织的控制。唐太宗李世民彻底废除了延续数百年的中央僧官系统,将中央对佛教的最高管理权从僧官手中剥夺后交给了礼部的世俗官员,这意味着镶嵌在中央权力体系中的有限的宗教自治管理权被彻底剥夺,同时地方僧官也逐渐失去了以往的各种社会特权,进而沦落为国家监督管理佛教的工具[1]。随着国家对宗教的控制和管理的日益加强,以游方生活方式为主的中国禅宗僧人面临的限制也越来越多。

在禅宗初传入中国的近百年中,其生活方式主要是一衣一钵,游化乞食,远离村市,居无定所,在山林墓野等僻静处静坐行禅的"头陀行"。由于禅宗对小乘佛教戒律制度的弃用和排斥,使其一直被律宗僧人斥为异类。因此,禅宗"游方乞食"的宗教生活方式虽然更接近印度原始佛教的宗教生活方式,但却遭受了来自国家、社会与佛教内部各方面的压力和排斥。在统治者看来,大量的不从事生产劳动的流动人口的存在,既是社会潜在的不安定因素,又是劳动力资源的巨大浪费。这是封建统治者所不

---

[1] 谢重光、白文固:《中国僧官制度史》,西宁:青海人民出版社1990年版,第102~105页。

能容忍的，因此，国家也不断地加强对僧尼数量和行动的限制。后来国家通过设置寺额、僧尼名籍、度牒、戒牒、六念文书等行政管理制度对僧尼人数的增长进行限制。政府还多次发布政令限制或禁止僧人的流动，将流动的僧人驱赶到寺院中去。唐代政府曾采用多种行政手段限制僧人的流动，迫使流动中的僧人逐渐回到了寺院中，禅宗僧人就是在这种情况下被迫"寄居律寺"。由于禅宗僧人与遵守传统律制的僧人在宗教生活方式方面存在较大的差异，"虽列别院，然于说法住持，未合规度，故常尔介怀"①。因此，当时禅宗僧人"寄居律寺"也只是迫于政治压力的权宜之计。

在当时的政治背景下，禅宗僧众面临如何适应社会和国家宗教政策使本宗派能够得到存续和发展的问题。在没有可能改变国家宗教管理制度的情况下，禅宗僧人也只能在自身的宗教组织制度建设方面自觉地进行调整和适应。但现有的律制倡导的这种宗教组织制度和宗教生活范式显然无法满足禅宗的现状和发展需要，创立新的宗教组织制度成为禅宗的必然选择。

2. 寺院经济对佛教戒律制度的冲击

隋唐时期，佛教已经由外来宗教上升为中国社会的主流宗教，僧众与社会信众人数与寺院经济规模都得到了迅速发展，其在社会政治、经济、文化等方面也具有非常重要的影响。但历史形成的以移植印度佛教戒律制度为基础的佛教内部管理制度并未随之发展，这种落后于现状的佛教内部管理制度与当时佛教发展

---

① ［宋］杨亿：《古清规序》，《大正藏》第48册，大正原版，第1157页下。

的情况给中国佛教的进一步发展造成了诸多的障碍。

随着佛教在社会上的影响日益扩大,其不仅获得了越来越多的社会民众的认可,而且得到了更多封建贵族阶层的支持,这直接促使佛教寺院经济迅速发展,佛教寺院成为社会经济关系中重要的经济主体。佛教寺院经济的急剧膨胀,一方面导致原有的佛教寺院管理制度不能与之适应而产生新的矛盾,另一方面导致寺院与其他社会经济主体之间产生矛盾。据《法苑珠林》记载,唐代凡属于国家所设立的寺院,"除口分地外,别有敕赐田庄,所有供给并是国家供养"①。还有个别僧侣利用他们的特殊关系,巧取豪夺,广积私财。如《资治通鉴》载,僧人慧范"恃太平公主势,逼夺民产,御史大夫薛谦光与殿中侍御史慕容珣奏弹之"②。此外,有些官僚为了保护自己的财产,将私有财产变相转移于寺院,以求危时得庇。各种原因最后促成了佛教寺院经济的急剧膨胀,当时甚至有"更相凌夺,凡京畿上田美产,多归浮屠"③、"十分天下之财,而佛有七八"④的说法。这种说法中不排除夸张的成分,但是也能看出佛教寺院对社会财富的占有,已经远远超过其维持寺院正常运转的基本需求。佛教寺院大量占有社会财富和从事经济活动,且其缺乏与社会良性的互济关系,只能导致寺富民穷的社会矛盾,并使僧众因物质财富的充裕而腐朽堕落。更

---

① [唐]释道世:《法苑珠林》卷六十二,《大正藏》第53册,大正原版,第750页。
② [宋]司马光:《资治通鉴》卷二百一十,《唐纪二十六·睿宗景云二年》,北京:中华书局1956年版,第14册第6665页。
③ [宋]欧阳修、宋祁撰:《王缙传》,《新唐书》卷一四五,北京:中华书局1975年版,第15册第4716页。
④ [后晋]刘昫撰:《辛替否传》,《旧唐书》卷一〇一,北京:中华书局1975年版,第10册3158页。

为重要的是，因寺院享有免税免役的特权，其大量地占有社会财富，必然会影响国家的经济结构和财政收入，最终造成佛教与国家政权之间的经济矛盾，这为以后国家打击佛教埋下了祸根。

寺院经济的过度膨胀，既造成了佛教繁荣兴旺的表象，也给佛教带来了各种问题。佛教寺院经济的发展与佛教僧团组织的扩大，亟须一套与之相适应的组织管理制度。但由于当时的宗教财产由本宗派的"法嗣"支配和继承，且缺乏相应的监管机制，使得佛教寺院财富的增长非但没有促进佛教文化传播和管理制度的发展，还造就了一批腐化的僧侣贵族，加深了佛教世俗化的程度，僧团固有的戒律制度也遭到了严重的破坏。这些现象使佛教遭到了朝野人士的指斥，如辛替否批判僧人"今殖货营生，非舍尘俗；拔亲树知，非离朋党；畜妻养孥，非无私爱"①。彭偃也指责僧侣："今出家者皆是无识下劣之流，纵其戒行高洁，在于王者，已无用矣，况是苟避征徭，于杀盗淫秽，无所不犯者乎。"②当时的佛教在组织管理制度方面由于缺乏创新，各个宗派都"建立了自己的组织体系，即以分布于祖国名山或都市的寺院为据点、以名僧为中心的庞大僧团组织，形成一股股佛教宗派势力"③。这种门户之别不仅使佛教所拥有的政治、经济、文化等社会资源不能得到更好的整合与有效的利用，而且导致不同宗派之间，以及同一门派不同寺院之间为了利益纷争不息，最终给佛教

---

① ［唐］辛替否：《陈时政疏》，《旧唐书》卷一〇一，北京：中华书局1975年版，第10册第3157~3158页。

② ［唐］彭偃：《删汰僧道议》，《旧唐书》卷一二七，北京：中华书局1975年版，第11册第3580页。

③ 方立天：《魏晋南北朝佛教论丛》，北京：中华书局1982年版，第249页。

带来了毁灭性的打击。

以上各个方面的情况充分暴露出当时教团组织管理制度中存在的问题，即固有的佛教组织形式与管理制度已经明显难以适应当时中国佛教的现状。这些现象从另一个角度反映出经律宗改良的佛教戒律制度在中国佛教发展过程中遭遇了重大的挫折，也促使禅宗在佛教戒律制度建设方面走向了重新创制的途径，即建立能够保持佛教优良传统、保障佛教僧团良性运转、有效传播佛教文化，同时能够适应中国国情的新型佛教组织管理制度。

3. 本土文化与佛教文化的冲突

佛教传入中国后，逐渐成为重要的社会文化之一，尤其是南北朝时期的北方少数民族国家政权为了与中原的儒、道文化抗衡，选择了外来的佛教文化作为其社会主流文化，这极大地促进了佛教文化的传播与发展。到隋唐时期，佛教文化与儒、道等中国本土文化互相吸收、互相影响，形成了中国儒、释、道三足鼎立的文化格局，佛教文化已经成为中国社会文化中重要的有机组成部分，但是随着外来的佛教文化影响越来越大，其受到本土文化的抗拒与排斥越来越强烈。

隋唐时期，随着国家的统一和中央集权的形成和加强，儒家文化的政治文化的地位日益强化，同时佛教文化的影响也在不断地扩大，儒佛之间的文化冲突更加明显。儒家文化一方面攻击佛教文化中缺乏"忠孝"观念，另一方面借助皇权政治对佛教文化进行了锲而不舍的"忠孝"文化改造。如炀帝大业二年（公元606年）诏："诏沙门道士，致敬王者。沙门明瞻抗诏，谓僧无敬俗之典。遂寝。"① 明瞻抗诏说皇上想废弃佛教可以，但"法服之下，僧无敬俗之典"。《续文献通考》载，太宗贞观五年，诏僧道致拜父母，后未能得到执行。高宗龙朔二年（公元662年），又拟下令僧道致拜君亲，结果引起朝野争议，最后经群臣表决，以三百人赞成，五百人反对的结果告终，此后历史上还有此类事件不断发生。

从以上史实中可以看到，这不仅是皇帝的个人崇拜问题，其实也是儒家文化对佛教文化的同化和冲击过程。佛教在处理这些问题时，一方面被动地守护佛教文化价值的底线，另一方面也进行了各种积极的应对措施，如通过弘扬《父母恩重难报经》以弥补佛教文化中的"孝道"元素之不足，同时向统治者宣讲《仁王经》以说服帝王们不要再跟佛教为难，同时也有僧人从佛教角度著述予以回击，如《沙门不敬王者论》的面世。虽然如此，但儒家文化毕竟是一种政治文化，它借助国家政权的力量不断给佛教文化施压，而佛教文化在这方面总体上还是处于被动状态。因此，如何使佛教文化既不失去自己的根本价值导向，又能适应本土文化以减少文化冲突带来的压力，是佛教始终面临的一个挑战。

除此之外，作为外来宗教的佛教与产生于中国本土的道教之间，存在着一种天然的竞争关系。在历史上，佛、道教之间在相互影响、相互吸收之外，他们之间的相互斗争未曾间断，只是在不同的历史时期的表现形式不同而已。比如唐代前期，从国家在

---

① ［宋］释志磐撰：《佛祖统纪》卷五十一，《大正藏》第49册，大正原版，第454页。

佛教与道教地位排序先后方面的不断变化中，就可以看到佛、道教之间的竞争在政治领域内的反映。尤其是在唐武宗会昌三年（公元843年）的灭佛运动中，道士上书武宗攻击佛教就是引起这次运动的直接原因之一。

这些文化冲突虽然根源于各种文化价值和观念的冲突，但其往往最直接地表现在各种文化的组织制度方面。因此，佛教组织制度的中国化也是解决这一问题的关键环节。应对这种文化冲突带来的压力，是禅宗创制中国化的宗教组织制度的直接动力之一。

（二）禅宗清规创制的基本条件

1. 禅宗清规创制的社会基础

禅宗自称是释迦牟尼"教外别传"的宗门，在教法上标榜是不立文字、直指人心、见性成佛的"顿教"法门，并以此有别于中国佛教的其他各大宗派。禅宗自南北朝时期由菩提达摩传入中国后，经慧可、僧璨、道信、弘忍等数代禅宗高僧的不断弘扬和发展。到唐中叶，禅宗走的是劳动大众路线，这使其在广大农村的平民阶层中得到广泛传播，信仰者的人数急剧增加。弘忍、惠能时代，禅宗呈现出"道俗受学者，天下十八九"[①]的盛况。在当时，禅宗僧众聚居的丛林已经遍布全国，普通丛林中一般都有数十人，而那些著名禅师驻锡的丛林僧众甚至成百上千。全国禅宗僧众的总数就是一个非常庞大数字了。到百丈怀海时代，从信仰者人数上来看，禅宗已经成为中国佛教中最大的宗派之一，禅

---

① ［唐］方明：《传法宝纪》，《大正藏》第85册，大正原版，第1291页。

宗僧团的规模与数量以及在社会上的影响都已经非常大了。

禅宗从其产生开始，就对小乘佛教戒律制度持排斥和抗拒态度，随着其自身的进一步壮大和发展，律宗倡导的佛教戒律制度与他们的宗教生活方式更显得格格不入。但是，如此庞大的信众和僧团队伍，其成员的社会成分自然非常复杂，如果没有相应的戒律制度的约束和组织管理制度的规范，该僧团的运行和发展必然会遭遇各种问题。这也是禅宗僧团中的宗教领袖必然要面对的迫切的现实问题。同时，庞大的信众群体和僧团队伍为禅宗创制新的丛林管理制度提供了最基本的物质基础。如果没有众多的僧众和颇具规模的丛林寺院，制定禅宗清规就没有价值和意义。同时，众多僧众长期共同的宗教生活方式，为禅宗清规的制定提供了直接而重要的实践经验和现实的适用对象。因此说，禅宗信众和僧团的壮大，为禅宗清规的创制提供了重要的社会基础。

2. 禅宗清规创制的组织基础

因禅宗清规是对丛林组织事务进行管理的制度规范，因此，丛林组织的形成是清规创制的组织基础。如果僧众尚处于分散状态，则无须制定组织管理制度来约束和规范，只须各自依照戒律的要求修行即可。如怀海初到百丈山时，并未立即创制清规，只是后来僧众越聚越多，形成了一个规模较大的丛林，然后，怀海禅师才开始着手创制清规。

虽然常见"马祖创丛林，百丈制清规"的说法，但细究则可知，禅宗丛林的创建，应该始于四祖道信。为解决禅僧的流动无序状态与国家稳定有序要求之间的矛盾，四祖道信开始改变禅宗长期以来"行无轨迹，动无形记，法匠潜运，学徒默修"的情况,"遂择地而居,营宇立像,存没有迹,旌榜有闻"①。这可以看做是禅宗僧人宗教生活方式的一次根本性转变,也是禅宗僧众由自发的分散状态走向自觉的组织状态的开始,禅宗丛林也进入了创建的初期阶段。道信根据禅宗的特性,选择了农村山林建立禅宗丛林寺院,这一方面为禅僧从事生产劳动,在经济上达到自给自足创造了条件,使丛林寺院成为了独立自主的经济主体,极大地提高了禅宗僧团的独立性,结束了过去游走四方、乞食化缘为生的宗教生活方式,并且使修行与劳动紧密结合,形成了"农禅合一"的新型宗教生活方式。同时,也使得禅宗与广大劳动群众结合更加紧密,传播对象更加广泛,因此禅宗的发展越来越快,最终成为了中国佛教最大最盛的宗派。

面对日益庞大的僧团,如何实行有效的管理,是禅宗丛林组织无法回避的现实问题。严格持守原始佛教的"头陀行"戒律明显行不通,而适用律宗改良的佛教戒律制度已然不可能,因此,创制新型的丛林组织管理制度成为禅宗的最佳选择。丛林的创建,既解决了中国佛教过分依赖于国家和社会的问题,又解决了禅宗文化与中国社会文化之间的冲突问题。丛林组织不仅为怀海禅师创立禅宗清规积累了丰富的实践经验,而且为禅宗清规的创制提供了必要的组织基础。

3. 禅宗清规创制的思想基础

大乘菩萨戒思想指大乘菩萨戒法,是以无相之清净心为体,以利他之行为用的戒律思想。菩萨戒思想认为佛教戒律制度中所

---

① [唐]方明:《传法宝纪》,《大正藏》第85册,大正原版,第1291页中。

显现的诸种戒相，皆为戒律精神的外在体现，而并非佛教戒律之终旨。过于拘泥于外在的戒相，会导致为持戒而持戒的形式主义。《梵网经》中说："吾今当为此大众，重说十无尽藏戒品，是一切众生戒，本源自性清净。"① 其对大乘佛教戒律的体性，直陈为"自性清净"。大乘菩萨提倡如为利他故，只须依清净自性而为六般若波罗蜜，不必执著于诸种戒相。《摩诃般若经》中说："菩萨摩诃萨……知一切佛法无相……能具足无相尸罗波罗蜜，具足戒不缺不破不染不著。"② 由上可知，以自性清净心为体的大乘菩萨戒法主张不要局于戒相。《璎珞经》中说："一切菩萨凡圣戒，尽心为体。是故心尽戒亦尽，心无尽，故戒亦无尽。"③ 并指出大乘菩萨戒与小乘声闻戒之间的主要区别是："声闻尽形，菩萨尽未来际。声闻局于身口，菩萨亘于三业。"④ 所以，梵网戒法声称：一切众生戒，本源自性清净。菩萨戒思想虽然早在印度的大乘佛教经典中产生，但是中国佛教在戒律的传播上主要是以小乘佛教戒律制度的传播为主，因此大乘菩萨戒思想当时并未得到充分弘扬和传播。后来，通过禅宗才使大乘菩萨戒思想得到了弘扬和发展。

中国禅宗初期，在戒律的持守方面，是以达摩"四行观"为指导而持守"头陀行"戒法。但由于其与中国国情相悖，也为禅

---

① ［后秦］鸠摩罗什译：《梵网经·卢舍那佛说菩萨心地戒品》卷第十下，《大正藏》第24册，大正原版，第1003页下。
② ［后秦］鸠摩罗什译：《摩诃般若波罗蜜经》卷第二十三，《大正藏》第8册，大正原版，第390页中。
③ ［后秦］竺佛念译：《菩萨璎珞本业经·大众学品第七》，《大正藏》第24册，大正原版，第1003页下。
④ ［后秦］竺佛念译：《菩萨璎珞本业经·大众受学品第七》，《大正藏》第24册，大正原版，第1021页中。

宗的发展带来了障碍。后来的禅宗对此开始逐步改进。四祖道信除创立丛林使禅宗僧人逐渐集中在丛林组织生活外，同时在戒律思想上也相应地提出了以大乘"菩萨戒法"与禅修相结合的持戒观。《楞伽师资记》中载："信禅师再敞禅门，宇内流布，有菩萨戒法一本，及制《入道安心要方便法门》，为有缘根熟者说。"①道信使禅与菩萨戒行相结合，以自利利他、兼摄道俗的菩萨戒行，扩大了禅法的弘通。其将禅修与大乘菩萨戒相结合的戒律观得到了弟子弘忍的进一步弘扬，弘忍门下的神秀与惠能对大乘菩萨戒律思想又有所发展。神秀认为：受持菩萨戒"是持心戒，以佛性为戒性。心瞥起，即违佛性，是破菩萨戒。护持心不起，即顺佛性，是持菩萨戒"②。

惠能在继承禅宗前辈思想的基础上，对大乘佛教的菩萨戒思想又作了进一步的发展。他超越了前几代禅宗传人所倡导的持守清净心的菩萨戒，提出超越对一切外在戒相的滞碍则能够"自净其意"。因此，惠能不仅继承了大乘菩萨戒的思想，而且对其中所蕴涵的以"清净心"为体的戒律思想做出了进一步的发展，明确强调了"无相戒"的概念。惠能说："善知识，总须自体，与授无相戒。一时逐惠能口道，令善知识见自三身佛：于自色身，皈依清净法身佛；于自色身，皈依千百亿化身佛；于自色身，皈依当来圆满报身佛。……向者三身，在自法性，世人尽有，为迷不见。外觅三身如来，不见自色身中三身佛。"③ 从上述内容可以

---

① ［唐］释净觉：《楞伽师资记》，《大正藏》第85册，大正原版，第1286页。
② ［唐］释神秀：《大乘无生方便门》，《大正藏》第85册，大正原版，第1273页中。
③ 杨曾文：《敦煌新本六祖坛经》，上海：上海古籍出版社1993年版，第87页。

看到,"无相戒"源自人的"清净心"。惠能在"无相戒"思想的指导下,将其进一步具体化为"四弘大愿"和"自性忏法"。对此,释印顺认为:"惠能不重宗教仪式,不重看心、看净等禅法,却重视德性的清净。……将深彻的悟入安立在平常的德行上,宛然是释迦时代的佛教面目。"① 惠能的"无相戒"思想使禅宗在放弃"头陀行"戒律观,改持菩萨戒的戒律观念最终彻底完成,从理论上为禅宗的戒律制度发展去向问题做出了抉择,为禅宗突破小乘佛教戒律观的束缚和局限,建立适应中国社会的佛教组织管理制度提供了重要的思想理论。

百丈怀海禅师在禅宗面临来自政治、经济、文化以及禅宗内部的各种社会现实需求的推动下,在各种社会基础、组织基础和思想理论等条件具备的情况下,以自身的果敢和智慧为禅宗创制了一套丛林制度,为中国佛教戒律制度的突破和发展迈出了关键的一步。

四、《禅门规式》的创制及其意义

(一)百丈怀海与《禅门规式》的创制

百丈怀海禅师,福州长乐人,随马祖道一参禅学道,"与西堂智藏、南泉普愿同号入室,时,三大士为角立焉"②。从法系上来看,其属于禅宗南宗六祖惠能下第三代法裔。禅宗史料中有关

---

① 释印顺:《中国禅宗史》,上海:上海书店1992年版,第134页。
② [宋]普济编:《五灯会元》卷第三,《卍续藏经》第80册,藏经书院版,第71页上。

百丈山怀海的记载较多，《宋高僧传》中有《唐新吴百丈怀海传》①、《五灯会元》中有《百丈怀海禅师传》②，此外还有《天圣广灯录》③等史料都有对百丈怀海言行较为详细的记录，而且这些史料主要是记载怀海传法过程中的各种语录。从这些记载可知，百丈怀海为禅宗的弘扬和发展作出了巨大的贡献，他门下的弟子中，沩山、仰山、黄檗等后来都成为了禅宗大师级的人物，由此可知百丈怀海在禅宗内部是一位宗教领袖。据史资料记载，在马祖离世之后，怀海"初居石门，依大寂之塔，次补师位，重宣上法"④。即马祖道一圆寂后，怀海就成为马祖道一之后的又一代禅宗领袖。据《百丈怀海禅师传》记载，怀海曾经刻苦研读佛教经典数年，具有相当深厚的佛学理论功底，后来又从马祖道一参禅悟道六年，积累了丰富的修行实践经验。其深厚的佛学理论功底和丰富的修行经验，为他以后敢于突破固有观念和规制的束缚，创制禅宗清规提供了重要的主体条件。

禅宗丛林组织经过数十年的发展，到马祖时趋于成熟，但在丛林制度方面尚未形成系统完整的制度规范。很多禅宗僧人仍然与遵守传统律制的僧人混居在一起，寺院管理制度方面，以律宗倡导的传统佛教寺院管理制度为主。随着禅宗势力的日益壮大，其宗教生活方式与寺院管理制度之间的冲突日益加重，促使百丈怀海决定建立纯粹的禅宗丛林，彻底摆脱固有的佛教戒律制度对

---

① [宋] 赞宁：《宋高僧传》卷第十，《大正藏》第 50 册，第 770~771 页。
② [宋] 普济编：《五灯会元》卷第三，《卍续藏经》第 80 册，第 70~73 页。
③ [宋] 李遵勖：《天圣广灯录》卷第八，《卍续藏经》第 78 册，第 450~451 页。
④ [唐] 陈诩：《唐洪州百丈山故怀海禅师塔铭并序》，《大正藏》第 48 册，大正原版，第 1156 页中。

禅宗发展的束缚。怀海"以禅宗肇自少室至曹溪以来，多居律寺。虽列别院，然于说法住持，未合规度，故常尔介怀"。①"乃创意，不循律制，别立禅居。"②

据《敕修百丈清规》记载，怀海"暨祖示寂泐潭，师继之。以众委凑无所容，欲辞去"③。怀海开始是继承了马祖道一的法席弘传禅法，后来是因"以众委凑无所容，欲辞去"。可见怀海当时是无法忍受现状，才离开原来马祖道一所在寺院，来到百丈山开始了自己创建丛林和清规的历史。从以上可知，马祖当时的丛林仍然和遵守传统律制的僧众在一起，只是另列别院而已。当有人问怀海为何创立禅宗清规时，他毫无顾忌地说："吾行大乘法，岂宜以诸部阿笈摩教为随行耶！"④ 从中可知他对传统律制的不屑和创制新规的决心。在社会现实需求的促使下，各种条件也日益成熟的时候，怀海创制了一部名为《禅门规式》的禅宗丛林管理制度。《禅门规式》是禅宗丛林的第一部清规，后人为了对百丈怀海禅师这一震古烁今的创举表示尊敬，故又称该清规为《百丈清规》，这部《清规》也成为后世禅宗丛林清规的主要渊源。《禅门规式》创制后，先在百丈山的禅宗丛林中开始适用，后来很快在全国其他禅宗丛林寺院中得到了自发的迅速的推广和适用，形成"天下禅宗，如风偃草"之势。由此可见，这部《禅门规式》的制度内容，正好适应了当时禅宗丛林寺院的现实需求，因此很容易得到禅宗僧众的认可和自觉遵守。

---

① [宋] 杨亿：《古清规序》，《大正藏》第48册，大正原版，第1157页下。
② [宋] 赞宁：《宋高僧传》卷第十，《大正藏》第50册，大正原版，第770页中。
③ [元] 德辉编：《敕修百丈清规》卷第二，《大正藏》第48册，大正原版，第1118页下。
④ [宋] 赞宁：《宋高僧传》卷第十，《大正藏》第50册，大正原版，第770页下。

(二)《禅门规式》创制的时代意义

《禅门规式》的创制,是中国佛教史上的一次重大事件,其不仅标志着中国禅宗作为一个完全独立的佛教宗派的最终形成,也标志着中国佛教在戒律制度方面走向创新并取得突破性的发展。这是来自印度的佛教中国化,尤其是佛教组织制度中国化过程中的一座里程碑。

1.《禅门规式》的创制与禅宗的独立

本文认为,各种宗教在其传播发展过程中,会形成不同的分支或宗派。一个新的宗派区别于该宗教中其他派别需至少要三个方面的条件:首先,在认可该母体宗教基本教义的前提下,形成了不同于其他派别的理解和认识,即新的宗教思想。其次,形成了完全独立于该宗教其他宗派的宗教组织,否则,它只能属于该宗教思想的一个分支,而非派别。此外,有不同于其宗派的组织和制度,即不同的宗教生活方式。

禅宗经过从南北朝到唐代百丈怀海之前一百多年的发展,其思想不断趋于成熟。随着丛林的建立和僧团规模的不断扩大,其农禅合一的宗教生活方式也逐渐形成,但"禅宗肇自少室至曹溪以来,多居律寺"①。由此可知,在百丈怀海以前,禅宗虽已经开始创设了丛林,但大多数禅宗僧人还是"多居律寺"。随着禅宗僧人的增多,寄居于律寺的僧人分开在另外的院子居住,但在宗教生活方式上,依然要受律宗的戒律制度的束缚,因此才会出现"虽列别院,然于说法住持,未合规度"②的情况。这说明当时禅

---

① [宋]杨亿:《古清规序》,《大正藏》第48册,大正原版,第1157页下。
② [宋]赞宁:《宋高僧传》卷第十,《大正藏》第50册,大正原版,第770页下。

宗在宗教组织和制度方面与佛教其他宗派还没有完全分离，因此还不能算是一个完全独立的佛教宗派。由于没有自己独立的宗教组织和制度，禅宗所特有的宗教生活方式就需要迁就于传统律制。因此，才会促使怀海禅师"故常尔介怀"，"乃创意，不循律制，别立禅居"① 想法的出现。

从以上情况可知，禅宗丛林虽在道信时就出现了雏形，但使禅宗丛林彻底摆脱固有戒制羁绊，形成完全独立的丛林组织和丛林清规的是百丈怀海，这才有"禅门独行，由海之始也"② 的说法。因此说，百丈清规的创制和面世，标志着禅宗从宗教思想、宗教组织和宗教制度等方面成为了一个完全独立的佛教宗派。

2.《禅门规式》与中国佛教的戒律制度的创新

前面说过，在佛教戒律制度未传入前，中国佛教界曾经尝试过佛教组织制度的创制，并且取得了很好的效果，但在佛教戒律制度传入中国后，这种创制活动便基本上停止了，中国佛教戒律制度进入了改良时代。因传入中国的佛教戒律制度一直面临着大乘佛教与小乘佛教戒律存有冲突和佛教戒律制度与中国国情不相适应两大问题。虽然中国佛教在义理发展方面取得了突出的成果，但在戒制方面因"若佛先所不制，今不应制，佛先所制，今不应却，应随佛所制而学"原则的束缚，中国佛教界一直在对部派佛教戒律制度重新诠释和改良的道路上徘徊。后来虽然经过律宗的努力，使大小乘佛教戒律之间的矛盾得到了调和，但对佛教戒律制度中国化的问题却未能得到有效的解决。而《禅门规式》

---

① ［宋］赞宁：《宋高僧传》卷第十，《大正藏》第50册，大正原版，第770页下。
② ［宋］赞宁：《宋高僧传》卷第十，《大正藏》第50册，大正原版，第770页下。

的创制，正是中国佛教界在解决佛教戒律制度中国化问题上的一次重大突破和尝试。

《禅门规式》的面世，是中国佛教在佛教律制创新过程中取得的巨大成就，其标志着中国佛教在律制中国化方面由之前的改良道路转向了创新道路，这也是中国佛教的一次重大转折。自此之后，禅宗的发展进入了一段新的历史时期，短短几十年，禅宗就发展成为中国佛教中最大的宗派。后来当佛教其他各宗派日渐衰落甚至湮没无闻之时，禅宗的发展却日新月异，最终使中国佛教基本呈现出禅宗一家独大的局面，禅宗甚至成为中国佛教的代名词。在这一历史过程中，禅宗清规起到了至关重要的作用。正是禅宗以这种新型的组织管理制度为保障，才使得禅宗僧团处于良性运转状态。因此说，百丈怀海不仅创制了禅宗的第一部清规，而且突破了困扰中国佛教几百年的佛教戒律制度中国化的局面。后世禅宗丛林也因了这种精神，并没有被已有的《百丈清规》所束缚，而是根据自身的实际情况，不断地对禅宗清规内容进行调整，使这种宗教组织制度的建设进入了一种因时因地制宜发展状态，这是后世近千年禅宗清规不断更新发展，在全国乃至东亚地区经久不衰的原因之一。

虽然说禅宗清规是完全创新的僧团管理制度，但不能就此认为禅宗对佛教戒律制度是全面的弃用或改制。就禅宗清规的内容、性质和功能来看，其与小乘佛教戒律制度中的犍度极其相似。对于佛教戒律制度中的戒律部分，禅宗丛林清规并不排斥或弃用，因禅宗清规中大都有"登坛授戒"和"护戒"等制度。由此可知，禅宗对于佛教戒律部分还是尽量地予以保留和奉行，

《僧史》中记载了很多禅宗高僧受"具足戒"的事实也可以说明这一点。因此,禅宗清规主要是对佛教戒律制度中的揵度部分予以创新,而对于戒律部分则予以保留,这也是由戒律和揵度各自的特性所决定的。

3.《禅门规式》对中国本土文化的主动吸收

在佛教传入中国之初,就与中国本土的道教存在文化冲突问题,佛教先依附于道教进行传播,后来逐渐脱离道教并形成了后来者居上的局面。但中国本土的儒家文化与佛教文化在理念和价值取向上则差异更多,因此它们之间的冲突也更为激烈。但儒家文化一直占据着中国官方文化的制高点,这就使得佛教始终面临着双方文化冲突带来的危机。《禅门规式》产生前,佛教在面对儒家文化时,基本上处于一种被动的防守地位,如儒家攻击佛教缺乏忠君、孝道等文化元素时,佛教最常采用的化解方式,就是在自己的文化经典中挖掘和诠释出相关内容,如用"大孝"概念来诠释佛教的孝道观,或者采用伪造相关经典的方式来弥补佛教文化在这些方面的不足,甚至利用佛教的其他社会资源来对抗这种冲击,如在数次对抗皇帝要求佛教僧人"跪拜君亲"的历史事件中,佛教利用各种社会资源给皇帝施压,最后迫使皇帝勉强收手。但总的来看,在儒佛两种文化的冲突中,佛教常常处于被动防守地位。

《禅门规式》不仅突破了固有佛教戒制的束缚,而且主动地吸收借鉴了中国本土文化中的积极因素,将其融合于佛教的禅林清规当中。首先,百丈清规在丛林组织制度的设计中,借鉴和吸收了中国政治制度中的组织形式,设立了住持为核心,两序为辅助的丛林组织制度。"住持可拟一寺之君长，寺之执事僧拟如他的文武两班。他又有类如幕僚随从的内记、侍者若干。"① 其次，禅宗清规借鉴和吸收儒家的礼仪文化，创制了佛教的茶汤礼仪。提倡僧众参与劳动，自食其力，消解了长期以来儒教攻击佛教寄食社会的指责。虽然这些只是一些形式上的借鉴，但也使得佛教文化至少在形式上减少了与儒家的冲突和对抗因素。《禅门规式》的这种作法，反映出佛教清规为了适应中国社会政治文化形势不断进行调整的主动性。到宋元以后，对皇帝表示"忠心"的"祝釐"、"报恩"，表示孝道的"报本"、"葬礼孝服"等各种儒家文化制度都被纳入了清规之中，这是禅宗清规进一步"儒家化"的表现。佛教在主动吸收借鉴儒家文化的过程中，也将自身的文化理念输出到社会中。如禅宗借鉴儒家的饮酒礼仪发展成为禅宗的茶汤礼仪文化，这种礼仪文化又被推广成为一种社会性的礼仪文化。因此说，《禅门规式》的创制，是中国佛教在与本土文化的冲突过程中由被动回应转向了积极吸收的一次重要转折。这不仅使中国佛教文化的发展空间与向度得到了拓展，也为中国本土文化与佛教文化的交流减少了障碍。

从历史的角度来看，《禅门规式》的创制不仅标志着中国佛教在组织管理制度方面有重大的突破，而且是禅宗向中国佛教主流方向发展迈出的一大步，因此具有非常重要的时代意义。

---

① 谢重光、白文固：《中国僧官制度史》，西宁：青海人民出版社1990年版，第176页。

五、《百丈清规》的基本原则与制度

《禅门规式》创制之后,在禅宗丛林寺院得到了普及性的推广和适用,逐渐成为禅宗丛林寺院最主要的管理制度,但由于时代变迁和社会条件的变化,《禅门规式》的初版原本逐渐佚失不见,而流传于各个丛林寺院的则是各种版本的《百丈清规》。所以,现在只能从相关资料中推知《禅门规式》的基本制度和大体内容。

(一)《禅门规式》确立的基本原则

赞宁的《宋高僧传》、杨亿的《古清规序》以及《景德传灯录》等北宋时期的文献资料中,对《禅门规式》的大概内容有所介绍。本文主要依据这几部文献来了解《禅门规式》的基本内容。下面根据杨亿的《古清规序》对《禅门规式》确立的基本制度原则予以阐释。

1. 不弃不局、因时因地以制宜的立规原则

"百丈大智禅师,以禅宗肇自少室至曹溪以来,多居律寺。虽列别院,然于说法住持未合规度,故常尔介怀。乃曰:'佛祖之道,欲诞布化元,冀来际不泯者,岂当与诸部阿笈摩教为随行耶?'或曰:'《瑜伽论》、《璎珞经》是大乘戒律,胡不依随哉?'师曰:'吾所宗非局大小乘,非异大小乘,当博约折中,设于制范,务其宜也。'于是创意别立禅居。"① 开宗明义,表达了怀海

---

① [宋]杨亿:《古清规序》,《大正藏》第48册,大正原版,第1157页下。

不愿再迁就于律宗寺院的戒律制度，决定建立完全属于禅宗的宗教组织，并创制适宜于禅宗生活现状与未来的宗教组织制度，是为立规之因，其中也蕴涵着怀海对大小乘佛教戒律不弃不局，因时因地制宜的立规原则。

2. 住持为核心、两序为辅助的僧众组织原则

"凡具道眼者，有可尊之德，号曰'长老'……既为化主，即处于方丈，同净名之室，非私寝之室也。……置十务，谓之寮舍。每用首领一人，管多人营事，令各司其局也。"① 这是丛林组织形式的基本原则，即以德高望重的僧人作为丛林住持，对丛林进行全面管理，住持的办公机构叫"方丈"。在"方丈"之下，设置了十务"寮舍"，即十种职能机构。各机构"每用首领一人，管多人营事，令各司其局也"。这样就形成了以住持为核心，两序十务为辅助的丛林组织制度，这是禅宗清规在组织制度方面的重要创新。"主持制度出现以后，使寺院僧职结构发生了很大变化。隋唐以三纲管理寺院，便形成了寺主、上座、都维那互相牵掣的格局。凡重大寺务，三纲共同协议，一者持异，事即难成。唐后期以住持为禅院僧首，宋以来各寺院渐次废三纲而置住持，便形成了以住持独尊的局面。"② 在这种组织制度中，住持是丛林的权力核心，全面负责丛林的组织运行和事务管理。同时，设置两序僧职，实行分工负责，各司其局的管理方式，使丛林的事务管理落实到人。这种分级分工的组织管理制度后来不仅是禅宗丛林，也成为中国佛教组织管理制度的基本原则。

---

① ［宋］杨亿：《古清规序》，《大正藏》第 48 册，大正原版，第 1158 页上。
② 谢重光、白文固：《中国僧官制度史》，西宁：青海人民出版社 1990 年版，第 175 页。

3. 不立佛殿、唯树法堂的殿堂布局原则

"不立佛殿，唯树法堂者，表佛祖亲嘱受，当代为尊也。"这是对佛教寺院建筑布局方式的一大改革，因在当时其他佛教寺院都是以佛殿作为寺院的核心建筑，大部分寺院"金刹与灵台比高，广殿共阿房等壮"。这种情况的蔓延，一方面使佛教沦为盲目的偶像崇拜，另一方面耗费大量的人力物力来建设高广豪华的寺宇，这种劳民伤财的行为也引起了社会对佛教的不满。怀海提出"不立佛殿，唯树法堂"的寺院建筑格式，既是对当时中国佛教流弊的反思与回应，又是对佛教传统的一种回归。住持作为丛林的领袖与佛法的直接传播者，其地位极其尊崇，《清规》强调这是"表佛祖亲嘱受，当代为尊也"。

4. 众僧平等、戒腊为据的平等原则

"所裒学众，无多少，无高下，尽入僧堂，依夏次安排。"这一制度，确立了僧众之间人人平等，同住同修，依受戒年龄确定僧人先后位次的原则。虽然这一制度与佛教的戒律制度精神相合，但对当时中国佛教界却具有很大的冲击力。因为随着中国佛教的发展，佛教僧团内部已经形成了各种世俗性的等级制度，僧人之间因其社会关系的不同而在僧团内的地位很不平等。在南北朝时期，就已经是"各级僧官高踞于教团和寺院的上层，成为披着袈裟的封建统治阶级……下层僧众则成为教团的农奴"①。因此，怀海禅师确立的不依身份年龄而依据僧腊确定僧众位次的原则，既是对佛教精神本源的回归，也是对当时中国佛教中不良现

---

① 谢重光、白文固:《中国僧官制度史》，西宁：青海人民出版社1990年版，第71页。

象的纠正，因此也遭到位居高层的部分既得利益者的抵触和攻击。

5. 随处修行、随时学习的修学原则

"设长连床，施椸架，挂搭道具。卧必斜枕床唇，右胁吉祥睡者，以其坐禅既久，略偃息而已，具四威仪也。"① 禅宗认为修行的根本目的是修心，生活中的行、住、坐、卧、担柴、运水、吃饭、睡觉无不是修行。这种修学观念在《百丈清规》中体现为要求僧众在日常生活中要保持行、住、坐、卧"四威仪"。因为禅僧共聚一室，个人行为必然会影响其他僧人，所以怀海要求禅僧在日常生活中随时保持精进修行的状态而不可轻忽懈怠，这既有利于僧人个体的进步，也体现了僧团整体的精神风貌。

"除入室请益，任学者勤怠，或上或下，不拘常准。其合院大众，朝参夕聚。长老上堂升座，主事徒众雁立侧聆。宾主问酬，激扬宗要者，示依法而住也。"② 这是对禅林学习方式的规定，在这一制度的要求下，禅僧不仅要参加每天集体的"朝参夕聚"，而且自己还可以通过"请益"向"长老"请教问题。在学习方法上，既可以"雁立侧聆"，也可以"宾主问酬，激扬宗要"，即在听讲时随时可以随机提出自己的问题请"长老"解答或大家共同讨论，从而形成良好的学习氛围。

"斋粥随宜，二时均遍者，务于节俭，表法食双运也。"③ 这是对禅僧饮食方面的规定，即严格按照佛教戒律要求的"过午不

---

① [宋] 杨亿：《古清规序》，《大正藏》第 48 册，大正原版，第 1158 页上。
② [宋] 杨亿：《古清规序》，《大正藏》第 48 册，大正原版，第 1158 页上。
③ [宋] 杨亿：《古清规序》，《大正藏》第 48 册，大正原版，第 1158 页上。

食"制度。此处"斋"为正式的午饭,"粥"为早餐。从这一制度中可以看到,怀海尽可能地使《清规》与佛教戒律精神保持一致,而且通过"务于节俭,表法食双运"的要求使禅僧在每一种日常行为的细节中体会佛法。

6. 共同劳作、上下均力的劳动原则

"行普请法,上下均力也。"① "普请"就是要求禅僧共同参加生产劳动,这是禅宗丛林清规中最具特色的制度。在印度佛教中,明确禁止僧人自己掘地和教他人掘地,这主要是佛教认为从事生产劳动过程中会伤害其他生命,并因此遭到社会大众的讥嫌而设定此戒。这种戒律制度在古印度是适合的,但是,当这种以慈悲观念为基础的戒律制度在中国遭遇"不劳而食"的指责时,禅宗最终选择了两害相权取其轻。其实,早在南北朝时期,就有僧众从事生产劳动。著名的道安法师就"驱役田舍","执勤就劳",直到名满天下时,他还过着"赍经入田,因息就览"② 的半僧半农生活。在怀海之前,僧众共同参加生产劳动在禅宗丛林已经是一项不成文的规定,但是将参加生产劳动制度化的则是怀海禅师。

7. 犯规必罚、轻重相宜的惩处原则

"或有假号窃形,混于清众,并别致喧扰之事,即当维那检举,抽下本位挂搭,摈令出院者,贵安清众也。或彼有所犯,即以拄杖杖之,集众烧衣钵道具,遣逐偏门而出者,示耻辱也。"③

---

① [宋] 杨亿:《古清规序》,《大正藏》第 48 册,大正原版,第 1158 页上。
② [梁] 释慧皎撰:《高僧传》卷第五,《大正藏》第 50 册,大正原版,第 351 页下。
③ [宋] 杨亿:《古清规序》,《大正藏》第 48 册,大正原版,第 1158 页上。

这是对违反组织纪律的僧人的惩戒制度，依据轻重分两种惩处方式。轻者"抽下本位挂搭，摈令出院"，从本丛林中驱逐出去，免得扰乱本丛林的生活秩序。重者"即以拄杖杖之，集众烧衣钵道具，遣逐偏门而出"，不仅有精神和肉体上的惩罚，而且剥夺了其作为僧人的资格，逐出佛教僧团，可见其对破坏丛林制度行为的惩处是极其严厉的。

以上各种简略的制度原则，既是对《禅门规式》制度内容的总结和概括，也是《禅门规式》中确立的一套完整系统的制度原则和基本精神。

(二)《百丈清规》中的基本制度

1.《禅苑清规》中反映的《百丈清规》

除了前面资料介绍的《禅门规式》确立的禅宗清规基本制度原则外，还有宋代的宗赜根据当时流传的清规资料整理成十卷本的《禅苑清规》，其中的大多数内容应该是来源于《百丈清规》。《禅苑清规》虽然不敢自称《百丈清规》，但却是离《禅门规式》时间最近的一部清规，而且其中的《百丈规绳颂》是《禅苑清规》中收集的更早的独立颂文，其内容直接记录了《禅门规式》中一些制度内容。据《禅苑清规》的基本内容来看，早期的《百丈清规》主要包括"僧众管理制度"、"丛林活动制度"、"僧职及其任免制度"和"茶汤礼仪制度"等几个方面。

在《禅苑清规》中，将"受戒"和"护戒"置于所有制度之首①，由此可见古清规对佛教戒律的受持是非常重视，而且在

---

① [宋] 宗赜：《重雕补注禅苑清规》卷第一，《卍续藏经》第111册，藏经书院版，第877页。

"护戒"一节中强调"受戒之后,常应守护,宁有法死,不无法生"①。这与后来的清规将"祝釐"等活动置于首位形成了鲜明的对比。在这部早期清规中,关于僧众管理方面的内容主要规定了道具设备等规制、饮食制度、礼仪活动注意事项、参请学习和游方挂搭等几个方面②。相比以后的各种清规,其制度内容要简洁得多。

在早期的禅宗清规中,丛林的活动主要是围绕学习参修佛法为主,因此相关的制度也较少,在《禅苑清规》能见到的主要是上堂、念诵、结夏等活动③,这些活动制度在更早成文的《百丈绳规颂》中也有规定,而且也是后来所有禅宗清规的基本制度,由此可以推断其应为《禅门规式》中的基本内容。

丛林组织机构的设置和僧职的任免是《百丈清规》的创举。在《禅苑清规》中有关住持的选任、退职④,两序的任免交割等制度⑤也基本建立。关于清规中僧职的设立,通过北宋早期的各种金石碑文中存在大量的僧职名称与清规基本一致可推知,僧职的设置应该是在早期《百丈清规》中已经建立。

除了以上各种制度外,在早期的《百丈清规》中已经存在大

---

① [宋] 宗赜:《重雕补注禅苑清规》卷第一,《卍续藏经》第 111 册,藏经书院版,第 877 页。
② [宋] 宗赜:《重雕补注禅苑清规》卷第一,《卍续藏经》第 111 册,藏经书院版,第 877~884 页。
③ [宋] 宗赜:《重雕补注禅苑清规》卷第一,《卍续藏经》第 111 册,藏经书院版,第 885~888 页。
④ [宋] 宗赜:《重雕补注禅苑清规》卷第七,《卍续藏经》第 111 册,藏经书院版,第 916~917 页。
⑤ [宋] 宗赜:《重雕补注禅苑清规》卷第三,《卍续藏经》第 111 册,藏经书院版,第 890~893 页。

量的"茶汤礼仪",这是禅宗清规中独创的一种活动管理制度,由此可以推断,在《禅门规式》中应该已经将茶汤礼仪作为丛林活动的管理方式,只是没有后来的清规中的杂多和烦琐而已。在《禅苑清规》中就丛林组织活动就规定了相应的"堂头煎点"、"知事头首煎点"、"众中特为煎点"等十多种茶汤礼仪活动①。

以上几个方面的制度是早期禅宗丛林清规的基本制度的内容,也是后来禅宗清规的核心内容。再进一步参考《百丈绳规颂》的内容可知,《禅门规式》的内容也应该主要是这几个方面,而且这些早期清规的具体制度应该是直接来源于《禅门规式》。

2.《百丈绳规颂》中反映的《百丈清规》

《百丈绳规颂》是《禅苑清规》中收录的一篇偈颂体文的文献,其内容主要是对《禅门规式》内容的记录和颂扬。因《百丈绳规颂》产生的时代早于《重雕补注禅苑清规》,因此,其中记载的有关《禅门规式》的基本制度还是比较可信的。从《百丈绳规颂》的具体内容来看,早期的《百丈清规》的内容非常丰富,可以说基本上涵盖了丛林寺院组织生活的方方面面。而且其体系也很完备,后来的禅宗清规中的各种主要的丛林制度,在那时已经基本完备。

本文通过对《百丈绳规颂》中涉及的丛林制度进行归纳分类后认为,早期《百丈清规》的内容除了前面介绍过的基本原则外,还有三十种更加具体的清规制度,这一系列的具体制度基本上形成了一套禅宗丛林管理制度体系。早期的《百丈清规》已经

---

① [宋]宗赜:《重雕补注禅苑清规》卷第五,《卍续藏经》第111册,藏经书院版,第902~906页。

形成和规定了以下几个方面的制度规范：（1）挂搭制度。挂搭行为是早期禅宗僧人四处云游，居无定所的宗教生活方式的体现，后来虽然因各种原因使禅宗僧人逐渐也安居在丛林寺院之中，但是游方参请的宗教生活方式却得到了肯定和保留，并且在禅宗早期的清规制度中得到了确认和规范。（2）寮舍生活、作息、普请、上殿、坐禅、送亡等活动的威仪。在最早的禅宗丛林中，僧众并不看重威仪，但在后来的禅宗清规中，有关威仪的规范非常之多，这可以看做是对早期禅宗僧人宗教生活方式的一种自觉改变和发展。（3）洗浴和疾病疗养制度。在禅宗丛林清规的制度中，洗浴和疾病疗养制度很早就出现且规定严格细致，这一方面是因为禅宗发展的区域主要在南方，另一方面说明清规的制定者对僧众的卫生健康问题比较关注。（4）失物处置制度与违规惩处制度。（5）首座和知事的职责。住持两序制度是《百丈清规》的一大创举，这是后来大型丛林寺院出现，并得以有效管理和运行的一种很重要的制度保障，因此，在后来的丛林清规中，住持两序制度更加发达完备。此外，还有早晚参禅制度和住持的巡寮制度等，这些制度保证了寺院僧众的参学和修行。

以上是《百丈绳规颂》中记录的早期《百丈清规》的基本内容，从这些制度来看，早期的《百丈清规》主要还是以丛林寺院僧众生活、学习、修行管理为主，丛林寺院管理的目的主要是为僧众提供一个比较规范舒适的修行环境。这与后来的清规中规定了大量的为国家、为社会提供各种宗教服务的制度相比，两者之间的宗旨还是有较大的差异的。

《百丈绳规颂》中记录的这些内容一方面可以补充和说明

《古清规序》过于简略的不足，同时也印证了《重雕补注禅苑清规》中的各种具体制度并非后人添加或臆造，而在《百丈清规》中已经存在的这些制度内容，也使后人对早期《百丈清规》的具体内容有了更加直观的了解。因此说，《百丈绳规颂》是了解和研究早期《百丈清规》非常重要的一部文献资料。这些基本制度的内容较前者更为具体，但就其整体结构而言，仍缺乏系统性。因其为整理编辑当时尚流传于禅宗寺院的《百丈清规》而成，所以该文献也为了解《百丈清规》的原文提供了重要的信息。

六、《百丈清规》的发展与整合

（一）《百丈清规》的传播与发展

由于《百丈清规》是以中国当时的国情为基础，结合了中国佛教的实际情况制定的丛林寺院管理制度，其与固有的佛教戒律制度相比更加适合于中国佛教组织并能够满足中国佛教寺院管理的需要，因此很快在全国得到了自觉的推广使用，成为当时禅宗丛林寺院内部最主要的管理制度。唐末五代以后，中国佛教基本上形成了禅宗一家独大的局面，禅宗的《百丈清规》也因此逐渐成为使用范围最广泛的佛教内部管理制度，甚至其他宗派的佛教寺院也逐渐采用了禅宗丛林清规模式制定其内部管理制度。

到了宋代，随着禅宗的进一步发展，禅宗丛林在全国分布的范围也越来越广，寺院经济也越来越发达，有些丛林寺院的规模不断地扩大，禅宗内部新兴门派也不断出现，《百丈清规》也逐渐显露出了其自身的时代局限性。于是，各地丛林寺院对《百丈清规》的内容进行了相应的调整和损益。北宋时期,《百丈清规》的最初版本已经佚失,但大同小异的各种版本的《百丈清规》仍然流传使用。北宋杨亿奉诏参与修订《景德传灯录》的同时,在景德元年(公元1004年)对《百丈清规》进行了整理编辑并作序言进呈朝廷,这时《百丈清规》的原初版本应当还能见到。但到了北宋崇宁二年(公元1103年)宗赜编辑《禅苑清规》时,《百丈清规》的原版本已经完全佚失。宗赜将他所能见到的有关《百丈清规》的零散内容进行了汇集整理,编撰成《重雕补注禅苑清规》十卷。虽然《禅苑清规》的内容依然丰富细致,但其整体结构明显缺乏系统性,故其属于当时各种禅宗清规的汇集本。宗赜在序言中也说:"百丈规绳,可谓新条特地。而况丛林蔓衍,转见不堪……凡有补于见闻,悉备陈于纲目。"[①] 后到南宋嘉定二年(公元1209年),又有宗寿编辑的《入众日用清规》,咸淳十年(公元1274年)惟勉编《丛林校定清规总要》。后世流传的这些禅宗清规都是从《百丈清规》发展演变而来,同时也增添了一些新的内容。

到了元代至大四年(公元1311年),庐山东林寺的弌咸禅师编撰了《禅林备用清规》十卷,虽然内容详备,体系完整,但由于其诸种顾虑,"未敢以传学者",因此影响不大。元顺帝元统三年(公元1335年),敕令百丈山的主持德辉重新编修《百丈清规》,后修订成《敕修百丈清规》八卷。《敕修百丈清规》是以《禅苑清规》、《丛林校定清规总要》与《禅林备用清规》为基

---

① [宋]宗赜:《崇宁清规序》,《大正藏》第48册,大正原版,第1158页中。

础,结合其他各方面的资料与当时社会实际情况编撰而成。该清规内容丰富,体系完备,结构完整,是对从唐至元六百多年来历代清规的一次汇总与整合,是禅宗清规发展到这时的集大成者。而且该清规借助国家敕令的形式颁行,使其性质由民间性的丛林规约转为国家的宗教法律制度,佛教寺院对其使用由自主选择转而成为必须执行。到明代,国家仍然数次以敕令形式宣布《敕修百丈清规》为汉传佛教寺院内部管理的法律依据。此后数百年,《敕修百丈清规》成为汉传佛教寺院组织内部事务管理的基本制度,因此,《敕修百丈清规》对后世佛教寺院组织形式和管理模式影响非常之大。到了清代,《百丈清规》虽然已经失去了法律效力,但其已经深深地浸透在汉传佛教寺院的组织制度之中,而《百丈清规证义记》、《幻住清规》、《禅林两序须知》等清规,则只是对其内容的进一步阐释或补充。近代以来,因为社会情况发生了重大变化,各地的佛教寺院为了适应形势的变化,也制定了一些相应的规约,但其内容和形式都尚未完全超越和突破《敕修百丈清规》的框架。因此说,《禅门规式》与《敕修百丈清规》这两部都被称为《百丈清规》的禅宗清规是禅宗丛林清规发展史上的"双峰"之作,具有非常重要的历史意义。

(二)《百丈清规》的整合与重修

1. 禅宗僧人的努力与《百丈清规》的重修

元代的统治者信仰藏传佛教,对汉传佛教的政策也是非常宽松和优待。但由于汉传佛教其他各宗派极其衰微甚或湮灭无闻,禅宗与净土宗成为汉传佛教中的主流。其中净土宗又缺乏明显的宗教组织和制度,因此,禅宗的丛林清规就成为汉传佛教寺院中最主要的宗教组织制度。此时,最早的百丈清规已衍变成各种繁简不齐,内容各异的禅宗清规。制度的不统一必然会导致组织形式和行为模式的混乱,为了中国佛教的发展,禅宗中的有识之士为了编撰一部统一的清规进行了不懈的努力,《敕修百丈清规》就是数代禅宗僧人努力的结果。该清规虽然是由晦机元熙的弟子德辉与大䜣最终完成的,但其中却包含着数代禅宗僧人的努力和心愿。

元代至大年间,东林弌咸从云明西堂处得到了清规手抄本,经过"究心访问,编集成帙,始此书之作"①。终于至大四年(公元 1311 年)完成,后称为《至大清规》,该清规虽未刻板流通,但为以后清规的重编提供了重要的资料。从《一山禅师书》可知,在德辉之前,被称为"咸淳三尊宿"的晦机、一山与云屋三人曾经商议,"欲将《古规》刊正,立一代典章"②。因缘分不成熟,三翁的计划最后落空。为此,德辉在《敕修百丈清规序》中感叹:"时一山万禅师致书先云翁,约先师共删修刊正,以立一代典章。无何三翁先后皆化去,区区窃欲继其志而未能也。"③

虽然如此,但三翁已经就新版的《百丈清规》进行了讨论和构思,这为德辉以后重修《百丈清规》起了重要的指导作用。一山禅师在给云屋禅师的书信中,提出了四点建议:(1)"愚初立论,以祝寿为首。"即在《清规》的整体结构上,将"祝寿"列为首章。在此之前,东林弌咸在《至大清规》中首次将"祝圣"

---

① [元] 弌咸:《至大清规序》,《大正藏》第 48 册,大正原版,第 1158 页下。
② [元] 一山:《一山禅师书》,《大正藏》第 48 册,大正原版,第 1160 页上。
③ [元] 德辉编:《敕修百丈清规》卷第八,《大正藏》第 48 册,大正原版,第 1159 页中。

列为清规首章,但因该清规未曾公开刊行,且这种做法尚未得到教界的认同,因此才会有一山禅师再次立论。(2)"如监寺、书状等项设职,润大智原文以小字笺。"即在寺院组织机构的设置方面,对原《百丈清规》加以调整和补充。(3)"古规中唐文多对偶,当尽翻译。"即在行文上一改唐代辞赋体为当时的古体白话文,这是对清规文风方面要求有所改变。(4)"奏上刊行,为一代典章。"即奏请国家颁行,赋予法律效力。结合后来德辉编撰的《敕修百丈清规》来看,以上几点建议全部得到了贯彻执行。

德辉正是继承了晦机元熙的遗志,经过多年的奔走和努力,最终获得了皇帝的支持,使编撰《百丈清规》得以进行。早在元文宗至顺年间,在建成大龙翔集庆寺时,曾经下旨推行《百丈清规》[①]。但因当时所存的《百丈清规》的版本已经杂乱不堪,难以推广。德辉经"御史中丞撒迪公引见圣上,得面奏《清规》所以然。因被旨重编,令笑隐校正,仍赐玺书颁行"[②]。当时大䜣深得皇帝的欣赏,德辉与大䜣为同门师兄弟,为了完成师父的遗志,大䜣必然也会尽力相助。因此经过数代禅宗僧人的努力,最终完成了《百丈清规》的重新修订,并借助皇权之力颁行天下,成为一代典章。自此之后,《百丈清规》不仅是禅宗丛林寺院的组织管理制度,而且成为所有汉传佛教寺院法定的管理制度。

2. 国家在重修《百丈清规》中的角色

《敕修百丈清规》是德辉和大䜣二人合作的成果,同时也是

---

① [元] 欧阳玄:《敕修百丈清规叙》,《大正藏》第48册,大正原版,第1159页上。
② [元] 德辉:《敕修百丈清规卷第八》,《大正藏》第48册,大正原版,第1159页中。

国家与佛教合作的结果。重修《百丈清规》的历史任务最终能在他们手中得以完成，这和他们对当时统治者主动友好的配合有很大的关系。德辉，号东阳，籍贯生卒年月均不详。《增集续传灯录》卷四的目录中列出晦机元熙的法嗣十名，其中有东阳德辉之名，但由于其禅法后继乏人，故没有刊载他的传记。惠宗至元元年（公元1335年），德辉奉敕重新编撰清规。至元二年（公元1336年），清规颁行于天下丛林，德辉赐号"广慧禅师"。大䜣（公元1284~1344年），字笑隐，从小出家，开始拜一山为师，后又拜元熙为师，出道为杭报国寺住持。天历元年（公元1328年），元文宗以金陵潜邸为龙翔集庆寺，敕令大䜣为开山住持，并封为太中大夫，号"广智全悟禅师"。顺帝对他器重有加，后虽因老病退隐，但皇帝仍敕诏他外台护视，最后安居终老。德辉曾在撒迪的引荐下面见皇帝，而大䜣更是皇帝非常欣赏信任的高僧，因此，他们重修《百丈清规》的活动获得国家的支持也在情理之中。

在禅宗清规发展史上，前后产生了十几部清规。早期的《禅门规式》为怀海创制的第一部成文的系统的清规而成为后世其他清规的母本，因此其历史地位是其他清规无法比拟的。但德辉新撰的《敕修百丈清规》在中国佛教清规史上的特殊的地位和深远影响同样无出其右者。这一方面是《敕修百丈清规》迎合了中国社会历史发展的需要，更为重要的是它的修订和推广得到了国家的大力支持，是中国佛教与封建皇权一次成功的合作。国家借助《敕修百丈清规》达到了对佛教寺院组织进行统一管理的目的，而新《清规》又借助国家的力量，由一部宗教组织自制规约上升为国家的宗教管理法规。

对比历史上各部清规的内容可知,《敕修百丈清规》在获得国家支持的过程中,也为此付出了相应的代价。本来禅宗清规属于佛教内部的僧团管理制度,其内容是合理的管理丛林内部事务,为僧众提供良好的修行环境服务,但是《敕修百丈清规》中却增加了大量的为封建皇权服务的内容,甚至这方面的内容被提高到了至高无上的位置。在该清规中,为皇室成员祝福,为国家祈祷等制度的地位,远远超过了对佛教祖师的纪念制度。这些内容过分强调了宗教为政治服务的宗旨,严重地削弱了禅宗清规的宗教神圣性,也为国家进一步加强对佛教的控制提供了便利的条件。当然,也反映出当时封建皇权对宗教的控制和逼仄日趋加强。这也是继元朝之后的明朝政权,依然大力维护《敕修百丈清规》法律效力的重要原因之一。

3.《敕修百丈清规》对禅宗清规的整合

从《禅门规式》问世之后,禅宗清规一直处于随着时代的变迁而不断调整和修订的发展状态。就目前能够见到的《禅苑清规》、《丛林校定清规总要》、《禅林备用清规》等近十部清规的内容来看,后世的清规在前世清规的基础上总是有所损益,这种情况到《敕修百丈清规》问世后的三四百年间暂时告一段落。首先,因《敕修百丈清规》是奉皇帝敕令而修,其具有国家法律的性质,不允许其他人再作修改或调整。甚至到了明代,国家依然多次颁布敕令维护该清规的权威性,如此则使其能够在较长的时期内得到保留和遵守。其次,该清规问世时,中国封建集权的发展也达到了一个高峰,国家的政治组织制度也趋于成熟,即使朝代有所更替，但社会政治、经济、文化的形态基本上趋于稳定。因此，宗教组织中各种变量因素减少，使一部清规能够在较长的时间内适应现实的需求。再次，因《敕修百丈清规》在修订过程中，参考和整合了历代清规发展的成果，使其在内容和体例上比以前各部清规更加成熟，使该清规的适用性大大加强。正因以上各方面的原因，《敕修百丈清规》从产生之后，就成为禅宗清规发展史上最重要的清规之一。

（三）《敕修百丈清规》的构成与特点

1.《敕修百丈清规》的文件构成

从文献学的角度来看，《敕修百丈清规》由公文、正文和附录三部分构成。

公文部分包含了元明两代三位皇帝为清规颁发的四道敕文。元代的一道敕文是元顺帝在元统三年（公元 1335 年）为重编清规一事颁布的圣旨。该敕文明确赋予《敕修百丈清规》以国家法律的属性，并让国家立法机关诏令天下寺院，"依着这校正归一的《清规体例》定体行"，"将那各寺里增减来的、不一的《清规》休教行"①。敕文中还包含了其他几个方面的法律内容，如敕文明确规定寺院财产免捐税，禁止对寺院财产的侵夺，禁止贵族官员对寺院的侵扰和掠夺等②。明代的三道敕文主要是对《敕修百丈清规》法律效力的确认和强调。如明代的奏章中记载："永乐二十二年十一月二十七日，该僧录司官奏，僧众多，中间有等不守规矩，合无依《清规》整治。节该奉仁宗昭皇帝圣旨：'照

---

① ［元］德辉编：《敕修百丈清规》卷第一，《大正藏》第 48 册，大正原版，第 1110 页中。
② ［元］德辉编：《敕修百丈清规》卷第一，《大正藏》第 48 册，大正原版，第 1110 页下。

依《清规》料治他.'"① 从以上几个方面可以确定,在元明两代,国家通过敕文,赋予了《敕修百丈清规》佛教寺院管理法规的效力,使《敕修百丈清规》有了法律的属性。如果没有这些敕文,新本《百丈清规》也只能算是一部佛教内部的清规,属于民间社会团体的自制规约,而不具备法律文件的属性,因此,敕文对新版《百丈清规》这一历史文献性质的判定具有非常重要的意义。

正文部分即《敕修百丈清规》中的"祝釐章"、"报恩章"、"报本章"、"尊祖章"、"住持章"、"两序章"、"大众章"、"节腊章"、"法器章"等九章的全部内容②。这九章内容主要是佛教寺院的组织管理、僧众管理、活动管理等内容的具体规定,对于其具体内容,我们在后面有详细的介绍和分析。

附录部分主要收录了历代有关《百丈清规》的序言文章。最早的是《古清规序》,该文为是北宋时期杨亿为当时尚存的《禅门规式》所作的序言。这篇序言是现有的介绍《禅门规式》最可靠最全面的资料之一,其可以帮助我们了解古清规的主要内容及其历史影响。其他几篇序言是更晚一点的历史文献,从中我们可以看到清规流传过程中的发展与变化。最后是《敕修百丈清规》的修订者德辉所作的序言,为我们了解《敕修百丈清规》产生的历史背景和编修过程提供了重要的信息。

2.《敕修百丈清规》正文的结构与特点

---

① [元]德辉编:《敕修百丈清规》卷第一,《大正藏》第48册,大正原版,第1109页下。
② [元]德辉编:《敕修百丈清规》卷第八,《大正藏》第48册,大正原版,第1110~1112页。

从组织管理学的角度来看《敕修百丈清规》的内容可分为丛林组织制度、僧众管理制度和丛林礼仪活动制度三个方面。

关于丛林组织制度的内容主要集中在"住持章"和"两序章"中。这两章的内容规定了丛林以住持为核心，以两序为辅助的丛林组织结构。住持既是丛林中掌握最高权力领导者，也是丛林中传播佛法的核心人物，是寺院中"政教合一"的领导。两序是丛林组织中设立的东西两班僧职，他们分工负责丛林组织的各种具体事务。其中西序包括首座、书记、知藏、知客、知殿、知浴等六头首，东序包括督监寺、维那、副寺、典座、直岁等五职事。在"两序章"中，对东西两序僧职的职位、职权、职责、任免、事务交割等作了详细的规定。除此之外，《敕修百丈清规》还对两序之外的侍者和列职杂务分别做了规定，从而形成了一整套系统的丛林组织制度。

僧众管理制度部分的内容主要集中在"大众章"中，丛林属于宗教组织，因此，对宗教组织内部僧众的管理是丛林管理制度中的重要内容之一。"大众章"主要是对丛林僧众的剃度、受戒、生活、学习、修行、游方、挂单等日常活动进行了规定。除此之外，在其他各章的内容中也包含了一些零散的关于僧众日常活动管理制度的内容。

在佛教丛林寺院中，各种活动的形式和过程都被礼仪化，因此，丛林组织的活动表现为各种形式的礼仪活动，在禅宗清规中，有关丛林活动的制度主要表现为礼仪活动制度。除了各种日常的管理中的礼仪活动外，丛林还要举行各种团体性的宗教礼仪活动，如圣节、千秋节、佛诞、结夏、解夏、年节和祈祷法会等。这些团体礼仪活动，具有规模宏大，仪轨复杂，参与人员多，持续时间长等特点，因此，清规对这类活动制定了专门的礼仪活动制度。清规从每次礼仪活动的筹备工作，活动过程以及活动的善后工作等都有较为详细的规定，形成了一系列形式相似但内容不同的礼仪活动制度。清规中有关丛林礼仪活动的制度非常丰富，"祝釐章"、"报恩章"、"报本章"、"尊祖章"、"节腊章"等规定二十多种丛林重大礼仪活动的相关内容。

　　根据《敕修百丈清规》中丛林礼仪活动的内容和性质，可将其分为四类。第一类是分散在丛林组织管理制度中的礼仪活动，如"住持章"和"两序章"中的"迎新住持"、"入院"、"迁化"以及新旧两序的任免和事务交割等一系列礼仪活动。第二类是有关为国家进行祝赞和祈祷的活动，如圣节祝赞、灾害祈祷等，这类活动规定在"祝釐章"与"报恩章"中。第三类主要是为了纪念为佛教或本寺院有重大贡献的人物而进行的纪念活动，这些活动主要规定在"报本章"与"尊祖章"中。第四类是丛林中为了庆祝节日而进行的各种礼仪活动，其内容主要规定在"节腊章"中。

　　为了强调"忠孝"观念，《敕修百丈清规》在体例编排上，特意将表达忠心观念的"祝釐章"、"报恩章"和表达孝道观念的"报本章"和"尊祖章"安排在清规的最前面，然后才是其他各方面的内容。这种体例安排似乎不符合一般组织制度的逻辑结构，但这正是编撰者的特别用心之处，如此更加凸显该清规对"忠孝"观念的认可和重视，以取得国家对该清规修订和颁行的支持，这也是该清规在结构体例上的一大特色。

七、《敕修百丈清规》中的制度体系

(一)丛林的组织机构与僧职制度

1. 丛林的组织机构与僧职

任何一种社会组织为了其存在和运行,就需要设置或形成一定的组织形式,而这种组织形式主要体现为该组织职能机构的设置及其管理人员的配置。丛林作为宗教组织,也有一套系统的功能组织机构,每个组织机构都有相应的办公场所和僧职人员。

在丛林的组织机构中,居于最上层的决策机构是方丈,负责该机构的僧职是住持。因方丈是丛林组织中的最高权力机关,所以执掌方丈的住持也是丛林组织中拥有最高权力的僧职。方丈之下是西序和东序两类职能机构,它们的职能主要是分工负责管理丛林的具体事务。从《敕修百丈清规》的内容来看,西序主要负责丛林中的"内务",而东序主要是负责管理丛林中的"外务"。除了西序头首与东序职事外,清规中还设立了"侍者寮",虽然在清规中将侍者划归西序行列,但侍者的主要职责是协助方丈工作,而没有独立的管理职能,因此,侍者寮应属于方丈中的附属机构,而不属于西序中独立的组织机构。

《敕修百丈清规》对各个职能机构的僧职作了详细的规定,而对各个组织机构的设置情况并未作专门的规定。但考察《敕修百丈清规》的全文可知,在丛林组织中,存在着一套既有固定的办公地点,又有相应的办公人员的功能机构,这方面的信息主要反映在丛林组织的管理活动中。各职能机构不仅有各自的名称,而且一般都有其相应的办公场所，如住持的办公机构是方丈，首座的办公机构称首座寮等。虽然在各个机构任职的僧职人员每年都有所变化，但是这些机构的办公地点与职能并不随着人员的调整而有所变化。在"寮舍交割什物"中可以看到，新旧僧职人员相互交割时，职事"将进退数日前，副寺带行者，赍簿到各寮，预先点对分晓。责在本寮人仆，毋得走失，违者陪偿"①。即僧职任职期满后，在向新的任职人员交代事务后，只能本人离开而不可带走办公场所的任何什物。

有些事务繁杂的职能机构，其办公人员不仅有负责的头首或职事，而且还有其他的副职和具体的办事人员。如在藏经殿，除了作为该机构的总负责的知藏外，还有"藏主，乃其所属，须协助保护经藏"②。在堂司，除了维那执掌全司事务外，还有数位悦众师、堂司行者等协助其工作。在库司，有库头协助副寺负责具体的工作。在客司，有客司行者协助知客工作。不仅如此，在有些职能机构内，甚至还设有级别更低的职能机构，负责该机构的小职事手下也分管数人，协助其工作。如典座的办公机构称为典座房，主要负责丛林的饮食工作，而隶属于典座之下受其使令的僧职又有饭头、粥头、米头、柴头、园头等，每一个小头首又分管了数位工作人员③。从以上情况可以看出，禅宗丛林组织是一套功能齐全，分工明确的功能机构有机结合的组织体系。丛林组织机构的设置情况主要反映在丛林活动管理过程中，不可因《敕

---

① [元] 德辉编：《敕修百丈清规》卷第四，《大正藏》第48册，大正原版，第1135页上。
② [清] 仪润述：《百丈清规证义记》卷第六，《卍续藏经》第111册，藏经书院版，第719页下。
③ [元] 德辉编：《敕修百丈清规》卷第四，《大正藏》第48册，大正原版，第1132页上。

修百丈清规》中没有专门的规定就认为丛林中只有僧职而无组织机构。

僧职是丛林组织的各职能机构负责人的称谓。在《敕修百丈清规》中，僧职的设置与原来佛教寺院管理制度中的僧职设置完全不同，具有很大的创新性。为了能够有效管理丛林事务，禅宗清规设置了大小二十多种僧职。丛林寺院中最高的僧职是住持，其由僧众推选，国家任命。其次是西序头首、东序职事、侍者和列职杂务等僧职，这些僧职一般由住持任命。"两序之设，为众办事"①，各种僧职之间分工明确，职责清晰，形成了一套结构合理的人事管理体系。在《敕修百丈清规》的组织制度方面，主要是关于僧职制度的内容。僧职制度中规定各种僧职的职名、职责、任职机构及其任免程序，其具体内容将在下面略作介绍。

2. 住持的任免与职责

当住持职位空缺时，由寺院僧众以及江湖名胜通过"公同选举，须择宗眼明白、德劭年高、行止廉洁、堪服众望者，又当合诸山舆论。然后，列名签状，保申有司请之"②。从上可知，寺院住持的选任是民主选举和官方任命相结合的方式。

当新住持人选获得有关部门的批准任命后，寺院要举行迎接的礼仪活动和新任住持就职礼仪活动。该活动主要有入院仪式、欢迎仪式、答谢仪式、留请两序与交割财物仪式等一系列活动。住持因年老、疾病、管理不力、受请其他寺院等原因不宜继续任职时，应当主动辞去住持一职。退院前，先将财务账目交代清

---

① ［元］德辉编：《敕修百丈清规》卷第四，《大正藏》第48册，大正原版，第1130页下。
② ［元］德辉编：《敕修百丈清规》卷第三，《大正藏》第48册，大正原版，第1130页中。

楚，然后击鼓集众，向大众宣告自己退院。住持退院后，既可以住本院东堂，也可以去其他寺院常住①。

住持是丛林寺院的最高领导者，其不仅承担传承佛法的重任，还要全面管理丛林寺院的各种内外事务。当然作为住持，虽然其不可能亲自参加丛林寺院中的每一项活动，但清规也规定了住持必须亲自参加的日常活动项目，称为"主持日用"。住持日用中规定住持必须亲自参加或主持的活动有：上堂、晚参、小参、告香、普说、入室、念诵、巡寮、肃众、训童行、为行者普说、迎待尊宿、施主请升座斋僧、受嗣法人煎点等活动②。以上只是住持常规性的职责，除此之外，寺院的其他所有重大活动或者即时发生的事情都是在他的主持和领导下进行和处理的。

3. 西序头首与侍者制度

西序头首包括首座、书记、知藏、知客、知浴、知殿等知事，主要由学业精深、道德高尚者充任。侍者虽然也列在西序之列，但其主要职责是在方丈协助住持工作。

首座，又称作上座、首众、座元、禅头等，即坐于僧众首位起模范作用者，最早为僧官名称，后为禅宗丛林清规所专用。首座的职责主要有为僧众说法、开示后学、指导禅修、化解纠纷、对违戒失仪的僧众规劝惩处、慰问老病、垂恤送亡等③，首座在丛林寺院中的地位仅次于主持，故对首座的人选要求很高。书记是丛林寺院中专门负责掌管公文谢表、拟写榜疏祷词等职责的知

---

① [元] 德辉编：《敕修百丈清规》卷第三，《大正藏》第 48 册，大正原版，第 1127 页上。
② [元] 德辉编：《敕修百丈清规》卷第三，《大正藏》第 48 册，大正原版，第 1127 页上。
③ [元] 德辉编：《敕修百丈清规》卷第四，《大正藏》第 48 册，大正原版，第 1130 页下。

事。知藏是丛林寺院中掌管图书典籍的知事，其主要职责是管理寺院图书，还要帮助指导僧众借阅典籍和学习文化。知客是丛林寺院中专门负责对外接待的知事，其言行是否得体，会直接影响丛林寺院的形象。清规要求，知客要精熟此务，方不会出现重者轻之、轻者重之等不恰当的行为。知浴是专门掌管寺院僧众洗浴的知事。知殿是专门掌管佛殿事务的知事，其主要职责就是在佛殿内管理香、灯、供香钱、环境卫生、开关殿门、协助佛殿中举行佛事等事项①。

侍者在古规中不属于两序之列，《敕修百丈清规》将其列在西序头首之后，意即侍者也属于西序之列。在丛林寺院中，侍者的主要职责是协助住持工作，照料主持生活，因此清规中说："侍者之职，最为近密，观道德于前后，听教诲于朝夕。"② 清规中主要规定了烧香侍者、书状侍者、请客侍者、衣钵侍者、汤药侍者、圣僧侍者等几种侍者的职责，其实除此之外，还有很多其他职责的侍者，只是清规中没有作专门的规定。

4. 东序执事与列职杂务

东序知事包括都监寺、副寺、维那、典座、直岁等职，主要由善于处理社会事务的人充任。东序之下还有列职杂务，其在东序知事的领导下分别负责相应的具体事务。

都监寺，为监寺与都寺的合称。古规最初只设监寺一职，监寺就是监督一寺事务的知事，故又称寺主，为内外诸知事之首。维那，其主要职责是引领众僧事佛，辨别度牒真假，调解僧众矛

---

① ［元］德辉编：《敕修百丈清规》卷第四，《大正藏》第48册，大正原版，第1131页。
② ［元］德辉编：《敕修百丈清规》卷第四，《大正藏》第48册，大正原版，第1131页下。

盾,安排戒腊僧次,法事引唱回向等等。副寺,又称库头、柜头,是直接掌管寺院财物的知事,主要职责是配合都监寺对寺院财物进行盘点保管和分拨调遣。典座,掌管寺院伙食供应的知事,其主要职责是办理寺院饮食。属于典座管领的列职杂务有饭头、粥头、米头、炭头、园头等。直岁,执掌寺院一切劳务的知事,任职一年,故称直岁①。

列职杂务是寺院中东序知事领导下的分别负责具体事务的各负责人,主要有寮元、寮主、副寮、净头、化主、园主、磨主、水头、炭头、庄主、诸庄监收等。列职杂务是协助东序知事具体办理事务的人员,所以属于东序之列。

5. 两序僧职的任免与事务交割

东西两序任期将满,主动向住持申请告退。住持选定两序进退日期后,令行者通知两序职事。当天早餐后,告退的两序知事向大众宣布其退职归众。此后,行者依照住持拟定的名单,请新知事到寝堂与住持行见面礼。新旧知事任免活动结束后,要举行祝贺与交割事务的茶汤礼仪。首先是住持要举行"方丈特为新旧两序汤"②的汤礼和"方丈管待新旧两序茶"③等茶礼。然后库司要举行"库司特为新旧两序汤药石"④,此外,"入寮出寮茶"⑤等一系列茶汤礼仪。这些茶汤礼仪使新旧僧职的任免和事务的交割的过程程序化和礼仪化,这既使新旧交接过程因程序化而依次

---

① [元]参见德辉编:《敕修百丈清规》卷第四,《大正藏》第48册,大正原版,第1132~1133页。
② [元]德辉编:《敕修百丈清规》卷第四,《大正藏》第48册,大正原版,第1135页上。
③ [元]德辉编:《敕修百丈清规》卷第四,《大正藏》第48册,大正原版,第1135页中。
④ [元]德辉编:《敕修百丈清规》卷第四,《大正藏》第48册,大正原版,第1135页中。
⑤ [元]德辉编:《敕修百丈清规》卷第四,《大正藏》第48册,大正原版,第1136页上。

顺利进行，又使新旧僧职任免过程中的矛盾和摩擦通过礼仪活动得以消解。在新旧两序任免结束后，旧侍者主动向住持提出辞职申请，住持即命堂司请新任侍者。维那为新侍者举行茶汤礼仪后带其拜见住持，然后送回侍者寮与旧侍者行见面礼，最后带领新旧侍者巡寮。旧侍者与新侍者共同工作三天后，再送归众寮。其中圣僧侍者由维那确定人选并任命。

（二）《敕修百丈清规》中的僧众管理制度

《敕修百丈清规》中的"大众章"主要规定了丛林对僧众的管理制度。该章共二十多节，内容非常庞杂，但就该章具体的规定来看，主要是对僧众的剃度、受戒、学习、修行、生活、劳动、丧葬等方面进行的规制和管理。

1. 剃度与受戒制度

从普通信众到成为僧人，首先需要做一段时间的行者。行者是预备出家的人，在剃度前先在寺院中从事各种杂务工作以适应寺院生活，行者一般受五戒。行者剃度后就成为沙弥，沙弥受十戒。沙弥经受具足戒后就成为比丘。

剃度出家成为僧人后，就必须按照僧人的生活方式生活，而道具又是僧人宗教生活的必需用具。因此，清规规定："将入丛林，先办道具"①，并对出家人必备道具的种类和规格作了明确细致的规定。僧人的道具根据用途可分为僧服、生活用具和法器三类。其中服装包括三衣、偏衫、裙、直裰等，生活用具包括钵、净瓶、滤水囊、戒刀、装包等，法器包括锡杖、拄杖、拂子、念

---

① ［元］德辉编：《敕修百丈清规》卷第五，《大正藏》第48册，大正原版，第1139页上。

珠等。行者置办好出家道具并获得国家颁发的度牒后,即呈送住持和两序看过,选定出家剃度的日期,举行剃发授衣仪轨,然后举行授予三皈五戒的仪轨,最后举行受十戒仪轨①。在每个仪轨中,戒师都要开示受持内容和受持意义。

前面说到,禅宗清规是对小乘佛教戒律制度中的捷度部分的创制,并不排斥其中的戒律部分的适用。《敕修百丈清规》中有关僧众受戒的规制正好说明了这一点。清规规定,初为沙弥要受沙弥十戒,然后须受具足戒后方可成为比丘。这与佛教戒律制度的要求基本是一致的。这里所谓的具足戒,即为小乘佛教律藏中的比丘戒,禅宗清规中称之为声闻戒。除此之外,禅宗清规还要求比丘受更加严格的菩萨戒。在《敕修百丈清规》中,除了沙弥的剃度仪式中详细规定了沙弥受十戒的内容外,还有"登坛受戒"和"护戒"二节对受戒之法和持戒之法做了相关的规制。在"登坛受戒"中规定:"受戒之法,应备三衣钵具,并新净衣物。如无新者,浣染令净。入坛受戒,一心专注,慎勿异缘。……既受声闻戒,应受菩萨戒,此入法之渐也。"② 在"护戒"中进一步明确规定了受持戒律的具体内容:"受戒之后,常应守护,宁有法死,不无法生。如小乘《四分律》云:四波罗夷、十三僧伽婆尸沙、二不定、三十尼萨耆、九十波逸提、四波罗提提舍尼、一百众学、七灭净。大乘《梵网经》十重四十八轻,并须读诵通利,善知持犯开遮。"③ 由此可见,禅宗清规非但没有舍弃小乘佛

---

① 参见[元]德辉编:《敕修百丈清规》卷第五,《大正藏》第48册,大正原版,第1136~1138页。
② [元]德辉编:《敕修百丈清规》卷第五,《大正藏》第48册,大正原版,第1138页下。
③ [元]德辉编:《敕修百丈清规》卷第五,《大正藏》第48册,大正原版,第1138页下。

教的戒律,而且将其作为僧人必须受持的基础性戒律。在此基础上,进一步要求僧人受持层次更高的大乘菩萨戒。

2. 修行学习与挂搭制度

禅宗除了在理念上倡导于日常生活中随时随地的参学之外,还在《敕修百丈清规》中对僧众规定了日常的"坐参"与"请益"等学习修行制度,而且对僧众坐禅过程中的行为有非常细致的威仪要求。游方参请也是禅宗僧人重要的学习修行方式,清规对此也专门设置"游方参请"制度以及相关的"挂搭"制度,这些内容都是对僧众学习修行活动的规范化和制度化。

坐是坐禅,参是参禅,有时侯坐禅与参禅活动一起进行,就叫坐参。禅宗将坐禅视为最重要的修行方式,因此清规中说:"诸修行中,禅定为最。"① 清规不仅规定了僧人每天坐禅的次数和时间,而且对坐禅的方法都有系统严格的要求。请益是僧人在正常随众参学之外,单独向住持请教参学的方式。禅宗僧人自古以来就有游方参学的传统,即四处云游,寻访高僧,向其参学。游方僧人每到一处,可以要求当地的丛林寺院提供免费的食宿,该丛林寺院也应当尽力提供,这就是挂搭,又叫挂单。因挂搭是佛教文化中一项重要的传统,因此,清规对僧人挂搭行为作了较为详细的规定。大型丛林寺院的住持一般比较繁忙,因此要等拜见的人聚多时一起拜见,清规中称为"大相看"②。游方僧人如欲长期挂搭,应向住持提出挂搭请求并拜谢,挂搭后要遵守寺院规矩。

---

① [元]德辉编:《敕修百丈清规》卷第五,《大正藏》第48册,大正原版,第1143页上。
② [元]德辉编:《敕修百丈清规》卷第五,《大正藏》第48册,大正原版,第1140页下。

3. 日常生活制度与威仪要求

《敕修百丈清规》中有关僧众日常生活的管理,既有制度性的规定,也有丰富细致的威仪要求。因丛林不仅是一个宗教文化组织,同时也是一个经济独立的生产单位,因此,在僧众日常集体活动中,除了学习、修行等活动外,还要经常参加集体劳动,即清规中规定的"普请"①。"普请"就是僧众共同参加劳动,这是禅宗最具特色的制度之一。禅宗清规规定,普请时,库司先禀告住持,然后令行者通知首座和维那,并挂普请牌报众,将每个人劳动的时间、地方和内容写成小纸片贴在普请牌上。大家听到普请鼓声后集体出动参加劳动,除守寮值堂的老病僧人外,其他人都应当参加劳动②。

入众威仪,是清规对僧人进入公共领域或在集体生活状态下的行为规范。在丛林生活中,僧众基本上是过着一种集体生活,所有的僧人在一起学习、生活、修行和劳动。这种情况下,就需有一套非常严格细致行为规范来约束,而避免个别僧人个性化的行为对其他僧众造成不良影响,所以清规对僧人在集体生活中的威仪要求非常高。如"日用轨范"中有"入众之法",其内容对僧众早晨起床洗漱、上堂拜佛、坐禅参禅、吃斋行经等等日常生活中的每一个细节,都有非常细致的规定。如起床洗漱一段中规定:"五更钟未鸣,轻轻抬身先起,将枕子安脚下未要拗,恐惊邻单。抖擞精神,将身端坐,不得扇风令人动念。"③ 感觉还有睡

---

① [元] 德辉编:《敕修百丈清规》卷第六,《大正藏》第 48 册,大正原版,第 1144 页上。
② [元] 德辉编:《敕修百丈清规》卷第六,《大正藏》第 48 册,大正原版,第 1145 页上。
③ [元] 德辉编:《敕修百丈清规》卷第六,《大正藏》第 48 册,大正原版,第 1144 页中。

意,即念护生偈下床洗漱,洗漱过程尽量动作轻柔,不得惊扰他人。通过这一过程就可以看到,威仪对僧众行为规范到了非常细致具体的动作。但这并非清规对僧众的苛刻要求,早在释迦牟尼时代,这一类威仪规范已经存在。如律藏"威仪法"中就有类似记载:"乞食比丘应一心早起。下床,着革屣。取内衣着,抖擞去尘,腰绳亦如是。齐整着下衣,从脚跟下上量一搩手,左掩其上两边两褶,当后两褶,应抽系绳。徐取行路革屣,不应错着。"①

在《敕修百丈清规》中,仍然遵循着佛教戒制中"过午不食"的原则,因此,僧众一天只吃两顿饭,早饭称为"粥",午饭称为"斋"。晚上有时会吃些汤粥或点心,称之为"药石",隐喻为治疗饿病的药石。清规中有关僧众日常饮食的制度主要规定每天赴斋粥的时间,入堂顺序,行礼次第,各自位次等等。在"日用规范"中,有关僧众赴斋粥时的威仪规范更加细致,其内容包括"过堂之法"、"展钵之法"、"吃食之法"、"洗钵之法"②等。除了日常的"赴斋粥"制度外,清规还规定了僧众参加丛林茶汤礼仪的"赴茶汤"制度。因茶汤礼仪是禅宗丛林活动中意义重大的集体礼仪活动,因此清规对此非常重视,在这"赴茶汤"中对僧众参加茶汤礼仪活动作了重要的规定。

在丛林中,为僧众提供良好的医疗和卫生条件是保证僧众生活质量的重要内容。《敕修百丈清规》对这方面的问题有重要的

---

① [南朝宋]佛陀什共竺道生等译:《弥沙塞部和醯五分律》卷第二十七,《大正藏》第22册,大正原版,第178页上。
② [元]德辉编:《敕修百丈清规》卷第六,《大正藏》第48册,大正原版,第1144页中、第1145页上。

规定。为了保证僧众良好的卫生状况,清规专门设置了知浴职事,专门负责僧众的洗浴等卫生事宜。在医疗方面,丛林专门设"延寿堂"为僧众提供医疗服务,延寿堂主由懂医的僧人担任,其他僧众可以轮流看护病人。清规中强调"八福田中,直病为第一也"①。鼓励僧众积极主动为患病僧人提供义务看护和慰问。

4. 丧事制度

清规在前面"住持章"中对住持的葬礼作了规定,在"大众章"又对普通僧众的葬礼也作了规定,住持与普通僧众在葬礼的规模、仪式等方面虽有一些差异,但主要内容基本相同,它们共同形成了丛林的丧事制度。考察《敕修百丈清规》中的丧葬制度,其主要由丧葬准备工作、各种祭奠性的佛事礼仪、善后工作三部分组成。

住持圆寂后,丛林寺院根据其遗产的多少以及生前的贡献、影响的大小,来决定其丧礼的规格。如果其遗产微薄,则丧礼从简,与普通僧人的丧礼基本相同。如果其对寺院有较大贡献或者遗产较多,则严格按照清规中的住持丧礼规格办理。《敕修百丈清规》在住持丧礼中设有"孝服"制度②,根据僧人与亡者之间关系的亲疏远近而穿戴不同的孝服。这是从儒家丧礼的"五服制度"借鉴改造而来。普通僧众圆寂后的准备工作相对简单,对其遗体洗浴着服后入龛,在延寿堂停放并祭奠。

佛教丧礼是由一系列佛事礼仪活动组成,遗产较多的住持丧礼,主要佛事活动有入龛、移龛、锁龛、法堂挂真举哀奠茶汤、

---

① [元] 德辉编:《敕修百丈清规》卷第四,《大正藏》第48册,大正原版,第1133页上。
② [元] 德辉编:《敕修百丈清规》卷第三,《大正藏》第48册,大正原版,第1128页上。

对灵小参奠茶汤、起龛、山门首真亭挂真奠茶汤、秉炬、安骨、起骨入塔、入祖堂等十一项活动①。清规规定:"若衣钵微薄,务从俭简。遗戒小师,不得披麻恸哭。请首座主丧,一切佛事并免,但举《无常偈》,同亡僧津送。毋费常住,毋劳大众。"② 普通僧众丧礼一般与住持丧礼基本相似,只是规模小,内容简洁而已。处理亡者的遗物及其他后事,主要有唱衣、送遗书、答谢等活动。"唱衣"制度③,就是将亡僧的遗物在寺院内部进行拍卖,拍卖所得钱财扣除丧葬费用外,百分之三十归寺院所有,百分之七十则分配给办理丧事的人。唱衣所得钱财,必须向寺院大众出示"板账"④,即把丧礼中每一笔收支账务向大众公布。亡者生前留有遗书的,这时派人分头送呈。最后设斋答谢参加丧礼的主丧人、知事、僧众及来客,丛林丧礼活动到此结束。

(三)《敕修百丈清规》中的礼仪活动制度

1. 丛林活动与宗教礼仪

丛林活动的内容虽然丰富而复杂,但就各种活动的目的来看,主要是丛林组织的管理活动和宗教文化传播活动两大类。宗教礼仪是指宗教活动过程中的行为和语言的程式化、规范化和制度化。宗教礼仪活动就是以共同的宗教礼仪作为基本形式的活动。正如吕大吉所说,"在社会体系和宗教社团的集体制约之下,各种宗教活动和个人行为都会逐渐趋向划一,固定为一种程式",

---

① [元]德辉编:《敕修百丈清规》卷第三,《大正藏》第48册,大正原版,第1128页上。
② [元]德辉编:《敕修百丈清规》卷第三,《大正藏》第48册,大正原版,第1127页中。
③ [元]德辉编:《敕修百丈清规》卷第六,《大正藏》第48册,大正原版,第1148页下。
④ [元]德辉编:《敕修百丈清规》卷第七,《大正藏》第48册,大正原版,第1149页中、下。

所以"宗教信仰者的宗教活动总是通过一定的礼仪形式表现的"①。考察《敕修百丈清规》中的各种礼仪活动的形式可知，丛林礼仪活动主要有佛事礼仪与茶汤礼仪两种形式。

佛事礼仪是佛教文化传统中原有的活动形式，其主要是在进行各种佛事活动过程中使用的礼仪形式，是人与佛、菩萨之间进行沟通的方式。茶汤礼仪则是禅宗清规借鉴和吸收儒家礼制文化，创设的另一种丛林活动的礼仪形式，是将丛林中非佛事礼仪活动纳入了另一种活动礼仪形式之中，主要作为丛林人际交往和信息沟通的活动形式。如此一来，丛林中的所有的重要活动都可以通过佛事礼仪或者茶汤礼仪形式来完成，佛事礼仪与茶汤礼仪成为丛林活动中最基本的活动形式，从而加强了丛林活动的礼仪化。

在这两种礼仪形式中，因佛事礼仪是人与佛、菩萨之间的交流和沟通的主要方式，而茶汤礼仪则是人与人之间交流和沟通的主要方式，每种丛林活动可根据其不同目的而选用不同的礼仪形式。在祈福、禳灾、纪念等宗教性的法事活动中，以佛事礼仪作为主要的活动形式。而在丛林组织管理、僧众交际等活动中，则以茶汤礼仪作为主要的活动形式。同时，也有大量的丛林活动，以佛事礼仪与茶汤礼仪两种活动形式交互进行，穿插使用，如在结夏和解夏过程中，就是佛事礼仪与茶汤礼仪两种活动形式多次交插使用。以此来看，丛林中的团体活动是以各种宗教礼仪的形式进行的，而宗教礼仪又使得丛林活动程式化、规范化和制度

---

① 吕大吉：《宗教学通论新编》，北京：中国社会科学出版社1998年版，第418页。

化。因此，我们将这些礼仪化的丛林活动称之为礼仪活动。

2. 佛事礼仪

佛事礼仪，又称佛事仪轨。广义上，凡发扬佛德之事，都称为佛事。狭义上，是指于佛、菩萨前举行的拈香、礼拜、念诵、回向等举扬佛法之行事仪轨。佛教认为，通过佛事仪轨，可达到与佛菩萨沟通的目的，因此佛事礼仪是佛教组织中最传统，也是最常用的活动形式。

在《敕修百丈清规》中，佛事礼仪是丛林宗教活动中最主要的活动形式。佛事礼仪活动一般包括集众上堂、拈香、礼拜、上茶汤、下䞋、宣疏、念诵、讲法、回向等内容和环节。在日常的祝赞佛事礼仪活动中，可以由全体僧众一起举行，也可以由部分僧众举行。但是在圣节、佛诞、结夏、解夏等重大佛事礼仪活动中，则要求丛林全体人员必须参加。在日常的佛事礼仪活动中，以念诵较简短的经咒为主，但在大型佛事仪轨中，则需要念诵多部较长的佛经。一般的佛事礼仪活动只须进行一日或数日即可，而有些佛事礼仪活动如圣节等，需要持续一月甚至数月，但佛事礼仪的内容基本不变。因此说，佛事礼仪是丛林活动最主要的载体和形式。

3. 茶汤礼仪

茶汤礼仪就内容来看，是在特定的时间和地点，由特定的人请相对特定的人吃茶汤。一般是先吃茶后吃汤，有时茶汤并举，有时只有茶或汤一种，故将这类礼仪活动通称为茶汤礼仪。因煎茶或煎汤时伴有点心，故在清规中也用"煎点"二字指代茶汤礼仪。当然，茶汤礼仪主要是以这种活动形式为载体，来达到信息沟通和感情交流的目的。《敕修百丈清规》规定的重大茶汤礼仪活动有三十多种，日常小型的茶汤礼仪活动则随处可见。丛林对茶汤礼仪极为重视，被称为"丛林盛礼"，"凡住持两序特为茶汤，礼数勤重，不宜慢易。"① 怠慢不赴住持茶汤礼仪者，有可能被逐出丛林组织。

《敕修百丈清规》中有关茶汤礼仪的内容非常多，尤其对重大茶汤礼仪活动，规定得非常详尽细致。考察各种重大茶汤礼仪活动的内容，它们有一套共同的程式化的活动过程。在预备阶段，要张贴"茶汤榜"②或向受请人呈送"茶状"③，布置活动场所并预备茶汤。茶汤礼仪的正式过程主要由恭迎、揖座、烧香、揖香、点茶、揖茶、下贶、收盏、点汤、恭送等环节组成。为了使整个茶汤礼仪的过程庄严肃穆，避免茶汤礼仪过程中出现混乱，清规还绘制了大量的茶汤礼仪图，如"方丈小座汤"就有"小座汤图"④，在举行茶汤礼仪活动前张贴于公共场所，供参加者预习礼仪活动。由此可见，清规对茶汤礼仪活动的重视程度。每次茶汤礼仪都有固定的名称和特定的目的，礼仪活动过程就是目的实现的过程。通过各种茶汤礼仪，不仅使丛林中的交际活动纳入了礼仪制度，增加了各种活动的规范性和严肃性，而且也大大地提高了丛林的办事效率。因此，茶汤礼仪也是丛林礼仪活动的重要形式之一。

---

① ［元］德辉编：《敕修百丈清规》卷第六，《大正藏》第 48 册，大正原版，第 1144 页上。
② ［元］德辉编：《敕修百丈清规》卷第四，《大正藏》第 48 册，大正原版，第 1134 页上。
③ ［元］德辉编：《敕修百丈清规》卷第六，《大正藏》第 48 册，大正原版，第 1135 页下。
④ 参见［元］德辉编：《敕修百丈清规》卷第七，《大正藏》第 48 册，大正原版，第 1152 页中。

4. 清规中礼仪活动的主要内容

在《敕修百丈清规》中，丛林重要活动大多被程式化和规范化为礼仪活动，并且根据各种活动的性质和目的不同而予以详细规定，形成了丛林的礼仪活动制度。《敕修百丈清规》中有关丛林礼仪活动制度的内容约占三分之二的篇幅。在各种丛林礼仪活动中，因礼仪活动的性质和目的不同，对两种礼仪形式的选择和使用也有很大的差异。根据《敕修百丈清规》的体系结构和丛林礼仪活动的性质，可以将丛林礼仪活动分为以下四类：组织管理中的礼仪活动、对外服务的礼仪活动、纪念祖师的礼仪活动、祝贺节日的礼仪活动四类。

在丛林组织管理过程中，有很多管理活动是以茶汤礼仪和佛事礼仪的形式进行的。这既能使管理活动的过程更加规范，又能体现丛林管理的宗教礼仪特色。因此，在"住持章"①和"两序章"②中，有大量的礼仪活动制度的内容。如"住持章"中"请新住持"一节，要举行"受请升座"③等十几项茶汤礼仪。迎请住持的工作就在这些茶汤礼仪活动过程中依次完成。在"两序章"中，新旧两序任免结束后，住持要举行几次规模较大的茶汤礼仪，新旧两序之间也要相互举行数次茶汤礼仪。通过这些茶汤礼仪活动，顺利完成了新旧两序僧职之间的职务替换和事务交割。通过以上各种情况来看，在丛林组织管理活动中，佛事礼仪

---

① 参见［元］德辉编：《敕修百丈清规》卷第五，《大正藏》第48册，大正原版，第1123~1129页。
② 参见［元］德辉编：《敕修百丈清规》卷第三，《大正藏》第48册，大正原版，第1130~1136页。
③ ［元］德辉编：《敕修百丈清规》卷第三，《大正藏》第48册，大正原版，第1124页上。

与茶汤礼仪这两种礼仪活动形式都得到了大量使用。因此，丛林组织管理活动中有关的礼仪活动内容，也是《敕修百丈清规》中礼仪活动制度的重要组成部分。

丛林作为社会宗教组织，为社会提供相应的宗教服务乃其基本功能之一，而且事实上丛林组织一直为国家和社会提供各种形式的宗教服务。在《敕修百丈清规》中，丛林对外提供宗教服务的制度主要规定在"祝釐章"①与"报恩章"②中。服务的具体内容主要是为皇室举行的各种祈福佛事活动，同时，在国家遇到旱灾、涝灾、蝗灾等自然灾害时，丛林要进行各种禳灾的佛事活动，并且这些活动主要是以佛事礼仪活动的形式进行，所以将其归类为丛林对外提供宗教服务的礼仪活动。在《敕修百丈清规》中，"报本章"和"尊祖章"，都属于纪念和追悼对佛教作出贡献的各位祖师的活动。并且这些活动以佛事礼仪形式为主，间或穿插一些小型的茶汤礼仪。通过举行佛事礼仪活动，对佛教内部重要人物进行纪念追悼，既能传播和宣扬佛教文化，又能激励和凝聚僧众的感情，所以，清规对这类活动规定得也很详细。

丛林有结夏、解夏、冬至、年节等四大节。有关四大节的祝贺礼仪活动主要规定在"节腊章"中。在《敕修百丈清规》的"节腊章"③中，规定了围绕"夏安居"展开的一系列礼仪活动，

---

① 参见[元]德辉编：《敕修百丈清规》卷第一，《大正藏》第48册，大正原版，第1112~1114页。
② 参见[元]德辉编：《敕修百丈清规》卷第二，《大正藏》第48册，大正原版，第1115~1117页。
③ 参见[元]德辉编：《敕修百丈清规》卷第七，《大正藏》第48册，大正原版，第1150~1155页。

在这些活动中,"结制礼仪"① 和"解制礼仪"② 只是其中最重要的两种礼仪活动。有关冬至和春节两个节日的礼仪活动的内容相对简单,因此,相关内容附带规定在前面各种礼仪活动中。在这些礼仪活动中,因为"结制礼仪"与"解制礼仪"是为了祝贺夏安居活动的正式开始和圆满结束而举行,因此,被作为最重要的节日。但通过夏安居期间一系列佛事礼仪与茶汤礼仪活动的交互进行,将这两种礼仪活动形式的作用发挥得淋漓尽致。

5. 丛林活动中的信息传递方式

一个组织的管理主要是人、财、物的管理和信息管理两个方面。因此,信息传递方式是组织管理中一个很重要的方面。丛林是僧众长期生活、学习、修行、劳动和举行各种大型活动的宗教组织,其成员少则数十人,多则数百人,甚至上千人。信息的管理和传递方式非常重要。通过对《敕修百丈清规》的分析可知,丛林中形成了口头方式、书面方式和法器敲击方式等系统高效的信息传递方式。

语言是人类最原始最基本的信息交流方式,也是人类其他信息交流方式产生的基础,因此,语言也是丛林活动中最重要的信息传递方式。但丛林语言交流的方式有其自身的特点,即在丛林组织中形成了一套制度化的语言交流模式。禅宗清规对各种身份的人,在交流过程中的说话方式与辞令都规定了一套固定的模式。如拜见住持时,常见的问候语为:"即日时令,谨时共惟堂

---

① [元] 德辉编:《敕修百丈清规》卷第七,《大正藏》第48册,大正原版,第115页上。
② [元] 德辉编:《敕修百丈清规》卷第七,《大正藏》第48册,大正原版,第115页下。

头大和尚，尊候起居万福。"① 因此，相同身份的人在相同的场所与活动中，只须依照这种固定的模式予以应用即可，这样既能提高信息传递的效率，又可以避免语言交流中产生歧义。根据《敕修百丈清规》中语言信息交流模式的功能，可以将其分为告白模式、禀请模式、传令模式、问候模式、祝贺模式、慰问模式等。这种语言信息传递方式的制度化，一方面提高了例行公事中语言表达的效率，同时也使丛林语言日益规范化，从中可以看出《敕修百丈清规》对丛林管理的规范化程度非常高。

《敕修百丈清规》中除了规定了一套口头语言的信息传递模式之外，还规定了一套书面语言传递信息的模式。这一套文字语言传递信息的方式被格式化和制度化，只要是身份相同的人遇到同类的事情，书写的格式和内容基本相同，这也可以说是丛林公牍文体。在《敕修百丈清规》中即体现为榜式、状式、单式、牌式、图式、书信格式等固定的文体。在《敕修百丈清规》中，常见的榜式有十种，状式有十二种，单式有五种，牌式有二十多种，图式十多种，其他的书信遗嘱之类的有十多种。这几十种格式化的文字语言传递模式形成了一套"丛林公牍文体"制度，其不仅弥补了大型丛林中口头语言传递信息方式的不足，同时也丰富了丛林信息传递的方式，其主要用于丛林活动的预告和通知等。除了以上诸种格式化的丛林公牍文体外，《敕修百丈清规》中对遗嘱、遗书以及往来书信等都列举了写作格式。就是以上各种格式化的文书，构成了丛林组织活动中的文字信息传递系统。

---

① ［元］德辉编：《敕修百丈清规》卷第五，《大正藏》第 48 册，大正原版，第 1140～1142 页。

在《敕修百丈清规》中，除了语言传递信息的方式外，还发展出了一套以钟、鼓、板、磬、木鱼等法器的敲击声作为传递丛林活动信息的方式。在原始佛教阶段，已经存在以犍椎、法鼓等法器作为寺院活动起止信号的情况，正如"法器章"中所言："梵语犍椎，凡瓦木铜铁之有声者，若钟、磬、铙、鼓、椎板、螺呗，丛林至今仿其制而用之。"[1]《敕修百丈清规》不仅继承了佛教的这一传统，而且对其功用的认识和使用远远超越了传统佛教寺院中仅以其为报时之工具，而是进一步将其发展成为丛林的礼乐之器。《敕修百丈清规》在参照儒家礼乐文化的理念发展出了茶汤礼仪的同时，也为这些礼仪活动创制了相应的丛林乐礼，将其视为传播佛教文化的重要方法之一，从而形成了禅宗丛林的礼乐制度。丛林对法器传递信息的方式使用得非常充分，除了在"法器章"对丛林每种法器的日常管理制度有详细的规定外，在各种佛事礼仪活动中有关每种法器具体的使用方法也属于丛林法器制度的组成部分。

以上是根据《敕修百丈清规》内在的逻辑结构抽绎出来的制度框架，由于篇幅所限，在此只能略作介绍。

八、《敕修百丈清规》的特性与历史影响

（一）《敕修百丈清规》的特性

1. 《敕修百丈清规》与僧团管理制度的中国化

---

[1] ［元］德辉编：《敕修百丈清规》卷第八，《大正藏》第48册，大正原版，第1155页中。

前面已论述过，印度佛教的戒律制度是由"戒律"和"揵度"两部分构成，其中"戒律"部分主要是在佛教对人性认识的基础上，以有利于个人修行解脱为目的制定的戒条，因此其调整对象主要是调整僧人个体行为的规范。"揵度"部分则主要是在佛教对当时社会环境认识的基础上，以管理和维护僧团利益为目的而制定的僧团管理制度。"戒律"与"揵度"相比较，前者更具有普适性和稳定性，而后者则具有很强的时代性与地域性。随着佛教向世界各国的传播，佛教戒律制度中"揵度"部分的时代性和地域性特征越来越明显。中国与古印度的自然环境和社会文化等方面也有非常大的时代和地域差异，因此，对来自印度的僧团管理制度在中国面临的障碍自然很多。中国佛教为了生存和发展，对其进行变革也只是时间问题。由此来看，禅宗清规的产生，也有很大的历史必然性。

其实，释迦牟尼也没有认为佛教戒律制度是丝毫不可更改的，除了曾经遗言阿难"杂碎戒"可舍之外，其在世期间，也曾经允许有些国家的僧团对统一的"揵度"进行变通后使用。如在"皮革揵度"中记载，阿湿婆阿槃提国的大迦旃延提出："阿湿婆阿槃提国多诸刺棘瓦石，一重革屣不得经久，愿世尊听着重革屣。阿湿婆阿槃提国世人好浴，愿世尊听比丘数数洗浴。如余方多好卧具，伊梨延陀毦罗毦罗氍氀如是，阿湿婆阿槃提国以皮为卧具，羖羊皮白羊皮鹿皮，愿世尊听得畜皮卧具。或有比丘往异方后住处得衣便不肯受。何以故？恐犯尼萨耆。愿世尊听开少方便。"① 即为了适应阿湿婆阿槃提国的自然环境和社会习俗，请求世尊开许该国僧团在这几个方面实行与其他国家僧团不同的管理制度。世尊对此"默然听许"，并且"以此事集比丘僧，为诸比丘随顺说法"②。由此可知，释迦牟尼允许不同国家的僧团采用不同的管理制度。

中国禅宗的丛林制度便是中国佛教为了适应中国的国情，对印度佛教戒律制度中揵度部分的中国化改造的结果。将《敕修百丈清规》的内容与揵度部分略加比较就能看出，印度佛教戒律制度中的揵度部分是禅宗清规最直接、最重要的渊源。在《敕修百丈清规》中，僧众管理部分的内容，就主要源自印度佛教戒律制度中的揵度部分。清规中的剃度、受戒制度来自广律中的受戒揵度。每月的首座劝勉制度与说戒揵度、呵责揵度相类。僧衣制度来自于戒律制度中的衣揵度，节腊制度来源于广律中的结夏揵度、自恣揵度。禅宗清规中的入众威仪、坐禅威仪、生活威仪等在广律中专门规定为威仪揵度。如此等等，清规中的部分内容是对揵度中不适应中国国情的部分内容进行的变更。同时，禅宗清规对于如房舍揵度、皮革揵度等在中国已经无法适用的部分内容只能舍弃。

《敕修百丈清规》对传统佛教戒律制度中的部分内容予以继承之外，还做了很多创造性的制度建设。首先，从整体来说，《敕修百丈清规》从结构到内容都属于一套新型的佛教组织管理

---

① ［后秦］佛陀耶舍共竺佛念等译：《四分律》卷第三十九，《大正藏》第 22 册，大正原版，第 845 页。
② ［后秦］佛陀耶舍共竺佛念等译：《四分律》卷第三十九，《大正藏》第 24 册，大正原版，第 845 页。

制度。其次，清规中除了部分内容继承了印度佛教僧团的管理制度之外，还有很多制度属于创制，如住持两序制度、祝釐制度、普请制度、茶汤礼仪制度等。甚至，其中的"普请制度"与印度佛教僧团管理制度的内容相冲突，但是从当时中国国情来看，这些新型制度的出现都是由一定社会历史决定的。

《敕修百丈清规》从内容到形式与印度佛教戒律制有很多的不同，但从性质上来看，它们都属于管理僧团组织和活动的僧团管理制度。因此说，《敕修百丈清规》是中国佛教组织的管理制度。再从《敕修百丈清规》的具体内容来看，其主要是由丛林组织管理制度、僧众管理制度和丛林礼仪活动制度三部分构成，其调整的直接对象主要是丛林组织与僧众团体及其相关活动，是以维护丛林组织利益为目的，而不同于以僧人个体为直接调整对象的"戒律"。对于佛教戒律部分，禅宗清规基本上还是予以维护和采用的，这一点通过清规中的"登坛受戒"和"护戒"[①] 的内容可以看出。这正如李瑞爽所说："僧侣们应受持波罗提木叉是为了个人需要有导范，而依从《百丈清规》则是为了组织僧团。"[②] 因此，《敕修百丈清规》是中国佛教的僧团管理制度，其与印度佛教戒律制度中的"捷度"相类似。《敕修百丈清规》是在吸收了大量的印度佛教管理制度内容的基础上创制的中国佛教僧团管理制度，因此，其为印度佛教管理制度中国化的结果。

2.《敕修百丈清规》对禅林清规的继承和创新

---

① ［元］德辉编：《敕修百丈清规》卷第五，《大正藏》第 48 册，大正原版，第 1138 页下。
② 李瑞爽：《禅院生活和中国社会》，张曼涛主编《现代佛教学术丛刊》第 90 册，台北：大乘文化出版社 1978 年版，第 284 页。

自从百丈怀海创制了《百丈清规》以来，很快风靡禅林，被禅宗推为一代典章。然而，《百丈清规》不仅为禅宗提供了一套丛林规制，同时也为禅宗提供了一种敢于突破陈规事项的束缚、因地制宜地处置问题的精神。因是之故，很多禅林在《百丈清规》面世后，虽遵其原则，但在细节方面则根据自身的实际情况进行调整适用。这正如宋代惟勉所说："丛林规范，百丈大智禅师已详。但时代寖远，后人有从简便，遂至循习。虽诸方或有不同，然亦未尝违其大节也。"① 这一方面促使禅林清规得到了不断的发展，同时也使得《百丈清规》最早的版本没能很好地保留下来。

宋代以后，随着社会的发展变化，各种不同的清规被不断创造出来。到《敕修百丈清规》编撰之前，至少有六七种不同版本的禅宗清规在丛林流传。而《敕修百丈清规》正是在借鉴和吸收历代清规的基础上编撰而成的。德辉在《敕修百丈清规》中也说："受命以来，旁求初本不及见，惟宋崇宁真定赜公、咸淳金华勉公、逮国朝至大中东林咸公所集者为可采。于是，会粹参同而诠次之。"② 因此，其具有很强的历史继承性。

《敕修百丈清规》除了对各种历史流传下来的清规予以继承外，同时，也根据新的社会政治的需要，对清规的内容做了一些创造性的发展，这种创造发展主要体现在两个方面。一个方面是扩展了丛林为国家和社会提供宗教服务的内容。在元代以前的《禅苑清规》和《咸淳清规》中，没有"祝釐"的内容。根据以

---

① ［宋］惟勉：《咸淳清规序》，《大正藏》第48册，大正原版，第1158页中。
② ［元］德辉：《敕修百丈清规序》，《大正藏》第48册，大正原版，第1159页中。

前的历史状况,丛林寺院为皇室进行祈福祝寿的佛事活动是不可避免的,但没有将"祝釐"作为禅宗清规中的制度予以设置。到了元代后,"祝釐"的内容首次出现在东林式咸编撰的《禅林备用清规》中,但其内容比《敕修百丈清规》的内容简略许多,其中即没有"千秋节"、"国忌日",也没有"帝师涅槃"等纪念活动的内容。这些都是《敕修百丈清规》发展出来的新内容。

元代的统治者认为僧人就是为他们祝祷祈福的人,如在公元1219年,成吉思汗下诏对其部下说,禅宗的两位长老"实是告天的人,好与衣粮养活着,叫做头儿,多收拾那般人,在意告天。不拣阿谁,休欺负"[1]。而且,在元文宗为《敕修百丈清规》颁布的圣旨中,仍然在强调"您众和尚每体着皇帝圣心,兴隆三宝,好生遵守《清规》,修行办道,专与上位祈福祝寿,报答圣恩"[2]。在这种政治背景下,禅宗清规中增加"祝釐"的内容,也是禅宗为了适应当时的社会政治需求而对禅宗清规所作的创造性调整。从上可知,《敕修百丈清规》既是禅林清规经过历代数百年发展的一次汇集总结,也是为了适应新的社会政治需要而进行的一次创作,具有历史继承性和时代创造性的双重特性。

3.《敕修百丈清规》对儒家文化的吸收

《敕修百丈清规》作为佛教的内部管理制度,虽然与其之前的禅宗清规相比世俗化与儒家化的趋势更加明显,但作为禅宗的丛林清规,贯穿其中的核心文化仍然是佛教文化,这一特性并未

---

[1] [元] 念常集:《佛祖历代通载》卷第二十一,《大正藏》第49册,大正原版,第703页中。
[2] [元] 德辉编:《敕修百丈清规》卷首,《大正藏》第48册,大正原版,第1110页下。

因其具有了其他特性而受到影响，对此无须赘言，下面我们只对其儒家文化的特性予以探讨。

《百丈清规》的创制，是中国佛教文化主动吸收和借鉴儒家文化的一次转折点，这一过程随着禅林清规的发展而进一步深化。经过唐末与宋元数百年的发展，到元代后期的《敕修百丈清规》颁行时，禅林清规从形式到内容都具有非常显明的儒家礼制文化的特性，这主要体现在以下几个方面。

第一，对儒家忠孝观念变相的接纳。佛教与儒家文化之间冲突的焦点是儒家以"忠孝"为纲领的等级观念与佛教以"解脱"为目的的众生平等观念之间的差异。随着封建集权制的进一步发展，儒家文化所提倡的"忠君"、"孝道"观念在皇权的支持下，日益挤压佛教在这方面的回旋空间。到元代时，佛教已经没有了回旋余地，在皇帝眼中佛教就是为其祈福祝寿的服务工具。因此，到了元代，表达"忠孝"观念的"祝釐"、"报恩"、"报本"、"尊祖"等内容大量地出现在禅宗清规中，并成为清规最重要的内容之一。第二，古清规中借鉴儒家礼文化发展出了佛教的礼文化，《百丈清规》因之被称为佛教丛林的"礼经"。经近千年的发展，禅宗的礼仪文化已经发展成一套蔚为大观的茶汤礼仪制度。在佛教丛林寺院，茶汤礼仪成为丛林寺院最重要的活动形式。在《敕修百丈清规》中，明确规定的大小型茶汤礼仪约有五十多种。一年四季中，平均每周都要举行一次茶礼会或汤礼，而且茶汤礼仪被推崇为"丛林盛礼"，以至于形成了"无茶不成礼"的风气，这也是禅宗清规借鉴和吸收儒家礼文化的结果。第三，佛教还借鉴了儒家丧礼制度中的孝服制度，也创造了一套佛教的孝服制度。在儒家的丧礼制度中,孝服不仅体现了对死者的哀悼,同时,通过孝服的种类和款式,也体现了儒家的宗族等级观念,因此,儒家文化形成了一套有关孝服的"五服制度"。早在唐代,佛教寺院的葬礼中就已经出现了披麻戴孝的现象,当时,义净律师还曾批评过这种违反佛教规制的现象。在《至大清规》中已经有丛林的"孝服制度",《敕修百丈清规》对此予以继承和发展。

从以上几个方面来看,到了元代,禅宗清规的儒家化的程度已经很深了。而且,后期的禅宗清规中,古规中体现的僧众平等的观念非常淡薄,而佛教宗法等级制度的特点已经非常明显,这种等级关系也与儒家的尊卑等级观念遥呼相应。因此本文认为《敕修百丈清规》虽然属于佛教的禅宗清规,但从形式到内容,都已经深深打上了儒家文化的烙印,其中具有很多儒家文化的因素,其具有佛教文化与儒家文化的双重特性。

4.《敕修百丈清规》的法律属性

从佛教传入中国以来到南北朝时期,逐渐形成宗教内部自治制度,即佛教内部的教规教制。在封建极权制度形成的过程中,国家对佛教的管理主要是通过僧官制度、僧尼户籍制度、度牒制度等行政手段对佛教从组织外部予以宏观掌控,同时对佛教内部的组织制度的自治权也不断地蚕食和剥夺,《敕修百丈清规》的法律化便是封建皇权对佛教自治权完全剥夺的标志,因为这意味着佛教内部的一切组织与活动都进入了国家法律调整的范围。《敕修百丈清规》是由佛教僧人编撰的一部作为佛教内部的组织管理制度,但是,由于它经过国家权力机关的认可和颁布而成为一部国家的法律文献，并且在元明两代，国家通过数次发布敕令，一再强调它的法律属性，这就使其具有佛门清规和国家法律的双重属性。对于清规的自制规约的属性我们无须赘言，下面仅对其法律属性略作分析。

法律规范是指由国家制定或认可，并由国家强制力保证实施的行为规范。《敕修百丈清规》便是一部由国家认可的，并由国家强制力保证实施的行为规范。中国古代法律渊源主要有律、令、格、式、敕、例等形式，其中敕作为法律形式始于唐代，后来律和敕是最重要的两种法律形式，律是国家立法机关经过法定程序制定的形式统一、内容稳定的法律形式。敕是皇帝以颁发圣旨的方式处理国家重大事务而形成的国家法律形式。到了元代，"在立法上圣旨成为最灵活、最经常的立法形式，又具有最高的法律效力"①。《敕修百丈清规》就是元代皇帝通过颁敕方式将其认可为国家法律的。

从法律文献角度来看，《敕修百丈清规》是通过敕文获得法律效力，因此，《敕修百丈清规》与前面的敕文一道构成了一部完整的法律文献。从敕文内容可知，敕文直接改变或确立了以下几个方面的法律关系。

第一，从《敕修百丈清规》颁行以后，其他丛林寺院内部管理制度将被废止。敕文中明确说："将那各寺里增减来的、不一的《清规》休教行，依着这校正归一的《清规体例》定体行。"② 这就意味着其他寺院对是否适用《敕修百丈清规》作为

---

① 张晋藩：《中华法制文明的演进》，北京：中国政法大学出版社1999年版，第397页。
② ［元］德辉编：《敕修百丈清规》卷首，《大正藏》第48册，大正原版，第1110页中。

寺院管理制度已经没有选择的权利，只有依照适用的义务。而且，敕文进一步说："者么道，是要天下众和尚每得济的一般。您众和尚每体着皇帝圣心，兴隆三宝，好生遵守《清规》，修行办道，专与上位祈福祝寿，报答圣恩，弘扬佛法者，不拣是谁，休别了者。"① 从中可以看到，这道敕令并非只针对禅宗僧人，而是要天下众和尚好生遵守《清规》。

第二，通过敕文，明确规定保护佛教寺院的宗教财产，禁止任何人非法的侵扰。敕文说："这的每寺院房舍里，使臣每休安下者，铺马祇应休拿者，税粮休纳者。但属寺家水土园林、人口头匹、碾磨店铺、解典库、浴堂、竹园山场、河泊船只等，不拣是谁，休夺要者，休倚气力者。这般宣谕了呵，别了的人每要罪过者，更这的每有圣旨，么道做没体例勾当呵，他每更不怕那圣旨。"② 从中可以看到，禁止官方派来的使臣在寺院住宿，对其他官员的禁止就更不需说。而且连使臣拿寺院"铺马祇"都明令禁止，可见当时的皇帝对佛教寺院的关照真是非常细致周到。从敕文中可以看到，当时对佛教寺院财产的保护是全方位的，既保护人口头匹等动产权利，也包括水土园林、竹园山场、河泊等不动产权利，甚至还保护碾磨店铺等营利性的经营权利，而且再次强调了侵犯者的法律责任。

第三，通过敕文，宣告减免佛教寺院的赋税。在敕文中只有"税粮休纳"四个字，看似轻描淡写，实则是一件非常重大的制度性规定。因为，在宋以前佛教寺院和僧人免除税赋，但自南宋

---

① ［元］德辉编：《敕修百丈清规》卷首，《大正藏》第48册，大正原版，第1110页中。
② ［元］德辉编：《敕修百丈清规》卷首，《大正藏》第48册，大正原版，第1110页中。

以后，僧人和寺院要交纳赋税。通过敕文可知，元代国家又赦免了寺院的赋税。

第四，敕文宣告宗教财产神圣不可侵犯，禁止任何人对佛教寺院财产的侵占和掠夺。因此说，《敕修百丈清规》不仅仅是一部宗教内部管理规范，同时它还是一部重要的宗教权利保护法。到了明代，元代所有的法律文件自然失去了法律效用，但明代国家政权给《敕修百丈清规》再次赋予了法律效力。明太祖朱元璋于洪武十五年（公元1382年）四月二十五日下旨："诸山僧人不入《清规》者，以法绳之，钦此。钦遵。"① 可见，明太祖不仅认可《敕修百丈清规》的法律效力，而且进一步加强了国家强制力对其实施的保障。明成祖朱棣于永乐十年（公元1412年）五月初三日下旨："僧人务要遵依旧制，各务祖风，谨守《清规》，严洁身心。"这是对《敕修百丈清规》效力的再次确认，而且后来有僧官奏称僧人不遵守清规，明成祖下旨说："照依《清规》料治他。"通过以上各敕文来看，《敕修百丈清规》在明代寺院僧众管理中依然发挥着重要的作用。

从以上情况来看，《敕修百丈清规》既是一部佛门清规，同时又是一部重要的国家宗教法律，在元明两代数百年间，不仅为佛教的继续发展提供了重要的组织制度规范，同时也在国家宗教管理方面发挥了非常重要的作用。

（二）《敕修百丈清规》的历史影响

《百丈清规》创制之后，不仅对中国佛教内部产生了巨大影

---

① ［元］德辉编：《敕修百丈清规》卷首，《大正藏》第48册，大正原版，第1109页上。

响,而且在历史上对中国社会和其他宗教文化都产生了较大的影响,其影响的空间范围甚至扩大到了日本、朝鲜等东亚国家,其影响的时间范围从其产生一直持续到现代,下面对其最重要的历史影响略作论述。

1. 对中国及世界佛教的影响

首先,《百丈清规》的产生,对中国禅宗的发展史产生了巨大影响。《百丈清规》面世后,首先在中国佛教界内部引起了巨大的反响,在禅宗内部掀起了一股自觉引进《百丈清规》作为寺院管理制度的风潮。在此之前,虽然禅宗丛林的数量和规模都得到了快速的发展,但禅宗丛林寺院的管理仍然沿用原有的佛教管理制度,组织形式与组织制度之间长期处于不和谐状态。因《百丈清规》是怀海根据当时禅宗丛林的实际情况制定的,虽然它的内容比原有的佛教寺院管理制度更加细致,但因其更加符合当时丛林的实际情况而深受禅宗丛林的欢迎,在禅宗丛林中得到了迅速推广和自觉遵守。而且经过了唐、宋、元、明、清数代一千多年,虽然《百丈清规》的原本佚失,禅林清规从内容到形式都发生了巨大变化,但凡为《清规》者,无不称其源自百丈。到了元代,皇帝颁敕重修《百丈清规》,并以谕旨颁行天下,使得《敕修百丈清规》由一部民间规约一跃而成为国家法律。自此,汉传佛教丛林寺院,绝大多数以其作为管理制度,《敕修百丈清规》在中国佛教中的"典章"地位因之更加稳固。后世禅宗对其评价也越来越高,赞叹"百丈清规,千古洪范。藏之则虚空绝迹,用之则纲令森严"①。而且，随着禅宗传入亚洲其他国家，《百丈清规》的影响也相应在这些国家产生了巨大影响，如日本也有《大鉴清规》、《永平清规》、《莹山清规》等禅宗清规，而朝鲜半岛甚至将禅宗清规中的茶汤礼仪引进到了王室的祭礼之中。

其次，《敕修百丈清规》的产生对当时的中国佛教戒律制度形成了巨大的冲击。与《百丈清规》在禅宗内部获得了高度认可不同，佛教其他各宗派对其并未如禅宗欣然接受。律宗的僧人甚至公然对其提出了批评和抵制，而且这种批评也持续了近千年。道宣在其著作《续高僧传》中就已经对禅宗的行为提出了批评，说他们"排小舍大，独建一家。摄济主持，居然乖僻。……复有相迷同好，聚结山门，持犯蒙然，动挂形网，运斤挥刃，无避种生"②。怀海制定禅宗清规后，律宗僧人认为："百丈怀海禅师始立天下《禅林规式》，谓之清规。议者恨其不遵佛制，犹礼乐征伐自诸侯出。"③ 并宣称他为"破戒僧"。直到明代，以弘扬戒律而闻名的高僧莲池、智许及其门人都对禅林清规大加贬斥，认为是禅宗清规的广泛使用导致了佛教戒律的废弛。近代的弘一法师等依然没有放弃对禅宗清规的排斥与批驳，弘一认为："即百丈原本今仍存在，亦可不需阅览，况伪本乎。"④ 不管律宗僧人如何排斥和反对，《百丈清规》带给中国佛教的影响的确是巨大而深远的，正如圣严所言："一般人不知佛门有戒律，却无有不知佛

---

① ［宋］妙源编：《虚堂和尚语录》卷第九，《大正藏》第47册，大正原版，第1057页上。
② ［唐］释道宣：《续高僧传》卷第二十。《大正藏》第50册，大正原版，第607页中。
③ ［宋］宗鉴撰：《释门正统》卷第四，《卍续藏》第130册，大正原版，第978页中。
④ 弘一大师全集编纂委员会：《弘一大师全集》第一册，福州：福建人民出版社1992年版，第18页。

门有清规者,《百丈清规》之对中国佛教的影响,可谓巨而且深了。"①

2. 对中国社会文化的影响

《百丈清规》的产生,对整个中国传统文化产生了较大影响。《百丈清规》虽然只是禅宗内部的丛林清规,但其影响却远远超出了佛教范围。儒家的礼制文化是《百丈清规》制定时参考借鉴的重要渊源之一,当清规制定并被有效执行时,儒家礼文化的影子便在禅宗丛林生活中复活显现。因此,当宋代大儒程颢观看了丛林的生活礼仪后赞叹:"三代威仪,尽在是矣。"就连朱熹承认佛教禅宗"其克己,往往吾儒之所不及"②。由此可见,禅林清规在吸收借鉴儒家礼仪文化方面是非常成功的,其对后世儒家援佛入儒而形成宋明理学影响极大。且其后出现于宋代的儒家书院制度,从其组织结构、组织制度等各方面来看,其中又有很多禅宗清规的影子。全真道产生于宋末元初,其宗教组织管理制度为《全真清规》,就其内容与结构而言,基本上属于《百丈清规》的道教版,其中各种执事的名称都没有做过多的改动而直接使用。该教的《长春真人规榜》中规定的行住坐卧等威仪,也能看到《敕修百丈清规》中的用语和规定。从以上诸方面来看,《敕修百丈清规》给后世的中国文化带来了多方面的影响。

3. 对国家宗教立法的影响

《百丈清规》的产生对国家的宗教管理制度也产生了重要影

---

① 释圣严:《律制生活》,台北:东初出版社 1995 年修订版,第 102 页。
② [宋] 黎靖德编:《朱子语类》卷第十三,第一册,北京:中华书局 1999 年版,第 278 页。

响。除了文化层面的影响外，《百丈清规》的出现也给后世的国家宗教管理政策产生了重大影响。《百丈清规》创制并在禅宗丛林使用后不久，唐武宗发起了灭佛运动，这使得依赖于国家支持而发展起来的中国佛教其他各宗派遭到了毁灭性的打击。而禅宗则因其丛林扎根于农村山林，《百丈清规》中的"普请"制度，使僧众从事生产劳动而自力更生，因此遭受的打击较小且在打击后能够很快得到恢复和发展。

《百丈清规》使禅宗与中国国情更加适应，在中国佛教其他各宗派日渐衰落凋零时，禅宗却迅速发展成为中国佛教中的主流，最终从山村走向了城市，成为国家政教关系的主体。在宋代以后的国家佛教管理制度中，由于管理对象以禅宗僧众为主，因此其政策、法律、法规的制定主要是结合禅宗的特点而设置。国家的宗教政策和宗教管理制度也倾向于推动佛教其他宗派的组织制度向禅宗丛林制度的方向发展，这又从客观上促进了禅宗的进一步壮大发展。后来到了元代，《敕修百丈清规》进一步上升为国家法律，皇帝颁发敕令确定该清规为全国汉传佛教寺院统一的组织管理制度，这种情况一直持续到明代。在这些历史发展过程中，《百丈清规》的影响和作用是不可忽视的。因此说，《百丈清规》对国家的宗教管理制度也产生了重大深远的影响。

参考文献

一、原始资料

［东晋］佛陀跋陀罗译：《摩诃僧祇律》，《大正藏》第 22 册，东京：大正一切经刊行会，1934

［东晋］佛陀跋陀罗译：《摩诃僧祇大比丘戒本》，《大正藏》第 22 册，东京：大正一切经刊行会，1934

［东晋］法显共觉贤译：《摩诃僧祇比丘尼戒本》，《大正藏》第 22 册，东京：大正一切经刊行会，1934

［后秦］鸠摩罗什译：《十诵比丘波罗提木叉戒本》，《大正藏》第 23 册，东京：大正一切经刊行会，1934

［后秦］鸠摩罗什译：《维摩诘所说经》，《大正藏》第 14 册，东京：大正一切经刊行会，1934

［后秦］鸠摩罗什译：《梵网经》卷第十，《大正藏》第 24 册，东京：大正一切经刊行会，1934

［后秦］弗若多罗共罗什译：《十诵律》，《大正藏》第 23

册，东京：大正一切经刊行会，1934

[后秦] 佛陀耶舍共竺佛念等译：《四分律》，《大正藏》第22册，东京：大正一切经刊行会，1934

[后秦] 竺佛念译：《菩萨璎珞本业经》，《大正藏》第24册，东京：大正一切经刊行会，1934

[后秦] 佛陀耶舍译：《四分律比丘戒本》，《大正藏》第22册，东京：大正一切经刊行会，1934

[后秦] 佛陀耶舍译：《四分比丘尼戒本》，《大正藏》第22册，东京：大正一切经刊行会，1934

[梁] 明徽译：《五分苾刍尼戒本》，《大正藏》第22册，东京：大正一切经刊行会，1934

[梁] 释慧皎撰：《高僧传·释道安》卷第五，《大正藏》第50册，东京：大正一切经刊行会，1934

[唐] 玄奘译：《大般若波罗蜜多经》卷第六十九，《大正藏》第5册，东京：大正一切经刊行会，1934

[唐] 玄奘译：《瑜伽师地论》卷第四十，《大正藏》第30册，东京：大正一切经刊行会，1934

[唐] 释道宣：《续高僧传》卷第二十，《大正藏》第50册，东京：大正一切经刊行会，1934

[唐] 释神秀：《大乘无生方便门》，《大正藏》第85册，东京：大正一切经刊行会，1934

[唐] 释净觉：《楞伽师资记》，《大正藏》第85册，东京：大正一切经刊行会，1934

[唐] 方明撰：《传法宝纪》，《大正藏》第85册，东京：大

正一切经刊行会，1934

［唐］义净译：《根本说一切有部毗奈耶》，《大正藏》第 24 册，东京：大正一切经刊行会，1934

［唐］义净译：《根本说一切有部戒经》、《大正藏》第 24 册，东京：大正一切经刊行会，1934

［唐］义净译：《根本说一切有部苾刍尼戒经》，《大正藏》第 24 册，东京：大正一切经刊行会，1934

［唐］释道世：《法苑珠林》卷第六十二，《大正藏》第 53 册，东京：大正一切经刊行会，1934

［唐］辛替否：《陈时政疏》，《旧唐书》卷一〇一，北京：中华书局，1975

［唐］彭偃：《删汰僧道议》，《旧唐书》卷一二七，北京：中华书局，1975

［唐］陈诩：《唐洪州百丈山故怀海禅师塔铭并序》，《大正藏》第 48 册，东京：大正一切经刊行会，1934

［后晋］刘昫撰：《辛替否传》，《旧唐书》卷一〇一，北京：中华书局，1975

［南朝宋］佛陀什共竺道生等译：《弥沙塞部和醯五分律》，《大正藏》第 22 册，东京：大正一切经刊行会，1934

［南朝宋］佛陀什等译：《弥沙塞五分戒本》，《大正藏》第 22 册，东京：大正一切经刊行会，1934

［宋］杨亿：《古清规序》，《大正藏》第 48 册，东京：大正一切经刊行会，1934

［宋］司马光：《资治通鉴》卷二百一十，北京：中华书

局，1956

［宋］欧阳修、宋祁撰：《新唐书·王缙传》卷一四五，北京：中华书局，1975

［宋］宗赜编：《重雕补注禅苑清规》，《卍续藏经》第111册，台北：新文丰出版公司，1993

［宋］宗寿集：《入众日用》、《入众须知》，《卍续藏经》第111册，台北：新文丰出版公司，1993

［宋］惟勉编：《丛林校定清规总要》，《卍续藏经》第112册，台北：新文丰出版公司，1993

［宋］释志磐撰：《佛祖统纪》卷第五十一，《大正藏》第49册，东京：大正一切经刊行会，1934

［宋］赞宁：《宋高僧传》卷第十，《大正藏》第50册，东京：大正一切经刊行会，1934

［宋］李遵勖编：《天圣广灯录》卷第八，《卍续藏经》第135册，台北：新文丰出版公司，1993

［宋］普济编：《五灯会元》卷第三，《卍续藏经》第138册，台北：新文丰出版公司，1993

［宋］妙源编：《虚堂和尚语录》卷第九，《大正藏》第47册，东京：大正一切经刊行会，1934

［宋］宗鉴撰：《释门正统》卷第四，《卍续藏经》第130册，台北：新文丰出版公司，1993

［宋］黎靖德编：《朱子语类》卷十三，第一册，北京：中华书局，1999

［元］弌咸编：《禅林备用清规》，《卍续藏经》第112册，

台北：新文丰出版公司，1993

［元］明本著：《幻住庵清规》，《卍续藏经》第 111 册，台北：新文丰出版公司，1993

［元］一山：《一山禅师书》，《大正藏》第 48 册，东京：大正一切经刊行会，1934

［元］欧阳玄：《敕修百丈清规叙》，《大正藏》第 48 册，东京：大正一切经刊行会，1934

［元］德辉编：《敕修百丈清规序》，《大正藏》第 48 册，东京：大正一切经刊行会，1934

［明］通容著：《丛林两序须知》，《卍续藏经》第 112 册，台北：新文丰出版公司，1993

［清］仪润述：《百丈清规证义记》，《卍续藏经》第 111 册，台北：新文丰出版公司，1993

二、现代著述

白寿彝主编：《中国通史》，上海：上海人民出版社，1999

杜继文主编：《佛教史》，南京：江苏人民出版社，2008

赖永海主编：《中国佛教百科全书》，上海：上海古籍出版社，2001

《佛光大辞典》，北京：北京图书馆出版社，1989

蓝吉富编：《禅宗全书》第 81、82 册，台北：文殊出版社，1990

弘一大师全集编纂委员会：《弘一大师全集》第一册，福州：

福建人民出版社，1992

　　劳政武：《佛教戒律学》，北京：宗教文化出版社，1999

　　谢重光、白文固：《中国僧官制度史》，西宁：青海人民出版社，1990

　　释圣严：《戒律学纲要》，北京：宗教文化出版社，2006

　　杨曾文：《唐五代禅宗史》，北京：中国社会科学出版社，1999

　　杨曾文：《宋元禅宗史》，北京：中国社会科学出版社，2003

　　杨曾文：《敦煌新本六祖坛经》，上海：上海古籍出版社，1993

　　方立天编著：《魏晋南北朝佛教论丛》，北京：中华书局，1982

　　释印顺著：《中国禅宗史》，上海：上海书店，1992

　　释演培：《梵网经菩萨戒本讲记》，莆田：福建莆田广化寺印本，2004

　　黄奎：《中国禅宗清规》，北京：宗教文化出版社，2008

　　释圣严：《律制生活》，台北：东初出版社，1995，修订版

　　李治安：《元代政治制度研究》，北京：人民出版社，2003

　　张晋藩：《中华法制文明的演进》，北京：中国政法大学出版社，1999

　　丁鼎：《〈礼仪·丧服〉考论》，北京：社会科学文献出版社，2003

　　严耀中：《佛教戒律与中国社会》，上海：上海古籍出版社，2007

李向平：《佛教信仰与社会变迁》，北京：宗教文化出版社，2007

刘长东：《宋代佛教政策论稿》，成都：巴蜀书社，2005

张国刚：《佛学与隋唐社会》，石家庄：河北人民出版社，2002

［日本］忽滑谷快天，朱谦之译：《中国禅学思想史》，上海：上海古籍出版社，2002

［日本］石井修道：《宋代禅宗史的研究》，日本：大东出版社，1987

三、相关论文

杨曾文：《佛教戒律和唐代的律宗》，《中国文化》，1990/3

白文固：《宋代僧籍管理制度管见》，《世界宗教研究》，2002/2

温金玉：《"小小戒"与佛教僧团的分裂》，《五台山研究》，2007/7

温金玉：《佛陀出世与教团的成立》，《五台山研究》，2007/3

温金玉：《达摩头陀行及其律学意蕴》，《江西师范大学学报》，2004/4

黄运喜：《禅宗丛林制度的建立与僧团内部结构的变化》，《中国禅学》第二卷，北京：中华书局，2003

黄奎：《宋代禅门自律型制度伦理管窥》，《中国社会科学院研究生院学报》，2002年增刊

王永会:《〈百丈清规〉及其历史与现实意义》,《中华文化论坛》,2001/1

王永会:《〈百丈清规〉与中国佛教僧团的管理创新》,《宗教学研究》,2001/2

王月清:《论百丈清规的僧团伦理思想及其特色》,《中国研究》,1998/7

彭仕敏:《汉传佛教丛林清规及其普请法略论》,《湖南社会主义学报》,2000/4

郑炳林、魏迎春:《晚唐五代敦煌佛教教团的戒律和清规》,《敦煌学辑刊》,2004/2

王建光:《魏晋南北朝时期的头陀僧》,《华林》第二卷,北京:中华书局,2002/1

后　记

最早接触《百丈清规》是我刚到陕西省社科院宗教研究所时，所长王亚荣先生建议我关注和研究佛教戒律与禅宗清规，从此开始逐步接触到了与《百丈清规》有关的部分资料。后来，中国社科院的杨曾文先生委托我校勘其主编的"中国禅宗典籍丛刊"中《百丈清规》一书，这是我真正深入了解和研究《百丈清规》的开始。在校勘和研究过程中，两位先生对我的校勘和研究工作给予了很多指导和鼓励，使我能够克服重重困难，最终完成这本书的校勘工作。在研究论文的写作和修改过程中，我的导师李利安先生也给予了悉心的指导。几位先生的指导和帮助非常细致和重要，但我也只能借此寥寥数语，表达真诚的谢意。

由于本书的校勘涉及版本很多，校勘的工作量很大，历时近两年。在这一过程中，陕西伟志集团的向炳伟先生，在得知我的工作内容和工作情况后，对我的校勘工作给予了大力的支持，帮助我解决了很多实际困难，为我能够安心完成本书的校勘工作提供了重要条件。在本书即将付印之际，在此对向炳伟先生致以真诚的谢意和敬意。

在本书的校勘过程中，还有很多人曾经给予了我各种各样的支持和帮助，还有很多先贤同仁的研究成果为我的研究工作的开展，提供了非常重要的资料和参考，逐一列写必有遗漏，只能在此一并致以深深的谢意。

李继武